高洁评传

《中原戏剧名家传记系列丛书》编辑指导委员会

主　任　王全书
副主任　张秉义、刘景亮
成　员　（按姓氏笔画为序）
　　　　马小泉　朱建伟　张大新　张云鹏
　　　　侯耀忠　谭静波

《中原戏剧名家传记系列丛书》编辑工作委员会

主　编　张秉义
副主编　牛玉乾
委　员　（按姓氏笔画为序）
　　　　韦有义　王亚静　王喜爱　何向向
　　　　甘慧君　张青山　贺宝林　侯若愚
　　　　雷桂华

高洁评传
GAOJIE PING ZHUAN

贺宝林 著

河南大学出版社
HENAN UNIVERSITY PRESS

中国·郑州

图书在版编目(CIP)数据

高洁评传/贺宝林著. —— 郑州:河南大学出版社,2014.7
ISBN 978-7-5649-1621-3

Ⅰ.①高… Ⅱ.①贺… Ⅲ.①高洁-评传 Ⅳ.①K825.78

中国版本图书馆 CIP 数据核字(2014)第 153691 号

出 版 人	张云鹏
责任编辑	侯若愚
责任校对	甘慧君
封面设计	侯一言

出　版	河南大学出版社
地　址	郑州市郑东新区商务外环中华大厦 2409 室
电　话	0371-86059723(人文社科出版分社)
	0371-86059753
网　址	www.hupress.com
排　版	河南金河印务有限公司
印　刷	河南省瑞光印务股份有限公司
版　次	2014 年 12 月第 1 版
印　次	2014 年 12 月第 1 次印刷
开　本	720mm×1000mm　1/16
印　张	18
插　页	8
字　数	218 千字
定　价	56.00 元

本书如有印装质量问题,请与河南大学出版社营销部联系调换。

高洁父母亲合影

高洁11岁时照片

1945年,高洁与同学杨静英合影

1953年,高洁在河南省歌剧团时留影

1956年8月,高洁在北京参加中国第一届音乐周,党和国家领导人接见全体代表时留影

1956年10月，高洁随中国音乐家代表团在芬兰访问时留影

高洁同中芬友好协会巴努夫人留影

1956年10月，高洁在瑞典首都斯德哥尔摩公园留影

1964年毛泽东接见《朝阳沟》剧组人员

1964年3月河南豫剧院领导带领豫剧三团到登封曹村体验生活

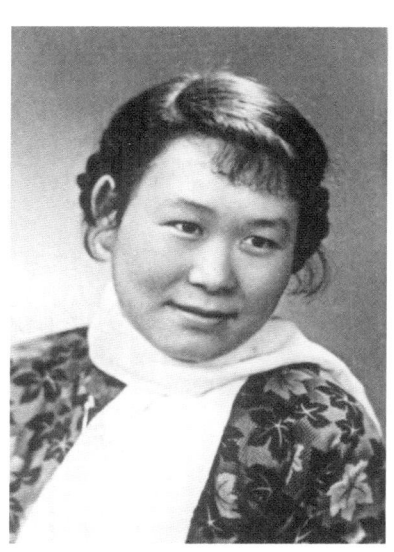
1957年高洁在河南豫剧院三团时留影

1958年，高洁在街头进行宣传演出

1963年拍电影《朝阳沟》时，导演曾未之在给高洁说戏

高洁与在上海声乐研究所学习时的同学、歌唱家郭颂在全国第四次文代会上与老师林俊卿合影

1974年,河南省豫剧三团到郏县广阔天地公社排《朝阳沟》时留影

中国戏曲学院师生欢送高洁老师离京留念

1985年高洁在新县同老红军大娘谈心

高洁饰演《袁天成与能不够》中的能不够　　高洁饰演电影《朝阳沟》中的拴保娘

高洁饰演《刘胡兰》中的胡兰娘 　　高洁饰演《丰碑》中的母亲

高洁饰演《李双双》
中的李双双

高洁饰演《小城细雨》
中的婆婆

《朝阳沟》中饰演拴保娘的高洁与
饰演银环的陈泓

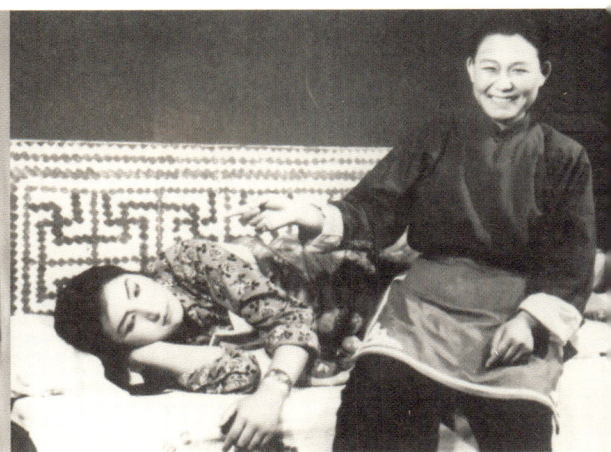
《朝阳沟》中饰演拴保娘的高洁与
饰演银环的马琳

《朝阳沟》中饰演拴保娘的高洁与
饰演银环的魏云

高洁饰演《朝阳沟》中的拴保娘

1957年高洁与尹涛结婚时合影

1966年,高洁、尹涛与儿子尹兵合影

高洁全家福

高洁、尹涛与新凤霞、吴祖光合影

同著名作家李準留影

高洁与杨兰春合影　　　　　　　　高洁与著名艺术家尚

同著名艺术家申凤梅留影　　　　　同著名艺术家桑

高洁同著名艺术家马金凤留影　　　高洁带领南街村文工团到中南海
　　　　　　　　　　　　　　　　与原中组部副部长曾志（陶铸夫

高洁同著名艺术家常香玉留影　　　同著名艺术家崔

高洁与本书作者贺宝林合影

同著名作家凤子夫妇留影

1992年高洁举办声腔演唱会时留影

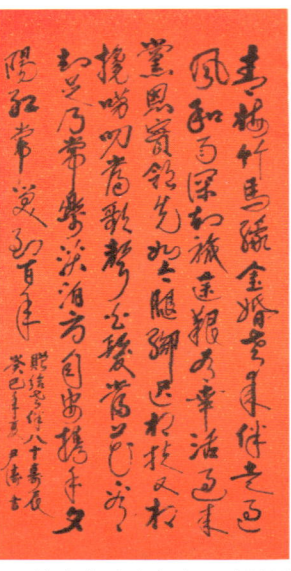

尹涛在高洁八十寿辰时题写并书法的诗歌

高洁与尹涛参观法国巴黎埃菲尔铁塔

2007年高洁和尹涛金婚纪念照

著名戏剧家吴祖光艺术家新凤霞赠画

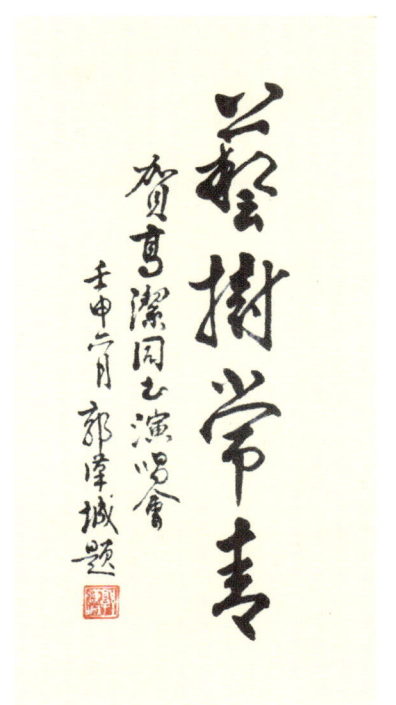

著名戏剧家郭汉城题词

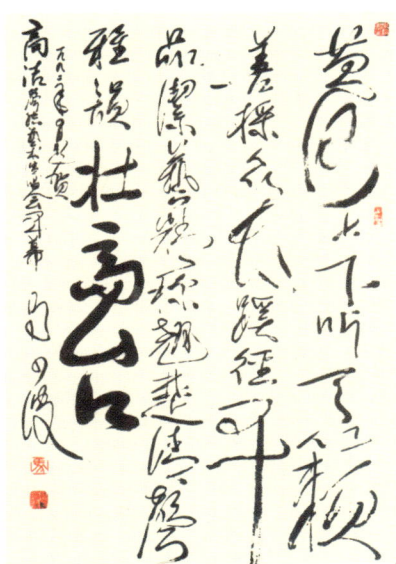

著名戏剧家马少波题词

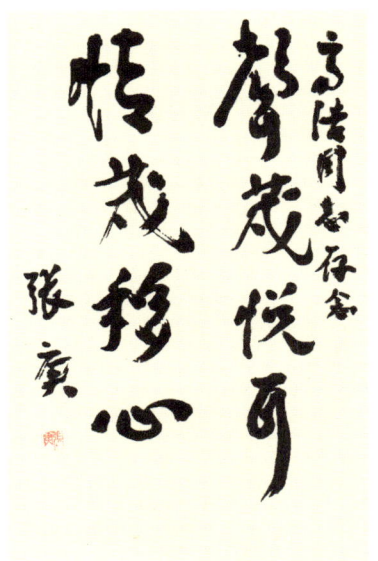

著名戏剧家张庚题词

高洁在

高洁作品

目　录

总序 …………………………………………… 王全书(1)
序一　为了梦中的橄榄树 ………………………… 南　丁(4)
序二　守真只为艺更纯 …………………………… 刘景亮(8)
序三　一个艺术朝圣者的虔诚守望 ……………… 陈涌泉(14)
自序 ………………………………………………………(20)
第一章　繁华事散——高洁家世概述 ………………(1)
第二章　阳光普照——高洁的幼年生活 ……………(10)
第三章　苦心孤诣——高洁的启蒙教育 ……………(17)
第四章　违背家愿——高洁走上艺术之路 …………(26)
第五章　生命涅槃——高洁初学戏曲的困惑 ………(36)
第六章　艺海击浪——高洁艺术的第一个关键期 …(48)
第七章　生死攸关——豫剧现代戏的困境 …………(66)
第八章　继承传统——高洁艺术的第二个关键期 …(78)
第九章　创造经典——高洁艺术的第三个关键期 …(90)
第十章　情深意笃——高洁的爱情和婚姻 …………(113)
第十一章　远梦成真——高洁的学习和教学生涯 …(126)
第十二章　孤叶浮萍——高洁在"文化大革命"中的沉寂 …(138)
第十三章　为爱而活——世上有一种东西越分越多 …(150)
第十四章　时穷节见——责任与艺术同行 …………(162)

第十五章　润泽无声——母爱是条静静的河 …………………（172）

第十六章　历史阵痛——高洁何以渐离戏曲舞台 ……………（183）

第十七章　艰难探索——高洁扶持两个基层剧团始末 ………（195）

第十八章　孤独守望——高洁对艺术王国的捍卫 ……………（207）

第十九章　携手夕阳——高洁的晚年岁月 ……………………（219）

后记 ………………………………………………………………（233）

附录　高洁大事年表 ……………………………………………（243）

总　序

在文艺、戏曲界深入学习贯彻习近平总书记在文艺工作座谈会上重要讲话精神的热潮中，《中原戏剧名家传记系列》丛书陆续付梓了，不禁欣慨交集。植根于中原沃土的豫剧（原称河南梆子）、曲剧、越调等诸多剧种，早已成为中原大地特色鲜明的文化符号，深深融入寻常百姓的血脉之中，为中华民族乃至整个人类留下了宝贵的非物质文化遗产。百多年来，中原戏剧舞台人才荟萃，名家辈出，众多老一代德艺双馨者，令人心驰神往：常香玉、陈素真、崔兰田、马金凤、阎立品、桑振君、申凤梅、毛爱莲、张新芳、王秀玲、唐喜成、牛得草、王秀兰、刘忠河、海连池、马琪、朱万明……群星璀璨，数不胜数，他们都以良好的艺德、精湛的技艺、优美的唱腔享誉剧坛。

这些中原大地里盛开的绚丽奇葩，不少已鞠躬尽瘁、与世长辞，永远离开了他们挚爱的戏剧舞台；尚健在的老艺术家们也大多年届耄耋，久不出现在公众视野；与前辈名家交往甚密之人也日渐凋零。唯恐前尘往事如烟散去，建议将大师们的平生大业诉诸笔端、以示后人的呼声日高，为名家大师树碑立传已时不我待地提上日程。

自司马迁创传记，中华之史不独记事，更重传人。传人者何？传其品、传其节、传其才、传其德、传其神，使其形象跃然纸上，令后世如同目接耳亲，而不胜其缅怀追慕镜鉴之情，是以其人虽往，犹凛凛生气，在我左右。然欲传其人殊非易事，因事可纪、言可采、岁月可罗列，而神情丰采、音容意度，则至难为力；至于所传之人，评价如何恰如其分，则更难片言居要、数语得中了。

　　为人立传，应以史实为要，不可加枝添叶、故作渲染、虚构成章；须以史实为据，将传主的生平准确、鲜明、生动地呈现在读者面前。这部系列丛书的编著者，独具匠心，以朴实无华的语言文字把传主们刻画得栩栩如生。编著者还讲究叙述技巧和语言趣味，按照人生时序娓娓道来，不枝不蔓，有声有色。数年来，他们不辞辛苦，登门拜访戏剧界的名家、学者，虚心求教；深入民间，辗转奔走，遍访传主们的亲朋好友和知情人；广泛搜集资料，悉心甄别真伪，夙夜挑灯，呕心沥血，毕其功成。这套丛书以其真实性、知识性、通俗性，为读者呈现出了蔚为壮观的艺术家群像。

　　据统计，由河南本土诞生的豫剧、曲剧、越调及其他地方小剧种不下28个。这些剧种姹紫嫣红，争奇斗艳，绘就了中原戏剧波澜壮阔的宏伟画卷，谱写出中原戏剧激越高亢的时代旋律。就流派代表人物而言，单豫剧即有"名旦六大家"和"十大门派"，本丛书所收录的仅是部分佼佼者。如享有"汴京三王"美誉的豫剧大师王秀兰、王敬先与王素君（王秀兰在四十年代，是和常香玉同挂头牌的豫剧名旦；王敬先以武旦和刀马旦蜚声剧坛，开创豫剧舞台的武旦先河；王素君反串小生潘必正一举成名,最终形成了豫剧"王派"小生门派艺术),以擅演丑角自成一派的豫剧大师牛得草,以擅演须生诸葛亮自成一派的越调大师申凤梅,而曲剧名家朱万明则把"唱曲儿"与"踩高跷"相结合,创造出了曲剧品种。

中原戏剧名家个人的生活史、成长史与事业史,从多个侧面折射出社会、民族和国家前进的历史。发挥中原文化优势,大力弘扬戏曲文化,推动中原戏剧文化"走下去"、"走出去",展示河南文化的软实力,对于弘扬中华民族优秀传统文化、建设华夏历史文明传承创新区具有重要意义。做好这项工作,是我们戏曲大省义不容辞的责任。

《中原戏剧名家传记系列丛书》的出版,不仅拂开尘封往事,使名家们德艺双馨的故事不致湮灭,给后人留下弥足珍贵的篇章,而且也是对振兴中原戏剧大业呼声的切实回答,更是在时代嬗变中对中原文化如何助力实现中国梦、让中原更加出彩的深沉思考。

王全书
2014.11.26.

(王全书　全国政协教科文卫体委员会副主任,河南省政协原主席,中华豫剧文化促进会会长)

序一　为了梦中的橄榄树
南　丁

20世纪末,我曾写过一篇短文《说不完的豫剧》,短文中有这样的文字:"50年代初在开封看常香玉的《花木兰》、高洁的《罗汉钱》,至今还能想起当年自己的那份儿感动,这大约是我关于豫剧的最初记忆。"

为了查找这段文字的原话,我翻开了我的文集中的随笔卷。在随笔卷里看到一张照片,那张照片的说明是:由左至右,申爱萍、常香玉、南丁、高洁、于黑丁、赵铮,1991年5月25日在河南省人民会堂休息厅,省第三次文代会刚刚闭幕时。

另一篇短文《对花甲的误读》里的一段文字,可以对这张照片的历史背景作间接的注解:"六十岁的时候,我从河南省文联主席这个职位上退下来。那是一九九一年的五月下旬,在文代会上,按照惯例我当然有个报告。报告完了,我在这个职位上所应尽的责任,也就画上了句号。选举完毕,有些作家、艺术家拉着我在会场的侧厅里照相。"这张照片便是我从当时的一些照片里选出收在文集里的。

如今是2012年,21年过去了,那张合影照片中的黑丁、香玉、赵铮,已相继作古。活着的三位,也或已耄耋,或已望八,或已古稀,都到了迟暮之年。

高洁首演《罗汉钱》时,为1953年。那年她十九岁,一个俊秀的小姑娘。59年过去了,她早已是个奶奶,是个姥姥。

在半个多世纪的时间长河里,时代给她提供了什么机遇,她为时代作了什么奉献,生活给了她什么馈赠,她对生活作了哪些回报,她从一个连河南话也不会讲的安徽小女孩,如何成长为一个豫剧表演艺术家,她的艺术如何日益成熟,她的生命如何日益丰沛?贺宝林的这部《高洁评传》,都给予了绘声绘色的生动描绘。贺宝林与高洁的女儿尹鸿同在河南省艺术研究院工作,是业内人士,因此,他这部书做得相当专业。不仅是专业,而且他是怀着对前辈艺术家从心底生发出的敬爱之情做这部书的,做得诚挚认真。

我早年是高洁的观众,因同在河南文艺界长期工作,我们又同为安徽人,先后来到河南,我又比她年长几岁,我在心里是把她当作家乡小妹的。读了宝林的这本书,我才对她有了更多的了解,也才有了更深的感动。作为读者,我要感谢宝林这本书。

一个成功男人的身后,都有一个女人。反过来说也是一样,每一个成功女人的身后都有一个男人。高洁身边的男人,就是她的初恋,她的先生,她的老伴尹涛。他们的终生不渝、一生相守的爱情,堪称典范,叫人动心动容。细节在宝林的书中有真实的述说,不在此重复。我倒想起刀郎唱的几句歌,那歌唱道:"爱到什么时候/要爱到天长地久/两个相爱的人/一直到迟暮时候/我牵着你的手/我牵着你到白头/牵到地老天荒/看手心里的温柔。"就仿佛这歌是专为高洁尹涛写的,专为高洁尹涛唱的。前些天,在一次聚会上碰见他们的女儿尹鸿,她问起我读了宝林的著作的意见,我向她讲了此感受,并说了这几句歌词,她小声地,仿佛自言自语地说:"我家多亏有了我爸,我妈多亏有了我爸。"是这样,不论什么时候,无论怎样情况,尹涛都是高洁的精神支撑,那是爱情的力量。

现在回到高洁的艺术上来。

时代给了高洁机遇。新中国成立初期,河南全省文工团整编,高洁所在的淮阳文工团被编入新建的河南省歌剧团,歌剧团后又整体改组为河南省豫剧院三团,豫剧三团的任务是演出豫剧现代戏,由此,高洁开始了她学习豫剧学演豫剧现代戏的路程。她是幸运的,她遇见了著名的编剧、导演,之后被称为豫剧现代戏之父的杨兰春。老杨还是三团团长,他对演员要求严格,又能慧眼识人,根据演员的不同素质派定角色,慈眉善目又是慈善心肠的高洁自然地就被派定为演母亲的角色。自1953年饰演《罗汉钱》中的"小飞娥"开始,高洁就与母亲这一角色形象结下不解之缘。1955年她扮演《刘胡兰》中的胡兰娘,1958年她扮演《朝阳沟》中的拴保娘,一发不可收。她一生中在近六十部戏曲影视作品中,塑造过不同年龄、不同身份、不同职业的母亲形象,母亲这一形象成了她的艺术符号,因此高洁也被称为"中原第一老大娘"。

高洁也有幸获得些学习交流的机会,她22岁时即随中国音乐家代表团访问欧洲;25岁时去著名的上海音乐研究所师从林俊卿教授学习声乐理论;30岁时即登上中国音乐学院的讲坛,讲授戏曲演唱方法。这可否看作高洁的三十而立呢?

在实践中学习,高洁创造出了喷口、咬字、嚼字、钢音、柔音、颤音等演唱发声方法,形成了自己的风格。

高洁参与了开垦豫剧现代戏这片处女地,她与同代的豫剧现代戏人共同创造了豫剧现代戏的辉煌,她是拓荒者中不可或缺的重要角色。

1999年6月2日,高洁在《大河报》上发表纪念艺术前辈阎立品的文章《从艺当学阎立品》,文中说:"这是一位多么有骨气、多么值得敬佩的艺术家呀!现在的演员,尤其是青年演员,在人品艺德方面应该向她学习,应该树立起起码的自尊。"

这是高洁的心声,她自己就是这样的人。

行文至此,我突然联想起《橄榄树》那首老歌。高洁在心中供奉的那圣洁的艺术理想,就是她梦中的橄榄树,她的拓荒,她的守望,全是为了她梦中的橄榄树。

(作者系原河南省文联主席,著名作家,诗人)

序二　守真只为艺更纯

刘景亮

　　我的同事贺宝林花了八年时间，采访、座谈、查阅资料，分析综合，终于有一本集欣赏性、资料性、理论性为一体的书将要摆在世人面前了，这就是《高洁评传》。

　　一部评传成功与否，首先要看"传主"的自身价值高低。《高洁评传》的传主自然是演员高洁。高洁确实是一位值得介绍、值得宣传、值得研究的豫剧现代戏艺术家。这就奠定了"评传"的价值基础。

　　众所周知，20世纪戏曲发展的一大亮点就是现代戏的产生、发展、成熟。现代戏在这一时期成为一个独立的戏剧类型，这是戏曲现代化的一个重要标志。豫剧这个剧种质朴自然、贴近生活，上演现代戏具有先天优势，所以豫剧是全国演出现代戏的先锋。河南省豫剧三团自成立那天起一直坚持创作演出现代戏已达半个多世纪，名扬大江南北，是全国演出现代戏的"红旗团"。高洁是这个团体的一员，从"三团"诞生时就进入了这个团体，是三团的"五大主演"之首。她命运的起伏，生活的顺逆，心境的喜悲，都与豫剧现代戏、河南省豫剧三团紧密相连。她参加演出的剧目和影视作品有近60部。她对艺术精益求精，塑造的小飞娥、胡兰娘、三仙姑、拴保娘等角色性格差异很大，但都是生动鲜活的舞台形象。高洁是豫剧现代戏、河南省豫剧三团历史进程中的一个聚焦点。讲述高洁、记录高洁、研究高洁对于研究豫剧现代戏、把握豫剧三团的历史具有重大意义。高洁人生曲折起伏，但不论顺境还是逆境，高洁都保持着心灵的纯净、人格的尊严和对艺术的不懈追求。讲述高洁，能够使读者进入崇高的审美体验，升华情感，陶冶性情，获得美的享受。

评传是否成功当然要看能否把传主生动、立体、准确地传达给读者。

作为一个读者，《高洁评传》让我看到了一个多奉献、少索取的高洁。高洁的成长时期和事业的红火时期是20世纪40年代末到60年代初，崇拜英雄、乐于奉献是当时时代精神的主流。那一时期很少有人在工作的时候想到索取报酬。高洁在三团和三团的前身河南省歌剧团塑造了那么多鲜活生动、民众喜闻乐见的艺术形象，她从来没有想到过回报，与普通演员同样，过着物质标准极低的生活。在她的心里只有奉献，只有为人民服务，没有索取。不过，在这一时期培育了这种品质的人未必能长期据守这种品质。在可以索取、社会环境鼓励索取的时候，很多人很快就与这种品质道别。因为这是人性巅峰的品质，拥有和据守都需要抵御诱惑。但是，高洁据守了。特别读到她去帮助临泉县剧团和南街村文工团的时候，我被深深地打动了。尽管她身患严重高血压、心脏病，却完全不把自己放在心上，在临泉县拒绝当地安排宾馆，住在亲戚家低矮阴暗的小屋里。到外地演出，不仅自带行李，还自带饼干、方便面，与演员同住，连团长给她买几斤香蕉她都坚决不收。其实这时，一些艺术造诣和名望远不如高洁的演员，已经开始"走穴"淘金了。边阅读，边联想，我对这位老艺术家充满了敬意。她是一位坚毅的守望者，不仅守望着圣洁的艺术，也守望着高尚的精神。

《高洁评传》让我看到了一个"自爱不自贵"的高洁。自爱是对自身价值的体认和提升，是对自我社会形象的爱护，对自己人格尊严的珍视。高洁一生都在认真学习，认真阅读，不断提升文化素养，以使自己更能胜任各种艺术形象的塑造。她之所以能够把性格迥异的人物表现得鲜活生动，正是这种自爱意识促进了视野的开阔和文化素养的提高。在工作和生活中，包括在儿女面前，高洁都十分注意自己行为的影响。特别令人不能忘记的是：由于高洁曾向领导表示过，决不会因为婚姻影响工作，婚后五年，丈夫远在哈尔滨，高洁居然没有请过一次探亲假！即使丈夫回来探亲，她也没有因此耽误过一次演出！当然，他们夫妻也没有因此比别人少一丝一毫的爱，而且爱得更深。此外，在"文化大革命"中造反派批判高洁，给她挂黑牌子，高洁硬是把黑牌子撕烂扔掉，造反派强迫她低头，她硬是昂首挺胸，不予理睬。凡经过"文化大革命"的人都知道，这需要多大的勇气！这勇气，来自她对尊严的看重，是可贵的"自爱"。

所谓"不自贵"，是一种谦恭处下的人格。高则无位，贵则无徒，只有这种"不自贵"的谦恭心理才能使一个人永远生活在群众之中。高洁从来不以"主演"、"台柱"自居，不管在什么地方、什么环境，她都以一个普通演员的形象出现，于是她更能赢得人们的敬重和信赖。高洁在这一方面的举动是常人难以企及的。一次，高洁随一个慰问团去武汉，那时已经是

1977年，但这位著名的演员还是受到了极不公平的待遇。一些人仍然以"文化大革命"时的心理对待她。有些昔日的老朋友、老熟人看到她都视而不见，拒绝握手，代表团介绍成员时把她名列最后……而这些，高洁居然都可以理解，平静如常，像任何事情都没有发生一样，做到了"人不知而不愠"。高洁的谦恭是发自内心的。她谈起自己的艺术成功和自己的同事时，总是把同事放在前边。她回忆到王基笑时说："这是我第一次唱基笑同志设计的唱段，但它给我带来了意想不到的荣誉……基笑同志真是个了不起的音乐家。"在回忆自己在《杏花营》一剧演出成功时，又把功劳归于杨兰春："《杏花营》的成功，多亏了杨兰春，没有他就不可能有《杏花营》，也不可能有那次会演的成功……"这部"评传"写作时，高洁一再嘱咐作者，不要把我写高了，不光写优点，还要写缺点。这种谦恭处下的品格正是中国传统的理想人格。

在阅读中，我看到了一个具有高度敬业意识的高洁。我无法忘记这样的细节：1953年，河南省歌剧团排演《小二黑结婚》时，端庄敦厚，刚刚19岁的高洁要扮演落后、放荡、装神弄鬼的三仙姑，演员自身性格与角色性格有着天渊之别。而且，1953年的社会环境远没有今天开放，作为一个"待字闺中"的端庄少女高洁扮演这样的角色，其心理障碍可想而知。没有爱事业超出爱自己的精神，是无法克服这种心理障碍真正进入角色体验的。在排演场上，尽管她一次次地出场，一次次地捂着羞红的脸退回，但是她又以强大的意志力让自己一次次坚持，终于克服了心理障碍，演出了一个反响强烈，深受观众喜爱、同行赞誉的独特的三仙姑。1955年，歌剧团排演《刘胡兰》，高洁扮演刘胡兰的母亲，尽管她很喜欢这个人物，但不知为什么，排演时总是进入不了角色，她为此无比惭愧，反复自责，彻夜难眠，天不亮就起床，为了不影响别人休息，跑到舞台上用金丝绒大幕把自己裹了一层又一层。一遍遍地背着台词，想象着规定情境，设身处地地体验人物的内心……她终于完全进入了人物，以至于演出时由于感情的超常释放，大幕一闭，她就瘫软在了舞台上……不是一个具有高度敬业精神的人，谁能够如此地体验角色，如此地表现角色？高洁的敬业爱业转化为了她对三团这个现代戏创作集体的强烈的热爱和深情的依恋。在她受到三团少数人不公平待遇的时候，敬重她、同情她的其他省直戏剧团体请求调她，但高洁都婉言谢绝了。高洁是这样想的："我是三团培养的演员，我是和三团一起长大的，我只与三团的历史有关，只与豫剧现代戏的兴衰荣辱有关，我不能离开三团。"读着高洁这样的心声，不能不怦然心动。

书名《高洁评传》，自然是有评有传，夹叙夹议。但是，评和传、叙和议的最佳结合则是很难实现的。不同成分如何做得增之一分则太多，减之一分则太少，如何结合得水乳交融、浑然一体，是难之又难的事情。据我所知，评传的作者贺宝林在这一方面下了不少功夫，不仅自己反复阅读书稿，反复体会，还请同事、朋友阅读，虚心征求意见，做了多遍修改。虽然还没有把不同成分结合到无可更改的地步，但阅读起来，已经是自然流畅、评传一体了。传得生动，评得贴切。这种不大容易驾驭的文体写到这种程度，实属不易。

此书可以作文艺作品阅读，因为在对传主的叙述中，有不少形象、生动、动情的场面描写，读起来，高洁的形象历历在目；不少段落具有强烈的悬念，不见结局，不忍释卷；不少细节,耐人品味,感人至深。这些艺术的感染力能使读者获得强烈的审美愉悦。

此书可以作资料工具书读。《高洁评传》中,真实地记述了高洁的每一次角色创造。高洁作为三团的"五大主演"之首,可以说所有三团的主要剧目都有她的参与。这些剧目的主要内容、排演的过程、排演的方法、整体的艺术追求、取得的艺术成就、发生的主要事件等等,都在书中做了真实可靠地记述。这本书,可以说就是三团20世纪50、60年代的重要艺术资料。而三团又是河南乃至全国戏曲现代戏创作和演出的代表,所以,它又必然会成为河南乃至全国戏曲现代戏的重要史料。

此书还可以作理论著作阅读。作者贺宝林不是以时序谋篇而是提炼出一个又一个的问题来布局,这本身就是理论式思维。在叙述中又不断插入有见地的议论或评论。有对人生的评论,有对社会或社会现象的评论,有对艺术作品的评论,有对艺术创作原则的评论,有对文艺现象的评论……这些评论既能够帮助读者理解作者的意图,又可以成为一种独立的理论见解,帮助读者弄清一些理论问题。

心灵的感染、理性的启迪、历史的认识,是这部评传的综合作用。相信每一个读者都会开卷有益。

(作者系河南省文艺评论家协会副主席,著名戏剧评论家)

序三　一个艺术朝圣者的虔诚守望
陈涌泉

在河南省直文化系统,贺宝林素有"一支笔"之誉。这些年,在做好本职工作的基础上,他多线发展,纵横驰骋,对外文化交流、《河南戏剧》编辑、戏剧理论研究、专业赛事组织,各个领域都有他勤勉忙碌的身影,都留下他才情结出的硕果。其中尤为厚重,能够比较全面展示他的思想、情感、才华、毅力的作品,则非这部"批阅八载,增删五次"的《高洁评传》莫属。因我恰巧在河南省豫剧三团、河南省艺术研究院都工作过,与传主、作者均共过事,彼此十分了解,对高洁老师的德艺泰山仰止,对宝林贤弟的才情心向往之,所以当宝林让我作序时,便欣然应允。我更愿把作序的过程化为一次学习的机会、一次更深入地走进传主与作者心灵世界的旅程。

和千千万万同龄人一样,我最早是通过《朝阳沟》认识高洁老师的。就我本人而言,说是听着《朝阳沟》长大的还远远不够,我还是唱着《朝阳沟》一路走过我青少年时期的。大概小学四年级的时候,《朝阳沟》重获新生,一时间电影放映、电台播放、公社宣传队搬演,通过银幕、电波和乡村简陋的舞台,剧中的唱段和念白深深植入了我的心灵,并化为口中的流行曲,心情高兴时唱"上山",情绪低落时唱"下山",我曾经做过测试,出校门开始唱"下山",一曲下来正好走到村边。大学入校军训,班级联欢会上,我唱的是"咱两个在学校整整三年",中文系迎新晚会上,我和一位女同学对唱了"新一代要继壮志汗洒高山……",可见《朝阳沟》对我的影响之深,自然,剧中那个慈眉善目、通情达理的拴保娘的形象从一开始就印在了我的心底。2004年我调到河南省豫剧三团任副团长时,高洁老师已退休多年,但她的心一直和三团紧紧连在一起,我明显感觉到,在她平和、慈祥的外表下,流淌着一腔滚烫的血,跳动着一颗火热的心。我们见面时,总是三句话不离剧团的业务建设,怎样继承发扬三团的优良传统和作风,怎样把演职人员的思想和认识统一到三团发展的大局上,新的时期如何强化演职人员的团队意识和集体荣誉感等都是她关注、甚至是忧心的问题,她还反复叮嘱我要做三团的"本色编剧",向杨兰春先生学习,多为三团创作优秀的作品。我深以为然,很快投入到《常香玉》剧本的创作中,并对三团的艺术生产有了较深入的思考。但不久我被调离,一切也就无从谈起。

和我同一批调往河南省艺术研究院的还有刚刚凭借《程婴救孤》斩获我省第一个文华大奖的著名导演张平和正准备向导演转型的著名演员李云,所不同的是,二位比较积极主动,而我对这次调动一是没有任何思想准备,二是还有一定抵触情绪,因为此前总听人说艺术研究院是知识分子云集的地方,比较"复杂",我怕自己适应不了。去了之后发现,事实并不像传说中的那么玄乎。其实,真正的知识分子大多并不复杂,有的甚至很简单、很可爱。从此,既得以近距离接触本就熟悉的几位资深专家,又结识了一批充满朝气的青年才俊,贺宝林就是其中最有代表性的一位。宝林初次把我震住是在单位的一次春节联欢晚会上,其他表演者盛装打扮,或歌或舞,或使尽浑身解数博人一笑,轮到宝林,只见他身穿厚棉袄,手拿唐诗选,泰然登场,请人随便报出诗名,他就可以说出在书中第几页,或随意指出一页,他就可以说出是哪首诗,并倒背如流——特别是,当时他才经历了中风,还没有完全康复,面部还有些僵硬。望着他,我一方面震撼,他这不是表演的"表演"是全场最有冲击力的表演,不是节目的"节目"是满台最为厚重的节目;另一方面,不知何故,我的眼睛一热,泪水差点掉下来,是敬佩,是感动,抑或是从他身上看到了这个时代中国知识分子身上稀缺的一种品质!

在河南省艺术研究院工作期间,我和宝林的交往并不多,恰恰是我到省戏剧家协会驻会后,特别是《河南戏剧》复刊后,宝林被聘为主编助理,我们的接触才多起来,对他的才华、为人有了更全面深入的了解。也许正是基于同样的了解,高洁老师才把写作传记的使命交给他吧。而在众多豫剧名家中,宝林选择了高洁老师,也足以证明他的眼光和情怀——是的,选择会反映一个人的情怀。

在河南乃至中国的戏剧史上,谈现代戏必谈三团,谈三团必谈高洁。作为三团的创团元老,最辉煌时期的"五大主演"之首,高洁的生命已经和三团融为一体。在这里,她曾经谱写了人生中最灿烂的华章,也曾伴随着时代的风雨几度沉浮,但困厄不能夺其志,显达不能攫其心,毕生矢志不渝追求的只是艺术,内心奉若上帝的唯有人民。她塑造的小飞娥、三仙姑、胡兰娘、拴保娘形象永载豫剧史册,她体现的热爱祖国、服从大局、突出集体、德艺双馨的品格更是戏剧界一笔宝贵的精神财富。

通读全书,掩卷思之,深感此著既是高洁老师的个人史,也是河南省豫剧三团的成长史和中国现代戏的发展缩影,尤其难能可贵的是,其间还蕴含着许多对今天戏剧发展依然有着强烈指导意义和参考价值的经验和做法,应引起我们的高度重视。例如:党委、政府的高度重视、大力扶持,是戏剧事业发展的强大保障;戏剧艺术有其特殊性,不能完全推向市场生死由之;历史上关键时期,如果没有省委、省政府的力挺,三团早就不复存在;主创团队是剧团艺术生产和业务建设的引擎,如果没有杨兰春、王基笑等一批编、导、音、美主创人员,三团也不会有后来的辉煌;等等。

高洁老师身上直接给我们带来的思考与启迪,我觉得突出表现在两个方面:

其一,个人犹如一滴水,只有汇入集体的海洋才能永不干涸;个人犹如一粒种子,只有埋到集体的土壤才能开出最美丽的花朵。高洁老师20来岁就已成名,但她一生从不张扬自己,我在三团工作时,也从未听到她谈论过自己一次,更不会为个人的事情向组织张口,她总把自己取得的成绩归功于三团这个集体,归功于和她一起走过来的众多艺术家们。2011年夏,我陪同赵树理先生的孙女赵飞燕小姐登门拜访,高洁老师回顾了与赵树理先生接触的点点滴滴,介绍了《罗汉钱》、《小二黑结婚》排演的台前幕后,当问到她为什么能在表演艺术上达到这么高的造诣时,她第一句话就是:"我爱三团这个集体。"后来飞燕在《河南戏剧》上撰文称"高奶奶简短朴实的言语,让我感受到了老艺术家学艺做人的境界"。

其二,尊重主创,既是演员的"德",也最终决定了演员的"艺"。和高洁老师接触,让我印象特别深刻的是她对主创人员的尊重,在各种场合,她都念念不忘曾经给她写戏、排戏、设计唱腔的编剧、导演、作曲家们:杨兰春、李准、王基笑、许欣、姜宏轩、鲁本修……她对这些合作者充满了敬意和感恩。2004年12月18日,我在三团副团长任上,曾带队参加河南电视台《沟通无限》栏目组为高洁老师制作专题节目,高洁老师特意把杨兰春老师请到现场,尊敬之情溢于言表,她发自内心地说:"三团最不能忘记的一个人就是杨兰春,几十年来通过他的作品,培养和造就了一批各个艺术门类的专业人才。豫剧现代戏从无到有,并成长为一个俊俏的被人们喜爱的'大姑娘',这与杨兰春对三团几十年的奉献是分不开的。我个人的艺术道路离不开杨兰春,三团的艺术道路也离不开杨兰春。"

这让我想起于是之先生的那句名言:北京人艺是靠剧作家的笔撑起来的。还有李树建先生,在第二届黄河戏剧奖·戏剧文学奖和理论评论奖颁奖晚会上,他的那番感人肺腑的发言,以及对全省剧作家和理论评论家的深深一躬,感染了在场的每一个人。三位表演艺术家的言行异曲同工,充分表达了他们对剧作家的高度尊重,同时,他们自身也赢得了包括剧作家在内的千千万万同行、观众的尊重。

反观现在个别所谓的"艺术家",文凭有了,文化没了;职称上去了,素质掉下了。演个角色,言必称"我",全忘了舞台上每一句词都是编剧一个字一个字写出来的,每一段唱都是作曲一个音符一个音符谱出来的,每一个动作都是导演一招一式手把手指导出来的……对编剧采用实用主义,需要剧本时想到了编剧,待戏上演、获奖之时,已把编剧抛到九霄云外。更有甚者,良莠不分,自己放着好戏不会抓,反而推卸责任,诿过于人,对蘸着血汗为自己打本子的人再踩上一脚。两相比较,高下之分立判。

宝林在书中把高洁老师的艺术生涯分为拓荒与守望两个时期,我的第一感觉似乎中间少了一个辉煌期,但再深入一想,高洁老师固然见证了豫剧现代戏的辉煌,个人也取得了后人难以逾越的艺术成就,但她正值艺术的黄金年龄却赶上了"文化大革命",后来又由于种种原因刚过40岁就渐渐淡出舞台,就其个人来说,还远没有收获她应有的那份辉煌,带着些许的落寞进入了对豫剧艺术的守望。但"时穷节乃见,一一垂丹青",正因有了对浮躁喧嚣时代的这份守望,高洁老师反而成就了大我,舞台上她不无遗憾,舞台下她拥有了人生的圆满与高贵。

六经注我,我注六经。在对高洁老师的人生历程、艺术成就和精神境界做出真实、深刻、全面、准确、客观、公正的"评"与"传"的同时,高洁老师也像一束束亮光,烛照着宝林的灵魂。给高洁老师创作评传的过程,就是他和高洁老师灵魂对话的过程。让我们屏气静心倾听灵魂与灵魂的诉说,从中我们会得到启迪,受益人生。

(作者系中国文学学会副会长,河南省戏剧家协会驻会副主席兼秘书长,著名剧作家)

自序

高洁是一位深受人们尊敬的艺术家,她纯朴善良、勤奋坚韧、严于律己的品质有口皆碑。高洁任何时候都把自己看成一个普通的人,正因如此,她心里从来没有给骄傲与自满留下余地,一种谦逊的微笑总是洋溢在她的脸上。可高洁的心里却深藏着一种几乎无法用语言去描述的热情,这种热情一半是为艺术,一半是为尊严。当这种热情遭遇现实的困惑时,她就会一改一贯的平和,表现出一种不同寻常的严肃。这常常让人想不明白,有时还会产生误解,感觉她这种少有的严肃与她一贯的平和有点格格不入。其实,这看似有点矛盾的东西,正是高洁生命的全部。

一

在豫剧现代戏的发展史上,高洁是一个家喻户晓的人。她所创造的很多人物形象,都成了广为流传的艺术经典,如《罗汉钱》中的小飞娥,《刘胡兰》中的胡兰娘,《朝阳沟》中的拴保娘等。高洁在艺术上成名很早,她主演《罗汉钱》时才19岁,饰演胡兰娘时21岁,就是她的艺术峰巅——饰演《朝阳沟》中的拴保娘时,也不过24岁。高洁的艺术成就很早就得到了社会和观众的认可,1964年河南省委宣传部就认定她是河南豫剧院三团的"五大主演"之首。

其实,高洁参加工作之初,对戏曲并没有什么爱好,她的梦想是成为一名话剧演员,甚至认为在话剧团当一辈子的群众,也比当一名戏曲主演好得多。可她不得不服从组织的安排,最后还是选择了戏曲,在豫剧现代戏这片陌生的土地上,不经意间开辟出了一块茂盛的绿地,这不能不说是生命的悖论。细推之,高洁走上戏曲之路并非偶然,她选择豫剧现代戏正像豫剧现代戏选择她一样,真实而又合乎逻辑。天翻地覆的历史巨变与河南这块厚重的热土,催生出豫剧现代戏这一艺术品种,也造就了高洁等最早一批豫剧现代戏演员。

1948年,高洁还在上中学时,就是学校文艺宣传队的骨干,为配合当时的政治形势,经常深入到群众中间演出。1951年参加文工团后,高洁又亲身参与了"土改"、"镇反"、宣传《婚姻法》、支援抗美援朝等一系列重大的历史事件。大量的艺术和社会实践,培养了高洁与普通群众的深厚感情,并使其具备了新的思想观念和思维方式,使她逐步成长为一个新型的文艺工作者,为她日后演豫剧现代戏奠定了良好的基础。在那个历史转折点上,作为一个朝气蓬勃的热血青年,高洁的人生追求与时代的要求不谋而合,她在火热的现实生活中找到了人生的坐标。在高洁的心中,新生的祖国犹如跃出地平线的朝阳,光辉灿烂,充满活力。从那时起,她就立志要为这个新生的国家和人民作出自己应有的贡献,并自觉地担当起艺术"为时代呐喊、为人民高歌"的历史使命。

高洁走上艺术道路之后,进入了一个极具开创性的新型文艺团体。这是高洁的机遇,更是艺术的幸事。高洁所在的河南豫剧院三团（前身是河南省歌剧团）是演现代戏的"专业户"，不论是治团理念，还是艺术创作原则，以及演职人员之间的关系，都有别于旧的艺术团体。在这个团体中，不是集体离开某一个人不行，而是每一个人离开这个集体不行。高洁在艺术上所取得的一切成就，都离不开豫剧三团这个集体，正像和她一起成长的人都离不开这个集体一样。高洁是豫剧现代戏史上出现的一颗新星，她和她同时代众多的人一起，共同撑起了豫剧现代戏这片灿烂的艺术星空。在这片星空里，所有的人都朝着一个目标而努力，他们各有优势，相互辉映，形成了一个集体的"大风格"，这个大风格就是"豫剧三团风格"。高洁的艺术风格隶属于豫剧三团这种"大风格"，并成为这种"大风格"中杰出的代表者之一。

高洁是一个勤奋的人，她的勤奋缘于她对人生目标的正确判断。当她融入到那个轰轰烈烈的时代之后，就开始不断地为自己确立新的奋斗目标，她知道人生的路上只有超越的对象，没有终极的峰巅。高洁学唱豫剧的道路漫长而又艰辛，为了唱好豫剧，她从学说河南话开始，在她的少女时代，从来没有体验过逛街的惬意和看电影的兴奋，她几乎把所有的时间都用在了艺术上。高洁又是一个幸运的人，她经历了新中国历史上艺术最繁荣的时代，这使她的艺术天分得到了充分地发挥，也为她的辛勤耕耘提供了一片广阔的天地。在这片天地里，高洁的每一分耕耘都得到了回报，最终，她的挥汗如雨，换来了艺术上的累累硕果。高洁22岁跟随中国音乐家代表团到欧洲访问，25岁到上海声乐研究所师从著名声乐教授林俊卿学习声乐理论，并很好地运用于自己的艺术实践,30岁登上中国音乐学院讲台讲授戏曲的演唱方法,这一切在她同时代的演员中都是独一无二的。这种独特而又宝贵的经历,极大地丰富了高洁的艺术实践,使她在艺术舞台上能够驾轻就熟,发挥自如,同时,又使她全面系统地掌握了科学的演唱方法和纯熟的演唱技巧,特别是她创造性地将"喷口"、"咬字"、"嚼字"、"吐字"与"刚音"、"柔音"、"颤音"巧妙地结合起来,使她在吐字和发声的运用上达到几近炉火纯青的程度,并最终形成了她独树一帜的艺术个性。

二

高洁近60年的艺术生涯,可明显地分为前后两个时期。前一个时期为拓荒时期,高洁经历了豫剧现代戏这个新生事物产生、发展到成熟的艰难历程,也见证了豫剧现代戏的荣耀与辉煌。后一个时期为守望时期,高洁目睹了艺术的衰落和尴尬,也经历了艺术复苏的痛苦和挣扎。前一个时期,高洁像一个勇敢的战士,激情与希望充满了她的心扉,在豫剧现代戏这个陌生的世界里,她披荆斩棘,勇追精进,以她自己的实力和成绩,为豫剧现代戏增添了一道亮丽的风景。后一个时期,高洁像一个冷静的行者,无奈与惆怅交织在她的心中,面对喧嚣浮躁的时代,她只好在心中默默地守望着艺术的天神,她宁可去练习书法,宁可去学习国画,也不愿外出演出(除了公益事业)。

20世纪80年代中期之后,汹涌而来的经济大潮和异域文化的不断渗入,对民族艺术造成了空前的冲击,艺术逐渐被商品化、市场化,艺术在社会中耀眼的地位逐渐让位于金钱;艺术家成了主角死后的那个可怜的丑角,其所担当的道义和责任也被金钱解构得支离破碎。面对此情此景,高洁选择了退场和沉默。此时,社会上大兴剧团承包之风,很多人向高洁发出了邀请,但她全部予以拒绝,却拖着病体去义务辅导两个基层剧团(临泉县豫剧团和临颍县南街村文工团)。高洁之所以这样做,是因为她始终认为,艺术的复兴在于艺术水准的提高,一个民族素质和精神境界的提升,需要有精品艺术的引领,需要有经典艺术的传世,而不是将其放在金钱的天平上去衡量。艺术就是高洁生命的全部,在她的心灵深处,艺术早已沉淀和提炼成生命的律条。高洁可以忍受艺术的短暂衰落,却无法忍受心中崇高的律条被践踏。

高洁对民族文化始终怀有一种谦卑和敬畏,这种情愫,从她踏进艺术之门直到现在始终如一。20世纪50年代中期,当豫剧现代戏陷入生死存亡的困境时,高洁开始努力向传统学习。正是传统艺术的深厚积淀,给高洁提供了丰富的艺术营养,为她的艺术创新奠定了坚实的基础。1956年10月,高洁随中国音乐家代表团访问北欧,豫剧第一次以音乐家代表团的形式被带出国门。高洁在看到中西文化巨大差异的同时,更看到了民族艺术的巨大价值,从此,"只有民族的才是世界的"这种观念便深深地印在她的心中。在艺术上,高洁从没有厚此薄彼,是一个积极的"拿来主义者"。1953年初,中央歌剧院的演员曾到河南豫剧院学唱豫剧,高洁还十分谦虚地向著名歌唱家张权请教西方歌剧的演唱方法。高洁之所以这样做是想取人之长补己之短,对于她来说学习西方歌剧是为了更好地发扬民族艺术。面对流行文化的兴起,高洁可谓忧心忡忡,她不反对艺术形式的革新与变化,但她反对抽空艺术精神而徒具华丽的外壳。高洁不止一次地告诫年轻人:"一味地追求外来艺术,而对民族艺术知之甚少,这是一种不正常的现象。我虽不否认其他姊妹艺术,但我们不能做外来艺术的殖民地,我们的艺术阵地必须由民族艺术来占领。"

高洁是为数不多的终生为捍卫艺术纯洁而奔走呼号的人,也是一个为捍卫艺术纯洁而身体力行的人。高洁认为,保持艺术家的贞操就是捍卫艺术的纯洁,因此,她拒绝艺术被商品化,特别是被庸俗化。高洁非常珍惜党和人民给予她的荣誉,她从没有把这些荣誉当作换取金钱的资本。在高洁的心中,有一块最纯洁的圣地,那就是艺术,对她而言,艺术的贞操和人格的坚守永远连在一起。1999年6月2日,高洁在《大河报》上发表《从艺当学阎立品》一文,文中写道:"她(指阎立品)在旧社会吃斋念佛,主要是为了对付那些国民党官僚唱堂会、请吃饭等方面的纠缠,'既然是吃斋念佛的人,就不宜在那种场合露面,我就是要这样为戏子立品'。这是一位多么有骨气、多么值得敬佩的艺术家呀!现在的演员,尤其是青年演员,在人品艺德方面应该向她学习,应该树立起起码的自尊。"

三

高洁被誉为"中原第一老大娘",她在近60部戏曲和影视作品中,塑造了不同年龄、不同身份、不同职业的慈母形象,同时,她那慈眉善目的神情、温柔敦厚的气质,又使她所塑造的慈母形象具备了她个人的情感张力。其实,舞台上的高洁和生活中的高洁没有两样,舞台就是她的生活,生活也是她的舞台,生活为她的艺术创造提供了源源不断的思想和灵感,而艺术又对她的生活进行不断地提炼和提升。慈母形象既是高洁的艺术符号,又是她生活的真实写照。

宽博的胸怀孕育着高贵的思想,伟大的爱总是与非凡的坚韧连在一起。在高洁的慈母情怀中,不仅有细绵如水的爱,还有不屈的气节和刚强的意志。"文化大革命"期间,高洁敢把造反派挂在她脖子上的牌子一个个撕得粉碎而毫无顾忌,即便是在她双目失明的那段最黑暗的日子里,她也没有向任何人做过任何的乞求,在她眼里,气节比生命更重要。高洁曾被剥夺一切演戏的权利,但她从没有忘记自己的理想和责任,没有放弃自己的艺术事业。她坚信真正的光明不是没有乌云,而是乌云过后,蔚蓝的天空会依旧明朗。在那最艰难的岁月里,艺术为高洁撑起了一片天空,追求艺术成为她活下去的最大理由。

高洁是一位责任与艺术同行的艺术家,她始终认为人民给予她的很多,而她自己为人民做的很少。高洁不论接受什么形式的采访,她的谈话只有一个重点,那就是自己是党和人民培养的文艺工作者,一切的荣誉都应归功于时代和集体,她从来不会主动地向别人去谈自己。高洁从不穿堂走穴,从不唱戏曲茶座,但对于公益事业,她始终都是热心地支持,边防、矿山、工厂、学校、敬老院、孤儿院、劳教所……都曾留下她的身影。特别是1975年,驻马店地区遭受严重水灾,高洁不顾自己"三名三高"的身份,不怕造反派给她罗织新的罪名,义无反顾地主动要求参加慰问演出,因为她觉得在人民需要她的时候,她没有理由退却,她只能和人民站在一起。

　　综观高洁的一生,她的身上呈现出两个最明显的特征:一是崇尚精神的独立自由;二是对艺术永无止境地追求。对高洁来说,自由不是察言观色,不是蝇营狗苟,而是一种豁达的生命状态,一种超凡的生命境界。为了追求精神的独立自由,她越过了旅途中的艰难险阻,抛弃了尘世上的享乐诱惑,忘却了世俗中的流言蜚语,沉浸在一个只属于她的独特世界里自得其乐。同时,高洁又是一个艺术的朝圣者,艺术不仅是烛照她心灵之路的朝阳,更是她人生的宗教,在艺术神圣的光晕里,她的世界变得澄明而透亮。高洁始终认为,真正的艺术是自由心灵中极其重要的组成部分,艺术创造只有真正进入心灵的自由状态时,艺术才能够变得光辉灿烂,才能够穿越时空而感动未来。

第一章　繁华事散——高洁家世概述

在安徽省的西北部,有一座小城名叫界首。据《安徽省各县市名称考释》记载:界首集"西与河南省交界,而安徽省界自此始,所以集名界首"。界首地处黄淮平原腹地,四周是一望无际的良田,美丽而富饶。流经界首的沙河,上行可抵达河洛,下行则直通江浙,成就了界首"梁宁吴楚之冲,齐鲁汴洛之道"的美誉。抗日战争时期,界首没有被日军占领,是当时的大后方,市区人口一度达到20多万,成为名噪一时的政治中心和商业重镇,被誉为中原地区的"小上海"。

在沙河南岸,有一片开阔的土地,上面布满了密密麻麻、行列整齐的木桩,远远望去就像列队等候检阅的士兵,这就是界首闻名百里的牛市。每到开集之时,数不清的牛儿被赶到这里进行交易,吼叫声此起彼伏,大有"沙场秋点兵"之势,成为界首一道著名的景观。紧贴牛市靠沙河的一边有一条街道,道路两旁商铺林立,一天到晚车水马龙,这就是和牛市齐名的牛行街。在牛行街的东头路北有一个水塘,水塘四周白杨挺拔,垂柳依依,塘水映照着天上的悠悠白云,和喧嚣的牛市相比,这里显得清幽而恬静。在水塘的东北角有一处坐北朝南的独家小院,主房是一栋精致的二层木楼,东西各有厢房,朱红的大门上悬挂着四个醒目的大字:同仁药店。药店的主人高寿椿是当地一位名人,他与当时界首商会会长、界首四大官商之一的饶绍周为同门之婿。但他的名声不是因为他有堆积如山的钱财,也不是因为他有炙手可热的权势,而是因为他在百姓心中悬壶济世的口碑。

1934年5月29日(农历4月17日),在同仁药店的木楼里诞生了一个女孩,高寿椿为这个女孩起名高桂芬,乳名兰子,这个女孩长到17岁时,她自己做主改名高洁。这一年高寿椿正好是不惑之年,妻子任艳秋34岁。这个小生命的诞生,给高寿椿和任艳秋带来了莫大的欢乐,宁静的小院多了几声婴儿的啼哭,温馨之中又增添了几分生机。高寿椿不是一个活泼开朗型的人,但他望着女儿还是无法掩饰内心的喜悦,他常常把高洁抱在怀里,迈着轻盈的脚步在屋里踱来踱去,有时还会自言自语地说:"哎,这真是老天送给我的宝贝儿啊!"对任艳秋来说,这是她第一次真正体会做母亲的感觉。当一个婴儿"哇哇"地告别母体睁眼去看这个神奇的世界,当一个婴儿把流泪的脸庞贴向母亲的胸口,当一个婴儿哭喊着向母亲伸出自己的双臂,母亲,变成了一个多么幸福的字眼。这一切对于任艳秋来说,可说是一份迟到的幸福。

任艳秋出生于界首的一个富裕家庭,有两个哥哥和一个姐姐,在家中备受疼爱,从小过着衣食无忧的生活。任家办有私塾,聘有专门的家庭教师,任艳秋从小受到了良好的启蒙教育。加上她天资聪慧,勤奋上进,使她具备了一种超凡脱俗的品格,而不像旧中国的大多数女子那样只会穿针引线、相夫教子。可旧中国的女人没有自主权,她们无法把握自己的人生命运,尽管任艳秋不同于旧中国的一般女人,但她还是走了旧中国一般女人常走的路。

任艳秋先是由家庭包办,嫁给界首北边一个秀才的儿子,丈夫从小家教甚严,没有纨绔子弟的恶习,这在当时也算是门当户对。但这是一个富裕的、传统的家庭,而不是一个开放的、现代的家庭。

婚后的任艳秋只享受了短暂的幸福和甜蜜，无情的暴风雨便劈头盖脸地向她打来。那时正是民国时期，到处涌动着个性解放的思潮。任艳秋的丈夫冲破封建家庭，以极大的热情欢呼新时代的到来，为了表示对封建制度的抗争，他毅然决然地剪掉头上的辫子，以示与中国几千年的旧秩序告别。这一下却激怒了他的父亲，秀才无休止地对儿子进行训斥、殴打等种种惩罚，儿子无法承受父亲的折磨，最后就上吊自杀了。可怜这个激进的青年，他没有死在新旧制度交锋的战场上，却死在了新旧观念相撞的冲突中。

　　从此，任艳秋开始守寡，长期住在娘家。父母兄嫂对任艳秋非常关心，一家人相处融洽，浓浓的亲情抚慰了她的丧夫之痛。在家人的帮助下，任艳秋抱养了一个亲戚的女儿，她就是高洁的姐姐高霞龄。任艳秋一边照顾父母，一边抚养女儿，伤心的记忆渐渐被忙碌的生活所冲淡。可是没过几年，这种平静的日子又一次被打破。母亲、父亲和一直疼爱自己的大哥相继去世，任艳秋顿感失去了靠山，她开始考虑自己的事情，她知道没有了父母兄长，再住在娘家是会生事的。她要嫁人，要建立自己的家庭，要过属于自己的生活。

　　任家和同仁药店相距很近，两家人彼此也很熟悉。就在任艳秋准备重新组建家庭的时候，高寿椿的妻子去世了，经人介绍，他俩相互接受了对方，并准备重新组建家庭。不料，此事却遭到任艳秋二哥的强烈反对，在他看来，女人要讲究"三从四德"，嫁鸡随鸡、嫁狗随狗，生是人家的人，死是人家的鬼。可任艳秋并不认同这些所谓的伦理纲常，她说自己不会在秀才家苦守终生，她要去追求属于自己的幸福。最终，任艳秋顶着各种压力和高寿椿走到了一起，因此事还和二哥闹翻了脸，以致两人20多年都不来往。

　　风雨过后的天空总是那么的迷人，在经历了人生的不幸和世俗的磨难之后,高寿椿与任艳秋又找回了家庭的温暖。高洁的出生不仅是他们爱情的结晶,更成了他们生命的寄托。可让他们没想到的是,这种欢乐的背后,正酝酿着一场家庭风波。高洁的出生,彻底改变了这个家庭昔日的宁静与温馨,使他们的生活变得一波三折。究其原因,还要从高洁的家族历史说起。

高洁祖籍是河南沈丘冯营乡小高营村。沈丘当时在行政区划上归界首管辖,是界首三镇之一(另外两镇分别是现在安徽的临泉县和太和县)。小高营位于界首、临泉、沈丘三地中间,向东北12.5千米是界首市,向南 10 千米是临泉县,向西 10 千米是沈丘的老县城(现在沈丘槐店镇)。清朝初年,从山东枣林庄(今天山东兖州北安邱王府村一带)迁来一批移民,他们先是迁移到今天沈丘槐店镇高营一带,之后他们其中的一个家族又迁到冯营的小高营,高守坤是这支高姓家族中辈分最高的人。当时小高营方圆数十里人烟稀少,田畴荒芜,一片萧索之象。高守坤来到之后,就带领他的家眷辛勤劳作,披荆斩棘,开荒屯田。经过数年的努力,高守坤一家不仅开垦出数百亩的土地,还在居住地周围打起了寨子,建成了一个颇具规模的村落,成为当地远近闻名的殷实家族。高守坤也正式把自己的居住地起名"小高营",标示着这个村落与槐店的高营有继承关系,同时也意味着"守住乾坤,扎下营盘",希望子孙后代能够从此兴旺发达。

高守坤有 3 个儿子,高洁的祖上是老大。高守坤去世时,小高营周围数千亩的土地都已成为高家的良田,3 个儿子分家时,每家都分得了一笔数量可观的家产。高洁家的这一支从她爷爷高凤山往上六代单传,都是男人不到 30 岁就去世了,剩下孤儿寡母艰难度日。在弱肉强食的时代,人丁不旺是制约一个家族发展的最大难题,像高家这样的大户,没有强有力的人来支撑门面,家族的命运就根本无法掌握在自己的手里。历史上,高家经常遭受各种邪恶势力的欺负,高家的钱财和土地经常被无端地掠夺和占有。由于家族人少势单,不敢轻易得罪别人,只能选择忍气吞声,守着祖传的家业谨慎地度日。久而久之,辛勤劳动、谦卑忍让、息事宁人也就成了高家世代相承的家风。

一个世纪以前,小高营和旧中国千千万万的村庄一样,破旧、萧条、凄凉。高凤山是村里的首富,家里不仅拥有500多亩土地,还在界首开店铺经营盐务。即便如此,高凤山依然保持着勤劳的家风,全家人日出而作、日落而息,家里养了许多头耕牛,每到播种季节,牲口轮流下地,人也从来不休息。正是靠着辛勤的劳动,高家积累了不少财产。高洁小时候听母亲说,爷爷在世时家里非常富裕,粮食多得屋里放不下,就只好在院里做几个粮仓;同时,家里还养有护院(私人保镖),使有仆人。

高凤山先后娶了两个太太,共生5个儿子,高洁的父亲排行老三。高凤山治家严谨,他以勤为荣、吃苦耐劳,以德为本、同情弱小,并把这种良好的家风传给他的后代,在他的影响下孩子们都是正派做人、正经做事。然而,在那个兵荒马乱、民不聊生的年代,像高家这种遵规守礼的家庭,自然摆脱不了受欺凌的命运,高凤山接连不断地遭受地痞的讹诈。有一次,一个地痞走在路上,见高凤山劈头就说:"你还欠我50块大洋呢。"高凤山说:"我的钱还花不完呢,我怎么会欠你的钱?"那个地痞就厉声说道:"说你欠你就欠,你自己看着办吧。"为了避免意外,高凤山只好硬着头皮给人家送去50块大洋。当时一些无赖还强行租种高凤山的土地,但种几年就说地本身就是他们自己的,通过这样的方式,高凤山的土地被别人霸走了100多亩。其实,高凤山所面临的威胁,不仅仅是几个地痞无赖,而是整个是非颠倒的世道。这个以勤为本的家族,在那个混乱的年代,最终也没有逃脱可悲的结局。

民国初年,豫西的土匪经常聚众到界首一带抢劫,土匪的每一次光临,高凤山都免不了深受其害。土匪不仅抢走大量财物,还常常放火烧毁宅院。高家的败落,缘于一次最严重的匪患,土匪们成群结队到高家大砸大抢,光天化日之下把高家的宅院几乎烧为灰烬,最后还打死了几个护院。高凤山当时在界首牛行街的宅院里,当听到小高营的家院被土匪焚烧的消息后,气得一跺脚"哼"了一声便倒了下去,再也没能站立起来。为此,高家还差点吃上官司,从此元气大伤。

高凤山去世后,5个儿子分了家,每家分得土地80余亩。当时,高凤山的两个大儿子已经去世,两个小儿子还在年幼之中,唯一能支撑家门的只有高寿椿一人。苦难频发的家族往往会出现出类拔萃的人物,因为苦难可以作为一种财富被继承,也可以作为成功的跳板被利用。父亲的离世让高寿椿受到很大打击,他深切地体会到一个家族的发展,必须要有强有力的人物去支撑门面,他决心为改变家族的命运而重新选择出路。

不久,高寿椿参加了冯玉祥的部队,绝望与希望、痛苦与新生、光荣与耻辱,都渗透于他的远行之中。在部队,高寿椿考上了上海某医科大学,学习近代西方医学,并以优异的成绩毕业。毕业后他本可以到部队去当军医,或者到政府部门去谋一个差事,可他最后却选择了回界首牛行街老宅挂牌行医。高寿椿凭借自己出色的医术和高尚的医德,在界首很快就打开了一片天地。他靠着药店的收入和祖辈留下的家产,把家庭经营得有条有理。在这种情况下,增添人口本是一件值得欣喜的事情,可高洁的出生,却给这个家庭带来了不小的风波。

当时,高洁的哥哥高惠民已经成家。在旧中国,不论家里有多少财产,只有男孩可以继承,女孩是不能继承的。高洁的嫂子受人挑唆,害怕婆婆再生儿子分家里的财产,高洁出生后不久她就提出分家。对于儿媳妇的要求,一开始高寿椿坚决不同意,可是到了最后,高洁的嫂子竟以死相逼,而且扬言,如果再不分家,她就要把高寿椿家里弄得连一个放棍的地方都没有。就这样,高洁出生4个月后,高寿椿不得不与儿子分家。在讲究伦理纲常的封建社会里,一个大家庭分不分家是长辈说了算,而且是父亲给儿子多少财产儿子就要多少财产,决不可讨价还价,更不能强行去要父亲的财产。可高寿椿的这次分家却与众不同,任艳秋建议不要像众多的家庭那样是父子分家,而是像兄弟分家那样一分为二。任艳秋还对高寿椿说,惠民过早地失去了母亲,他是不幸的,精神上的损失应该从物质上得到弥补。高寿椿就按照任艳秋的建议,把家中的田产分给了儿子一半,牛行街的药房也给了他。任艳秋还明确表示,家里的东西让高洁的嫂子随便去拿,高洁的嫂子搬家时,任艳秋干脆抱着高洁跑到外面去。就这样,由于任艳秋的宽厚慈爱,一场不愉快的家庭风波平息于萌芽状态。

  高洁一岁时,高寿椿带着全家人搬出界首来到临泉县城,他卖掉家里一部分田地作为本钱又开了一家药房,继续做他原来的生意。临走的时候,高寿椿雇了一辆人力独轮车,所有的家当变成了几个简陋的箱子。任艳秋抱着高洁坐在车上,高寿椿步行。不知为什么,高洁却哭闹着不坐车,非让高寿椿抱着不可,无奈之下,高寿椿只好抱着高洁走到了临泉。那25千米的路程,对于已过不惑之年的高寿椿来说,该是何等的艰难,他要承受一个一岁孩子的体重,同时还有心灵的重荷。高寿椿离开自己奋斗了20多年的地方,没有人知道他内心的想法,高洁幼年的时候,只隐约地听父亲说,他只想躲开那个曾让他下不了场的儿媳妇。可让高寿椿万万没有想到的是,他搬出界首后发生的一切几乎让他濒临崩溃。

高寿椿走后,高惠民便开始不思进取,终日和一帮不务正业的人混在一起,还染上了赌博的恶习。药店昔日红火的生意日渐萧条,最后不仅赔个精光,还把那处小院给卖掉了,高洁的嫂子不得不搬回老家居住。接着为了还赌债,高惠民开始变卖家里的田地。有人劝他说:"你把这些土地卖完了,以后怎么办?"高惠民却满不在乎地说:"卖完了还有俺爹那一半呢。"高寿椿听说后非常生气,最后他无可奈何地说了一句话:"他卖我也卖,反正就这样了。"对于普天下的父母来说,最大的痛苦莫过于养一群不肖子孙,而对于像高寿椿这样靠自强不息赢得生命尊严的人来说,这种痛苦更加不可排遣。

不久,高惠民又去界首警备司令部当差。高寿椿知道后十分恼火,多次捎信让他辞掉差事。在父亲的催逼下,高惠民极不情愿地离开了界首警备司令部,但依旧游手好闲。高洁两岁时,任艳秋又生下一个男孩。当时高惠民正在临泉,他知道这个事情后悄悄地躲进临泉的一家澡堂里号啕大哭,小高营去临泉的人告诉高寿椿,高洁的嫂子知道这个事情后竟然在家里支起油锅炸面人。按照民间的风俗,在人家添人丁的时候,支油锅炸面人明显是一种诅咒。尽管高洁的哥嫂分到了他们不敢奢望的家产,但对于高洁弟弟的出生,他们还是十分的不乐意。这两个人的态度,让高寿椿万分痛苦,他感到这个家庭可能会变得支离破碎。

有一段时间,高寿椿情绪非常紧张,甚至有点神经质。有一次,高惠民到了临泉,高寿椿一看到他,就马上示意任艳秋把高洁带到后院去。任艳秋不以为然,她笑呵呵地对高寿椿说:"不至于吧,这是他的亲妹妹呀!"父子之间的猜忌达到了如此地步,可令高寿椿更伤心的事情还在后面。有一次高惠民带着一个人到临泉,住在高寿椿药房后边的厢房里,高惠民每天给他送饭吃。高寿椿私下里对任艳秋说,这个人不是个好人。不出所料,高惠民和那人离开临泉后就出事了。就在他们回界首的路上,高惠民拿着一支假手枪和他带的那个人去抢劫,被临泉县治安部门抓获,并押到临泉县城。

儿子的所作所为,让高寿椿感到无法见人,以致两个月都不到药房里坐诊。后来高寿椿干脆登报声明,与高惠民脱离了父子关系。

第二章　阳光普照——高洁的幼年生活

　　一条大河自西向东缓缓地流过,岸边的芦苇丛中,不时有野鸭飞起,清脆的叫声划破寂静的天空。宽阔的水面上不停地有船只从远方驶来,停靠在石砌的码头上。河的南岸坐落着一座宁静的小城,两条大街在城中心交会,北大街的尽头正对着码头。两条大街虽然不算宽阔,但非常整齐,街道的中间铺着青色的石板,石板的边上铺着青色的方砖。从霞光满天的清晨,到暮霭沉沉的黄昏,石板路上不时地有马车、人力车走过,偶尔还可以听到穿着皮鞋的富人那清脆的脚步声,与那"辘辘"的车轮和"嗒嗒"的马蹄声混在一起,似乎是在弹奏着一支古老的曲子。从两条大街交会的十字街口向东,第一个路口的东北角上,有一处一进二的院子,在后面的小院子里,有一棵枝叶繁茂的石榴树,在那棵石榴树下,或是月儿高挂的夜晚,或是轻风拂面的白昼,一个腼腆的女孩总爱偎依在母亲的身旁,或听母亲讲述那远古的故事,或听母亲唱那动听的歌谣……这就是高洁记忆中的故乡——安徽临泉。

　　临泉距离界首 25 千米,是个落后偏远的小城,因城的北面和东面被泉河环绕而得名。县城的交通主干道是东西和南北两条大街,交叉处叫十字大街,从十字大街向四个方向分别叫东西南北大街。从十字大街沿着东大街向东走约 100 米,有一条南北小街叫油坊街。在油坊街和东大街交会处的东北角有三间门面,这是一家专做布匹生意的商铺，门上面挂着三个字"吉成瑞"。三间门面的后面是一个大院，主房明三暗五，东西又各有三间厢房。"吉成瑞"的老板叫尹汤臣，是临泉县城东南小尹庄人，成家之后没有带家里一根线，独自到临泉县城做生意、跑单帮，后来又经营小百货，最终盖起了这座院落。在"吉成瑞"的东隔壁，是地主刘崇山的一处院子。两间门面，进去后是一个一进二的院落，东西厢房各三间，中间有一个过道连着后院，后院有主房三间，东西厢房各两间。高寿椿到临泉后，租下了刘崇山这处院子的门面、西厢房和后院的主房，不久又在门上挂起了"同仁药店"的牌子，干起了自己的老本行。这是临泉县第二家专卖西药的药店。刚开业时，高寿椿只卖药不看病，当他看到大量的贫苦百姓因没钱请不起医生备受疾病煎熬时，他的职业敏感和发自内心的同情使他再也坐不住了。于是高寿椿就一边卖药一边给人看病，收了两个徒弟给他帮忙，看病从来不收取任何报酬，药品也是按平价卖给那些穷苦百姓。特别值得一提的是，当时有大量的肺痨病人，人们可谓"谈痨色变"。高寿椿经过潜心研究，独创了医治肺痨的新技术——"碳酸疗法"，并运用这种治疗方法救治了大量的肺痨病人，即使不能治愈的也使其生命得到了延长，这项技术使高寿椿的名声在临泉不胫而走，在广大患者心中树立了较高的地位。

高洁到临泉时刚满一岁，直到她17岁参加工作，几乎没有离开过临泉。沈丘虽然是高洁的祖籍，但对她来说只是一种象征意义上的故乡；界首是她的出生地，那也只不过是她人生中的一个驿站；而临泉才是她真正的家，是她心灵的真正故乡。在那里，高洁享受到了父母的殷殷之爱，接受了较为系统的知识教育，完成了奠定她一生的艺术启蒙，树立了她追求崇高的美好理想，并在她纯洁的心灵中播下了爱情的种子。临泉成了高洁最为魂牵梦萦的地方,成了她记忆深处最温馨的一处港湾。

父亲精明强干,母亲勤俭持家,让高洁过着同时代的孩子一般都过不上的生活。她从来没有缺过零用钱,只要是合理的要求,父母从来都不拒绝。有时候,高寿椿回到家里,高洁还会去父亲的口袋里掏钱,当然都是在她感觉理由十分充足的情况下。当时家里的主食是高粱面、荞麦面和豆面,也吃白面,但不是主要的。任艳秋总是想法把饭做出花样,高洁最爱吃母亲做的豆面韭菜疙瘩汤。有时候任艳秋会另外做一碗肉馅,每天包一碗饺子,但只给高洁一个人吃。改善生活时,也会做一顿红烧肉,那样子就像是过年一样,而且还总是给左邻右舍每家送一碗品尝。能让孩子感到家庭是世界上最幸福的地方,无疑是大人们赠给孩子的最珍贵的礼物,能让孩子时时刻刻都感到生活中到处都充满希望,无疑是家庭给孩子们输入的最大能量。与那些颠沛流离、饥肠辘辘的孩子相比,高洁幼小的心灵上,是父母播下的无尽爱抚和生活甜蜜,这让她在以后的岁月里即使遭受苦难也总是对世界保持着一份美好的情感。

在高洁的记忆里,父母没有吵过嘴,更没有打过架,四口之家充满了无尽的欢乐。高寿椿和任艳秋从来没有骂过高洁一句,更没有点过她一个指头,高洁简直就是家里一个备受宠爱的"小公主"。只有一次,父母坐在桌边吃饭,几天都很少说话,那是高洁记忆中父母唯一的一次"家庭冷战",但他们很快就恢复了往日的和睦,温馨和笑声又重新回到了餐桌上。在这样的环境里生活,高洁总是感到阳光是那样的明媚,花儿是那么的芳香。高洁靠着父亲魁梧的身体,躺在母亲温暖的怀中,一天天地长大。

高洁享受着父母无微不至的关爱,可父母从来没有放纵过她,更没有毫无原则地原谅她不该犯的过错。高寿椿是一个敦厚、谨慎、内敛的人,他不抽烟不喝酒不品茶,空闲的时候就是去看书钻研医学。当时到高寿椿家里看病的人很多,临泉那些有头有脸的富人,一般都是到他家看病。久而久之,很多人就成了高寿椿的朋友。每当高寿椿坐下来和病友们闲聊时,他总是夸奖高洁如何如何懂事,可他从来不当着高洁的面夸她。高寿椿很少把高洁抱在怀里亲她,或者把她叫到跟前一番嘘寒问暖,大多时候只是冲着她说一句"狗子,狗子过来"(高洁属狗),这算是对高洁最亲昵的表示了。当高洁和父亲怄气时,放学回家不理父亲,每到这时高寿椿总是找个理由与高洁说话。高洁与父亲的关系属于平和型的,他们之间既没有那种敬而远之的威严,也没有那种娇宠无度的亲昵。高寿椿平时总是一脸的严肃,可高洁对父亲从来没有惧怕感和陌生感,她从父亲不苟言笑的外表下面,感受到了一颗慈祥的心灵。

英国教育家巴卢说过:"教育始于母亲膝下,孩童耳听一言一语,均影响其性格的形成。"任艳秋为人谦和,背后从来不论人短长,与左邻右舍的人相处得都非常融洽。母亲的品质深深地影响了高洁,她从母亲的言谈举止之中,学会了宽容别人,善待别人,并学会了自尊自爱。和父亲相比,母亲对高洁更为严厉一点。任艳秋从来没有夸过高洁,对于高寿椿对高洁偶尔的宠爱也总是看不惯。任艳秋是那种把女儿的优点都藏在心里,把女儿的缺点都说到嘴上的人,只是她的批评方式从来都是温和型的。任艳秋经常把高洁抱在怀里给她讲故事、唱歌谣,可她从来不对高洁过分亲昵。当高洁和母亲怄气时,任艳秋从来不主动和高洁说话,最后总是高洁撑不住了,找个理由去和母亲说话。

高洁从小就招人喜欢,尤其是隔壁的尹太太看到高洁更是格外疼爱。尹家有三个孩子,老大是一个女孩,取名尹翠屏,老二是一个男孩,取名尹若鉴(后来他自己改名尹涛),老三又是一个女孩,小名美荣。美荣和高洁同岁,就在高洁一家搬到临泉不久前由于生病夭折了。尹太太第一次见到高洁时就问:"门前玩耍的那个小姑娘是谁家的呀?把她带过来让我看看。"她常常对别人说,从高洁的身上总能看到她小女儿的影子。那时候,高洁一到大街上玩耍,尹太太就会搬把椅子坐在门口远远地看她,有时候还把高洁叫到跟前问这问那,甚至有时情不自禁地把高洁抱在怀里,她把对女儿的思念全部变成了对高洁的爱抚。没事的时候,尹太太常常叫上任艳秋带着高洁到自家的院子里闲聊,虽然是两个院子,两个家庭,可两家人就像是一家人一样。

  尹汤臣家里比较殷实,只要一改善生活,尹太太就会隔着墙叫:"小兰子,过来!"每当听到这样的呼唤,幼小的高洁就知道一定是有好吃的在等着自己,就会飞快地跑过去,像进了自己家里一样。尹太太从心眼里把高洁当成亲闺女一样看待。尹翠屏是临泉有名的巧姑娘,尤其擅长扎花刺绣,不管多么复杂的图案,只要她看上一遍就能立即绣出来。她对高洁更是精心地关照,总是看到什么就给高洁绣什么,小枕头、花裙子之类的东西,高洁是应有尽有。在当时的临泉县城里,高洁穿的衣服都是比较时髦的,她没有穿过平面鞋,她的鞋面上总是绣着各种好看的图案。每到过端午节,高洁的香包能把身上挂满,有编的、缠的、绣的,各种样式都有,都是尹翠屏给她做的。

  柏拉图说过:"初期教育应是一种娱乐,这样才更容易发现一个人天生的爱好。"高洁的艺术天分很早就得到了激发,而且是在自然而然的快乐环境中被激发出来的。和旧时代的诸多艺人相比,高洁不是为了生存去学习艺术,她没有经受穷困和饥饿的折磨;更不是在别人的逼迫下去学习艺术,灵魂深处有着无法忘却的无奈和屈辱。高洁学习艺术完全来自于她自然天性的流露,是在她吃饱穿暖后一种精神上的需求。这一切都归功于她隔壁的尹汤臣。

抗日战争时期，许多剧团都曾到临泉演出，这让高洁从小就看了很多戏，并养成了爱看戏的习惯。尹汤臣喜欢唱京剧，拉一把好京胡，他是一个视游戏高于一切的人，只要一拿起京胡就忘掉了生意，甚至忘掉了一切，非得拉足拉够才肯罢休。尹汤臣拉京胡时总爱把尹涛和高洁叫到跟前，一边唱一边拉，同时还教他们两个学唱，尹涛唱黑头，高洁唱须生。在尹汤臣的引导下，高洁很快记住了许多戏词，学会了《捉放曹》、《让徐州》中的许多唱段，而且还能唱得有板有眼。这让尹汤臣非常高兴，他感觉自己找到了一个戏友，每当他拉京胡时，总爱叫上高洁去为他伴唱。高洁唱戏的时候，尹翠屏还总爱给她打扮一番，先是往她脸上涂脂抹粉，然后用一块花布围在她的身上，并教她做一些动作，那架式就像真的要登台表演一样。尹汤臣常常当着别人的面夸奖高洁，并且说高洁的才艺是他培养的，言谈之中充满了自豪感和成就感。

高洁小时候除了喜欢跟尹汤臣学唱戏，还喜欢跟尹涛在一起玩耍。那时候，尹翠屏整天带着高洁和其他孩子四处玩耍，故意不带尹涛。尹涛常常感到十分委屈，有时候甚至气得站在那里哭鼻子。每到这时，高洁总是主动去和尹涛一块玩。在幼小的高洁眼里，尹涛就是一个大哥哥，一个值得她信赖的伙伴，尽管尹涛不愿意整天跟比自己小5岁的高洁在一起，可高洁还是整天跟在尹涛的身后。尹汤臣看着他们两个整天形影不离，心里非常高兴，有一次他还拍着高洁的头说："小兰子呀小兰子，你要是能当我的儿媳妇该有多好啊，可惜你太小了！"

尹涛小时候比较爱动，一会儿在院子里挖地种菜，一会儿又要自己做家具（实际上是一种玩具）。每到这个时候，他总是让高洁给他打下手,一会儿让高洁到外面去提水,一会儿又让高洁给他递工具,把高洁指使得手忙脚乱,高洁总是心甘情愿,乐此不疲。那时候,男孩子爱玩砸铜钱,方法是把铜钱砸到墙上,反弹的距离越远成绩就越好。虽然高洁是个女孩子,可她总爱跟着尹涛一起去玩男孩子们的游戏,由于没有那么大的力量,她常常因为自己的成绩差而不高兴。每到这时,尹涛就会对高洁说:"来,我替你砸一次,弹得远了算你的。"看着尹涛那有力的臂膀,看着那飞得远远的铜钱,高洁心里满是喜悦和感激,尹涛也成了她心中了不起的小英雄。冬天下大雪时,尹涛就把高洁叫到他家一起堆雪人,高洁负责到远处挖雪,尹涛负责做雪人。两只小手冻得通红,高洁却一声不吭,雪人堆成后,她还跑回家拿一条红布,系在雪人的脖子上。第二天一起床,高洁就跑到尹涛家里,看自己的雪人跑了没有。到了过新年的时候,尹涛就拉着高洁到大街上去拾炮,高洁把拾来的炮都交给尹涛。尹涛从来不贪心,他把高洁的炮单独放在一起,没事的时候,他就去为高洁放炮,高洁看着自己的劳动所得给大家带来了快乐,总是乐得手舞足蹈,她感到把事情交给尹涛是最放心的。

"如果善良的情感没有在童年形成,那么无论什么时候你也培养不出这种感情来。"父亲的慈爱,母亲的贤淑,像一缕清新而又温暖的阳光,照亮了高洁幼小的心灵,从父母的谆谆教导中,高洁知晓了社会的善恶和做人的道理,并培养了她对芸芸众生的美好情感,尤其是对无情世界的抗争和穷苦大众的同情。这种宽裕的生活、宽松的环境,让她从小就感受到了家庭的温暖和生活的美好,也使她在人生的任何时候都能保持一种乐观向上的心态,怀着一个追求卓越的梦想。对高洁来说,不论是成名前还是成名后,名利的诱惑从来没有阻挡住她对真善美的追求。

第三章　苦心孤诣——高洁的启蒙教育

高寿椿携全家到达临泉后,任艳秋又先后生下两个男孩,但不幸的是都夭折了,这对他们夫妇来说是一个巨大的创伤。特别是高寿椿登报声明与儿子高惠民脱离父子关系后,他的情绪非常低落,似乎一切都无法弥补他失去亲情的痛苦,他变得少言寡语,把所有的时间和精力都放在打点他的生意上,想以此来忘却挥之不去的记忆。在这种情况下,高洁实际上成了高寿椿和任艳秋唯一的精神寄托,也成了他们生活下去的最大动力和理由。

每个人都无法预测将会遇到的不幸,唯一能做的就是不幸来临时勇敢地去面对。有一次高洁生病出麻疹,高烧使她一直睁不开眼,任艳秋把她紧紧地抱在怀里,高寿椿则站在一旁束手无策。突然,睡梦中的高洁迷迷糊糊地用手往地上摸,嘴里还断断续续地说着:"我的鞋呢,我要回家,我要回家……"这让高寿椿和任艳秋感到一种从未有过的恐惧,任艳秋抱着高洁痛哭不止,高寿椿则用手捶着自己的头说:"两个儿子我都请(即活下来的意思)不住,难道女儿我也请不住吗,老天爷呀我究竟造什么孽了?"其实,高洁只是因为高烧导致记忆发生了错乱,她以为自己是在别人家里,所以她说要回家。而高寿椿和任艳秋却是另一种理解,按照民间的传统说法,每一个生命都有一个灵魂,而这个灵魂最后都有一个归宿,这个归宿才是一个人真正的家。不到七岁的孩子,有时不仅能看到死去的人再现世界,而且还能洞察天机,孩子的梦话、玩笑话有时往往预示着一个可怕的结果。病中的高洁说要回家可能就预示着她要离开人世,这对高寿椿和任艳秋来说,无疑是一个最可怕的咒语。尽管高寿椿是个名医,但此时他却不敢给女儿看病,更不敢给女儿用药,他只好请来自己的好友余鸿喜(中医小儿专科)给高洁看病。余鸿喜给高洁把完脉后,坐在那里一言不发,他和高寿椿一样也不敢给高洁下药,足见当时高洁病到了何种程度。正在这时,高洁"哼"了几声,高寿椿惊喜得差点跳起来,他看到了高洁的生命体征,余鸿喜赶快开了一个药方给高洁用药。在父母的精心照料下,高洁很快恢复了健康,高寿椿和任艳秋悬着的心终于落了地,家中重新恢复了昔日的欢乐。

　　高洁很小就开始接受教育,而且是没有中断的教育,这对于一个孩子来说是一件无比幸运的事情。高洁的幸运既缘于她父母本身的素养,又来自这个家庭的希望。高寿椿和任艳秋出身大家,又都受过良好的教育,他们自然深知教育尤其是孩子的启蒙教育对一个人一生的重要作用。更为重要的是,高寿椿和任艳秋坎坷的人生遭际,也坚定了他们一定要把高洁培养成才的决心,否则他们的精神支柱将无处安放。

　　幼年的高洁很少出门,除了到隔壁尹汤臣家玩之外,多数时间都是待在父母身边。这不仅培养了高洁对家的那份特殊情感,更让她在这个温暖的爱巢里受到了良好的教育。高洁两岁多时,高寿椿就开始教她认字。他常常在方纸上写上"一二三四五,金木水火土,天地分上下,日月同今古"之类的字,然后把它挂在墙上,一个一个地教高洁去读。高洁学得很快,高寿椿特别高兴,在高洁那稚嫩的读书声中,他忘记了疲劳,忘记了烦恼,甚至忘记了年龄,不管生意多忙,他每天都要抽出时间教高洁识字,就像是他每天必须要做的功课一样。当高寿椿实在忙不过来时,他就让任艳秋去教高洁,使高洁每天都能做到温故而知新。当高洁完成识字的初步任务后,高寿椿开始教她背诵"一去二三里,烟村四五家,亭台六七座,八九十枝花"之类的诗篇。在那些浅显易懂的诗句中,高洁的脑海中勾勒出一幅幅美丽而又神奇的图画,一个孩子的智慧之门就这样慢慢地被打开。

"我之所有,我之所能,都归功于我天使般的母亲。"美国第十六任总统林肯曾这样感念他的母亲。高洁有一位慈祥的父亲,也有一位天使般的母亲,而且她受母亲的影响更大于父亲。任艳秋喜欢唱歌,高洁幼年时母亲经常把她抱在怀里给她唱《小放牛》、《我家有个胖娃娃》之类的民歌,如"我家有个胖娃娃,今年两岁整,长得会说话,不吃饭,不喝茶,整天吃妈妈……""赵州石桥是什么人儿修?玉石栏杆是什么人儿留……"母亲纯朴而又美妙的歌声,唤醒了高洁对未来世界的憧憬,也为她的人生埋下了艺术的种子。

任艳秋除了通过这种生动活泼的方式给高洁传授基本知识之外,还十分注重对高洁进行智力开发。她经常给高洁讲一些谜语,出一些简单问题,并引导高洁去寻找答案。有一次,任艳秋给高洁出了一个谜语,告诉她四句话是四种好吃的菜,如果高洁猜出一种她就给她做一种。谜语的内容是这样:"一三一三又一三,马跑千里不歇鞍。老子打断儿的腿,娘在家里哭心肝。"高洁扳着她的小手捉摸了半天,突然说道:"第一种是韭(九)菜,三个三加起来不是九嘛。"任艳秋非常高兴,告诉她猜对了,并鼓励她猜出剩下的三个。但高洁说什么也猜不出来了,最后任艳秋就告诉她,"马跑千里不歇鞍"是"芹(勤)菜","老子打断儿的腿"是"茄(瘸)子","娘在家里哭心肝"是"瓠(护)子"。中午做饭的时候,任艳秋就给高洁做了一张韭菜鸡蛋饼,高洁吃得津津有味。有一次任艳秋又给高洁出了一个谜语:"梧桐树上挂丝条,两国争斗不用刀。不出门户天下晓,眼看水深山又高。"高洁猜了半天也没猜出正确的答案,任艳秋就告诉她，那是"琴棋书画"。幼小的高洁从这个谜语中知道了琴的基本材料是桐木，知道了棋盘上是不见血的较量，并从心底萌生了一种愿望，自己长大后也要好好地去读书，书可以让自己知道天下很多的事情。

任艳秋喜欢看书，高洁入学前，她经常给高洁讲《红楼梦》、《西游记》、《西厢记》等作品中的故事。任艳秋讲得绘声绘色，高洁常常听得激动不已，甚至会潸然泪下。高洁曾为张君瑞、崔莺莺的遭遇愤愤不平，曾为唐僧被妖怪捉去而心急如焚。有一次任艳秋给高洁讲黛玉焚稿的故事，高洁听后悲伤得痛哭流涕。任艳秋问她为什么哭泣，高洁告诉母亲："你看黛玉多可怜，从小就住在别人家里，虽然外婆疼她，但她毕竟没有了父母，宝玉哥哥是她最好的伙伴，可家里人硬是把他俩分开，不让他们在一起玩。"任艳秋听了，一把将高洁抱在怀里，笑着对她说："真是听书的掉泪——替古人担忧。"在高洁能独立阅读书籍之前，她最爱做的事情就是听母亲讲故事，在高洁看来，母亲的故事似乎是永远讲不完的，而且一个比一个生动有趣。这些故事奠定了高洁对芸芸众生的情感，把它们串联起来，就是高洁幼小心灵的成长历程，任艳秋无意之中在女儿的心中点亮了一盏明灯。

在那个年代，女孩子都是很小就开始学做针线活，那是传统，是女人必须掌握的基本技能。可任艳秋不同，她从来不教高洁学做针线活，而且还千方百计地阻止她。幼小的高洁出于好奇，常常偷偷地拿着剪子去学剪鞋样，拿着针、锥子去学纳鞋底。可是一旦被母亲发现，不仅会被没收所有的东西，而且还会受到一番批评。每到这时，任艳秋总是重复那句说了无数次的话："有这些时间还不如去看看书哩。"当现代文明的曙光还深藏在地平线下时，任艳秋就以超越时代的要求去教育女儿，高洁特立独行的个性，也许就是在母亲这种不同寻常的教育中开始了最初的萌芽。

高洁小时候基本没有走过亲戚，每到逢年过节，看到别人家的孩子坐在小推车上，手里提着点心，身上穿着新衣服，在大人们的陪同下去走亲戚，心里总是好生羡慕。有时候高洁也会问母亲为什么不让她也去走走亲戚，任艳秋总是告诉她说："兰子，咱家穷，咱家的日子过得不好，咱就不要去打扰人家了。"母亲还常常告诉高洁："人啊，人不在人眼下，树不在树底下。"虽然幼年的高洁弄不懂这些话的真正含义，可每次听母亲说这些话时，她总能看到母亲眼里充满着无限的惆怅、失落与无奈，又闪耀着自信、坚毅和刚强。

有一次，高洁走在临泉的西大街上，迎面过来一辆临泉县很少看到的黄包车，车上坐着一个很帅气的年轻人，她心里立刻产生了一种强烈的愿望，还自言自语地说："这个人要是我家的亲戚该多好呀。"等高洁放学回家后，却看见那个年轻人正坐在自己的家里，她怀着一种惊喜的心情去问母亲，之后才知道眼前的这个帅小伙是她大舅家的三表哥。高洁的大舅母对任艳秋非常好，经常到临泉去看望她。高洁的二舅就不同了，由于任艳秋改嫁时，他极力反对，后来任艳秋长期没有和他往来。高洁对二舅家的人一个都不认识，在她离开临泉之前，也从来没有去过二舅家。直到1956年任艳秋到河南看望高洁，在界首转车时，他们二人才以亲情的名义说了一个晚上的话。这种简单的社会关系，养成了高洁对家庭的特殊情感，也增加了任艳秋对女儿的期望。任艳秋经常告诉高洁，人要有志气，人过留名，雁过留声，做女人不要太小家子气，不要去做传声的话筒。当高洁回忆起母亲这些朴素的话时，她十分动情地说："永远感激我的母亲，她使我在任何时候都有一颗冷静的心，这对一个人，尤其是搞艺术的人更为重要，搞艺术是最忌浮躁的。"

高寿椿做事一向谨慎，有时甚至到了胆小怕事的程度，可他并不是一个懦弱的人，更不是一个缺少骨气的人，他的身上有着强烈的正义感和责任感，特别是关系到人民的利益时，他总是敢于挺身而出。高洁一家迁到临泉不久,正赶上国民政府的禁烟运动,在那场事关广大人民生活的禁烟运动中,高寿椿被临泉县政府聘为禁烟所主任。他以极大的热情投入到禁烟运动中,凭借自己丰富的医学知识,配了好多药品帮助那些吸烟的人戒烟,同时还找人画了很多富有教育意义的宣传画,以通俗易懂的形式讲述吸烟的危害。抗日战争开始后,高寿椿又被聘为临泉县大队的医生,在民族生死存亡的危难时刻,他用自己的实际行动担负起救死扶伤的光荣使命。高洁从小就被父亲满身的正气所感动,并立志做一个有正义感的人,在以后的岁月里,不论在什么时候,只要人民需要,她都会毫无顾忌地冲上前去。

抗战一胜利,高寿椿就辞掉了公职,因为他对县大队做的许多事情都极为不满,他看到那些所谓的官大人几乎没有一个为民着想。后来,临泉县政府多次派人上门想说服高寿椿继续回县大队工作,他都以年龄大为由婉言拒绝了。回家后,高寿椿一边经营着自己的药房,一边教高洁学习知识。有一次,高寿椿给高洁讲了一个故事,说有一回冯玉祥去见蒋介石,大白天打着一个灯笼,蒋问他为什么,冯玉祥回答说是因为天太黑了。高洁还不止一次地听父亲自言自语地说:"要是周梦平还活着,临泉县就不会那么黑暗了。"周梦平是临泉县的参议长,高高的个子,戴着一副金边眼镜,风流儒雅。他是正规的大学毕业生,很有学问,而且为人谦和,为老百姓办了很多好事。可是有一天,周梦平突然被国民党宪兵逮捕,被押到界首警备司令部接受审判,并被判处死刑立即执行。他大义凛然,挥笔给妻子写下了遗书。为了避开临泉县老百姓的视线,他被押到临泉县城北的泉河北岸行刑,而不是通常枪毙死刑犯的西门外刑场。当天下着大雨,子弹穿透了周梦平的心脏,当他怀着身孕的妻子去为他收尸时,雨水已把他身上的血迹冲得干干净净,真是"质本洁来还洁去"。高洁当时不知道父亲为什么常常提起周梦平,新中国成立后才知道周梦平早在上大学时就加入了中国共产党,是临泉县第一个共产党员,牺牲前任临泉县党组织的负责人。当了解了这一切后,高洁才明白父亲为什么总是一直怀念周梦平,她也更加理解了父亲说那句话时的沉重。

从临泉十字大街,沿着西大街向西走约 500 米,路北有一处很大的院落,是当时临泉县商会会长王琢章的家。在第一进院的东面有一个非常整洁的小跨院,北面有一座阁楼,楼上住着一个先生,楼下便是一个私塾。高洁 5 岁时,高寿椿把她送到那里去学习,尹涛此时在那里读五年级,高洁读一年级。每天高洁和尹涛一块去上学,放学后一块回家。私塾里有十来个孩子,这在当时已是一所不错的学校了。在那里,高洁遇到了她人生中的第一位老师邹显堂。邹老师是一个大学刚毕业的年轻教师,他对旧私塾的教学内容进行了一定程度的改革,除了教授《三字经》、《朱子家训》、《古文观止》等传统文化之外,还教授一些自然、地理之类的现代科学知识,有时还会以自己的名义请他的同学给孩子们上上音乐课。高洁一方面接受着中国传统文化的熏陶,一方面开始接触"自然"、"化学"之类的现代知识。

有一次,邹老师给小班学生出了一个作文题,叫《我在黑暗中不害怕》,高洁大概是这样写的:晚上同学们在教室自习,忽然一阵风吹来,把教室里所有的灯都吹灭了,同学们都害怕得叫起来。我一边大声对同学们说不要害怕,一边摸到老师的座位上,拿着老师的火柴把灯点着了。同学们很快安静下来,又开始学习了。就是这篇小作文,为高洁赢得了不少荣誉,邹老师当着同学们的面夸奖高洁的作文写得好,之后又向高寿椿夸高洁聪明。高寿椿也把此事当作女儿的骄傲,他不止一次地向他的朋友们背诵高洁写的这篇作文。

有一次,高洁从私塾放学回家,走在西大街的石板路上,被一头狂奔而来的驴踢倒在地昏了过去,从此高洁看到驴马之类的牲口总是提心吊胆。从那之后,高洁再不敢一个人走西大街去上学,只好改走北大街绕到城北的泉河南岸,再沿河向西到西大街的私塾。有一天高洁放学回家,走在泉河岸边,因为只顾贪玩,不小心从河岸上滚了下去,幸好被一个认识她的人救了起来,把她送到家里。从此,高寿椿再也不让高洁一个人去上学,每天都派他的小徒弟贵山去接送高洁。

高洁在王琢章家的私塾里上了大约两年时间,私塾停办之后又转到临泉小学,在那里仅上了一个学期,学校就被迫停课了。这时,高洁在私塾读书时的一个同学李韵琴家又开办了一个私塾,高寿椿就把高洁送到那里去读书。李韵琴的父亲李澄波是当时临泉县的县大队长,他开办私塾的目的主要是为了自己的孩子上学,同时又招收其他人家的孩子。整个私塾里有十来个学生,老师叫刘自立,严格采用私塾的教学方法。先是学《朱子家训》、《古文观止》等,还经常用文言文写作。高洁在那里大约学习了3年时间,正是这段时间的学习为高洁打下了良好的古文基础,以至于她70多岁时,还能很熟练地背诵大段的古文。

高洁11岁时基本学完了小学课程。就在那一年暑假,高寿椿把她送到一个补习班里去学习数学、地理之类的课程,目的是为暑期结束后升中学做准备。当时临泉县有一个私人办的仰高中学,是以一个叫李仰高的人命名的。由于高洁的各门功课都很优秀,在补习班深受老师喜欢,就免试进了仰高中学。仰高中学的气氛非常活跃,特别是女生一律穿蓝士林旗袍,白袜黑鞋,高洁感到既新鲜又开心。可是好景不长,入学后的第二年解放战争爆发,学校很快就停课了。

1946年秋天,高寿椿又把高洁送到离家不远的一家私塾。老师叫那光大,是抗战时期从东北流落到临泉的老知识分子。那光大的教学方式完全是传统式的,私塾的门口挂着孔子的画像,前面摆放着香炉,学生一进门要先给孔子行礼。学习的内容主要是《中庸》、《大学》,可是时间不长,学校又办不成了,高洁又一次失学。高寿椿为了不耽误高洁的学习,就把她送到好友吕朝阳家里。吕朝阳是临泉县另一个有名的西医,高洁每周到吕家两次,吕朝阳的国学基础非常深厚,他主要给高洁讲授《古文观止》。多年后高洁回临泉参加临泉中学建校60周年时,吕朝阳的儿子还对高洁说,她当年在吕家读的《古文观止》还在他家放着。

  捷克大教育家夸美纽斯说过:"一个人的整个生活既全以儿童时期所受的教导为转移,所以,除非每个人的心在小时候得到培养,能去应付人生的一切意外,否则任何机会都会错过。"正确的人生启蒙,系统的知识教育,让高洁很早就具有了独立的思想意识,父亲的正直慈祥和母亲的刚强贤淑直接影响了她的一生。在那个混乱的年代,父亲对弱势群体的同情和对社会正义的向往,激发了高洁追求崇高理想的信心和决心;母亲从小教育她正正派派地做人,不可蝇营狗苟地生活,让她懂得了自尊自爱。父亲注重女儿的外炼,母亲注重女儿的内修,慢慢地,这种家庭的殷切希望,就变成了高洁前行的动力。

第四章 违背家愿——高洁走上艺术之路

1947年8月,刘邓大军到达临泉,革命的钢铁洪流冲刷掉沉积几千年的枯枝败叶,历史的车轮终于碾碎了套在人民头上的沉重枷锁,广大百姓翻身做了国家的主人。10月1日,临泉县人民政府成立,泉河岸边周梦平烈士倒下的地方,又洒满了金色的阳光。面对这恍如隔世的历史巨变,高寿椿有一种从未有过的轻松,他感到呼吸舒畅,脚步轻盈,心中有一种无法抑制的兴奋,仿佛又回到了青春少年,尽管此时他已年过半百。1948年初,临泉县人民政府组建临泉县卫生院,高寿椿欣然接受了党和人民的邀请,全面负责医院的各项筹备工作,并出任医院的第一任院长。这是高寿椿自抗战胜利辞掉临泉县大队医生后,首次担任政府部门的职务。看到自己在医学上多年的探索、半世的积累,终于可以投入到为人民服务中去,他无比地欣慰和激动,以极大的热情投入到工作中去。

"善歌者使人继其声,善教者使人继其志。"随着社会的逐步稳定,高寿椿心中那个深藏多年的愿望,此时也慢慢地涌上心头,他希望高洁能够继承自己的事业,将来当一名医生,做一个对人民有用的人。高寿椿最着急的是高洁的学业,自内战爆发之后,高洁就基本上停学在家,中间虽曾断断续续地进过几次学校,可总是半途而废。1948年秋,临泉中学复课,高寿椿迫不及待地把高洁送到学校。

高寿椿此时的工作非常繁重,但不论他工作多忙,每天都要抽出时间检查高洁的学习情况,高洁也深切地感受到父亲对自己的学习从来没有像现在这样严格、这样关心。有一次,高寿椿一本正经地对高洁说:"兰子啊兰子,我的全部希望都寄托在你身上了!我宁可在家一天喝一碗秋面(高粱面)糊,也要供给你去上医科大学。"从那时起,高洁就树立了长大去当医生的理想,希望自己学医成功后,能像父亲那样去救死扶伤。

进入临泉中学之后,高洁学习非常刻苦,成绩一直名列前茅,她心头的理想犹如一颗光辉的太阳,照耀着她前行的道路。这让高寿椿特别高兴,他感到自己的希望变得越来越近。有一天,高寿椿突然对高洁说:"兰子啊,等你将来医科大学毕业了,给你找一个好女婿,再给你们开一个门诊,你们一边行医,一边好好地过日子。但我有一个心愿,希望你们生的第一个孩子要姓高……"14岁的高洁听到这话之后,感觉父亲是在和自己开玩笑,毕竟那还是一件十分遥远的事情。可她哪里知道,父亲的心愿是多么的真切而又强烈。这是一种多么宽广慈爱的胸怀,高寿椿希望女儿将来生的孩子姓高,表达了他对女儿最深沉的爱;但只要求第一个孩子姓高,这又说明高寿椿是多么的开明。

临泉是新解放区,到处洋溢着人民翻身做主的热情。然而,一切反动势力都不甘心退出历史的舞台,敌特分子和地方土匪经常制造恐怖活动,许多革命干部和积极支持革命的群众被残酷地杀害,敌我矛盾依然十分尖锐。为了配合革命斗争,巩固新生政权,党和政府要求深入发动群众,加强宣传教育,揭露敌人阴谋,提高人民警惕。当时临泉县没有正规的文工团,宣传革命的任务就自然而然地落在了那些学生身上。高洁所在的临泉中学成了首选对象,从1948年下半年起,在临泉县政府的指示下,临泉中学成立了文艺宣传队，聘请了两个老师，一个负责教学生歌唱，一个负责编排节目，演员全部是学校十四五岁的学生。文艺宣传队成立后，就开始排演节目，宣传党的政策，歌颂新的时代，教育人民群众。事实上，这个文艺宣传队承担了一个文艺工作队的职责，他们所有的演出活动，都是在政府的指示下进行的，并且都与当时的政治形势密切相关。

这时高洁经历了一个对她产生重大影响的事件。1949年10月18日，临泉县召开公审恶霸地主王老九的大会，有4000余人参加。王老九曾任国民党五县联防司令10年，新中国成立后他不甘心自己的财产被分掉，伙同其侄子王发周纠集匪众3000余人，到处烧杀抢掠无恶不作。王老九有一个叛逆的儿子王大军，抗日战争时期参加了革命。临泉解放时，王大军已是东北某省的组织部长，解放后曾在中央某部委任职。王大军向临泉县政府揭发父亲的罪行，并建议对父亲实行专政。最后王老九的罪行得到了清算，被处以极刑。

临泉中学文艺宣传队参与了斗争王老九的整个过程。这件事对高洁震动很大，一开始她无论如何也无法理解，儿子怎么会去揭发父亲的罪行，而且还建议把父亲处以极刑。高洁百思不得其解，是什么力量能让王大军做到大义灭亲，而且灭掉的还是他的亲生父亲。经过反复思考，高洁最终明白了，那就是"革命"的力量！她顿时感到"革命"二字是那么的神圣，它不仅可以排山倒海，摧枯拉朽，还可以使人超越包括亲情在内的一切界限，改变着人与人之间的一切关系。从此，"革命"在高洁的心中具有了至高无上的地位，也使她对"革命"充满了无限的敬畏和向往。

由于高洁歌唱得特别好，她一入临泉中学就成了学校里的"名人"，学校不论演什么节目都会让她参加，每次她都能出色地完成任务。学校成立文艺宣传队后,她自然就成了宣传队的骨干。当时临泉县的军政一把手金政委不仅喜欢听京剧,歌也唱得非常好。他与高寿椿非常熟悉,又听说高洁是他的女儿,就特意邀请高洁到县政府大院里去唱歌,并邀请尹汤臣去伴奏。高洁到县政府大院里和金政委一番对唱,受到了金政委和机关干部的一致称赞。这以后,高洁的名气更大了。

当时,第二野战军的一个地方部队文工团住在临泉,他们经常到临泉中学教学生唱歌,歌词的内容是"江水猛涨似虎狼,一夜冲破河堤防……"之类的,反映当时的革命形势和新旧社会的对比。临泉中学文艺宣传队是文工团重点培养对象,在他们的帮助下,文艺宣传队的表演水平有了很大的提高。随着革命形势的不断发展,文艺宣传队的演出任务也越来越多,后来他们不得不暂时放下功课,全力去排《白毛女》(高洁在此剧中演喜儿)、《兄妹开荒》(高洁在此剧中演妹妹)等剧目,俨然成了一个专业的文艺团队。这些剧目排出来后,先到县里给机关干部演出,然后到农村给广大人民演出,不论演到哪里,他们都会受到热烈的欢迎。每次演出,高洁都会全身心地投入,她细致入微的表演,真挚动人的感情,为她赢得了越来越好的声誉。1949年6月,临泉县召开英雄模范表彰大会,高洁作为临泉中学仅有的两个学生代表之一,到县里参加表彰大会。当高洁戴着红花站在主席台上接受领导接见时,下面响起了雷鸣般的掌声,她第一次感到从事艺术是一件多么神圣的工作。

不久,这个文工团要随军南下,想在临泉招收一批新学员,鉴于高洁在学校文艺宣传队的出色表现,文工团第一个点名要的就是她,学校的教务长也去做她的思想工作,希望她能够随团南下。高洁毫不犹豫地拒绝了,因为她从来没想过要一辈子干文艺,她的骨子里深藏着"万般皆下品,唯有读书高"的情结,她最大的志向是去上大学，毕业后当一名白衣天使。就这样，机缘与高洁擦肩而过，她放弃了人生的第一次就业机会。

经过近一年的发展，临泉中学文艺宣传队逐渐壮大，从最初的几个人发展到二十几个人，工作任务自然也越来越重。面对这种情况，高洁必须服从党和政府的要求，服从学校的安排，服从人民的需要，她只好把功课放在一边，将全部的精力都投入到文艺宣传队的演出中。她常常一连几天无法去教室听课，到农村演出时，甚至十天半月也回不了学校。高洁的成绩开始慢慢下降，以致最后再也跟不上老师的教学进度，进到教室里就像聋子听雷一样全然不知老师讲的什么。高洁的学习成绩一落千丈，让高寿椿感到非常意外，无论如何这都不是他希望看到的结果。但高寿椿并没有对高洁失去信心，更没有因此而怪罪高洁，他知道女儿也是在为人民服务。高寿椿感到欣慰的是，自己努力了半生才真正实现了为人民服务的愿望，而女儿一开始就和自己站在了同一起跑线上。

1950年3月，临泉县银行到临泉中学招聘工作人员。学校推荐高洁去参加应聘，这在当时是一件很荣幸的事情，只有平时表现出色的学生才能拥有这次机会。高洁接受了学校的推荐，并顺利通过招聘，成了临泉县银行一名正式的工作人员。高洁之所以选择这份工作，是因为自己的成绩一塌糊涂，希望通过另一种途径将自己的功课弥补上来。高寿椿对高洁的选择也很支持，即使高洁上不了医科大学，当一名会计也是一个不错的职业。高洁被分配到银行的会计股，凭着自己的细心和勤奋，她很快就熟悉了各项业务。

临泉县银行一位姓范的领导，曾和高洁家住在同一个大院里，彼此相识。高洁到银行工作后，这位领导对她特别关照，总是主动和她接触。有一次，他把高洁叫到办公室里，让高洁为他缝一件开缝的衣服。高洁的针线活非常一般，但领导要求做的事她又不好意思推辞，她费了好大工夫才完成了任务，可她自己都不知道缝好了没有。不久，这位领导调到阜阳中心支行，他走之后曾托人给高洁送来一支金星钢笔，并嘱托高洁努力工作。1950年8月，高洁突然接到调令，调她到界首银行工作。对于这次工作调动，高寿椿和高洁都非常高兴，因为界首是一个远比临泉繁华的城市，更何况那里又是高洁的出生地。高寿椿怀着美好的期望送女儿第一次远离家门，高洁带着对未来的憧憬来到了界首。但让他们没有想到的是，界首成了高洁银行工作的终结。

高洁到界首工作时年满16岁，已长成了一个落落大方的姑娘，生活的锻炼让她脱去了孩童的稚气，言谈举止中透露出成人的稳重与成熟。高洁到界首不久，就遇到了她以前的老上司——那位曾让她缝衣服，又送她钢笔的领导。领导告诉高洁，自己是到界首检查工作的，特意来看望她。这让高洁非常感动，也非常意外。高洁天真地认为，老领导之所以这样做，是因为他们曾经是邻居，自己又曾是他的下属，在另外一个地方见面也算是他乡遇故知了。殊不知，这事情的背后还隐藏着一个小小的秘密，高洁对此却全然不知。

有一天，那位领导约高洁到外面散步，在一番嘘寒问暖之后，领导坦诚地告诉高洁，他喜欢她并希望能和她结婚。高洁听到领导的表白非常吃惊，更产生了一种发自内心的恐惧，她当时不知所措，吓得远远地走在一边，再也不敢接近领导。后来，那位领导又几次约高洁见面，并征求她的意见，高洁每次都明确地告诉他，自己年龄尚小，还不到谈婚论嫁的时候，而且自己还想继续学习深造。领导离开界首之后，再也没有因此事打扰过高洁，可高洁却因此再也无心在银行工作了。高洁担心以后领导会不会给自己穿小鞋,会不会无休止地纠缠自己……她当时抱定决心,宁可放弃这份工作,也决不能损害自己的名声。于是,高洁就开始想法离开界首。她先是去请病假,可领导不但没有批准,而且还说她的病情值得怀疑。接着高洁又以年终探家为由去请假,最后领导终于同意了,高洁就回到了临泉老家。在高洁探亲假期结束后,她没有再回界首,界首银行几次电话催促她尽快回单位上班,但她都以种种借口搪塞了过去。高寿椿感到女儿的行为有些莫名其妙,在他的询问下,高洁才把在界首遇到的事情给父亲说了一遍,并表示自己不愿再回银行工作了。不久,那位领导专门给高洁打来电话,说高洁完全可以拒绝他的追求,但无论如何都不要放弃自己的工作。至此,高洁才恍然大悟,原来自己的工作调动是那位领导的精心安排,这更坚定了她放弃银行工作的念头,在得到父亲允许后,她就向界首银行明确表示自己不愿再回去工作了。就这样,高洁放弃了人生的第二次就业机会。

1950年12月,高洁正式离开界首银行。此时,抗美援朝战争已经爆发,高寿椿正在为前线招收护士,他告诉高洁如果找不到其他工作,也可以去当一名护士。这时,临泉县几个不错的单位主动找上门来,想聘请高洁去当会计,可高洁都一一拒绝了。高洁并不是不喜欢这些工作,而是她心中一直没有放弃上大学的梦想。当高洁把自己的想法告诉父亲时,父亲非常支持她,并嘱咐她好好复习,将来一定有机会去上大学。就在此时,发生了一件让高寿椿意想不到的事情。

1950年12月,河南省淮阳地委文工团到沈丘县大代营搞土地改革,高洁的一个同学是大代营的,她向文工团演员队队长高嘉麟推荐高洁,说她会唱戏,还会唱歌。当时文工团正缺少人才,高嘉麟一听就产生了浓厚的兴趣。大代营距离临泉只有十几千米的路程，高嘉麟就到临泉去找高洁，并让她当场唱几段。高洁找来隔壁的尹汤臣给她伴奏，唱了两段京剧，高嘉麟对她的演唱非常满意，回到驻地后立即向文工团团长韩若雪作了汇报，认为高洁是一棵艺术苗子，希望能把她吸收到文工团工作。韩若雪对高嘉麟的建议非常支持，并委托他全权来做高洁的工作。

1951年春节刚过，高嘉麟第二次到临泉去找高洁，并要求高洁立即跟他去淮阳地委文工团工作。高洁一开始犹豫不决，并以父亲到阜阳开会不在家为由拒绝了高嘉麟的要求，表示等父亲回来商定后再做决定。高嘉麟看出了高洁的心思，就对她说："走吧，年轻人要有革命的热情，干事业要有决心和信心，我们需要你这样的人才，党和人民需要你这样的人才……"在高嘉麟极富煽动性的语言面前，高洁开始动心了，她人生第一次在没有征得父母同意的情况下独自外出，仅对尹汤臣说了一声就跟着高嘉麟到了沈丘大代营。高洁这样做并不是自作主张，而是出于她对革命的向往，对人生理想的追求，更为重要的是，她还有一个深藏心底的秘密。

高洁到达淮阳地委文工团后，文工团团长韩若雪接见了她。韩团长是个才子型的领导，新中国成立前是一名党的地下工作者，琴棋书画样样精通。他听了高洁的演唱后非常满意，当场拍板吸收高洁进文工团，并且当天就给高洁分了个角色。那是一出抗美援朝题材的戏，名叫《母亲的心》，让高洁演剧中的桂花。高洁对这突如其来的一切既欣喜又害怕，没想到自己刚进文工团就能分到角色，可她怕父母担心自己而没有接受分配的任务，而是第二天就要求回家。不料，遇上了铺天盖地的大雪，文工团就派年轻演员李俊亭护送高洁回临泉。任艳秋对高洁的举动没有一点责怪，并热情地招待了李俊亭。

高寿椿从阜阳开会回到家后，听说高洁想参加文工团，并且自己还独自跑到淮阳地委文工团去，他感到很意外也很高兴，没想到他这个从小没有离开过父母双膝的女儿竟然能独自出门了，但对高洁的想法他却坚决反对。晚上，高寿椿坐在高洁的床边做她的思想工作，他说："蹦蹦跳跳那是年轻时候的事，到老时唱不动跳不动怎么办？你还小，应该继续学习知识，将来有一技之长。"高寿椿的言外之意是，搞文艺只是吃青春饭，没有什么前途。高洁对父亲的说法并不认同，她提出的理由是，尹涛也是大学生，人家不照样参加了文工团嘛。当时，尹涛已从江苏省教育学院毕业，参加了第二野战军文工团，正在随部队转战江南。几天下来，高寿椿也没能改变高洁的意愿，他看实在没有办法，就动员高洁去参军当护士，可高洁明确表示不愿参军。十几天后，高嘉麟第三次来到临泉，为了能够说服高洁，他把革命的道理讲得深入浅出，让高洁的心里再次升起对革命的向往。接着，高嘉麟又去说服高寿椿和任艳秋，一开始高寿椿仍然不同意，高嘉麟就先说服任艳秋，然后再让任艳秋去做高寿椿的思想工作。在任艳秋的劝说下，高寿椿最后总算勉强同意了高洁的选择。那一天，为了欢迎高嘉麟，也为了送女儿去参加文工团，高寿椿特意拉出方桌，做了一桌丰盛的饭菜。但一顿饭下来，高寿椿总是低着头，几乎没有说话，心中的沉重无法掩饰。第二天，淮阳地委文工团又派李俊亭去接高洁，高寿椿站在门口一直看着女儿走向远方，高洁不住地回过头去看父亲，高寿椿却一动不动地站在那里，那个身影成了高洁心中永恒的记忆。

"树欲静而风不止，子欲养而亲不在"。高洁无论如何都不会想到，她那次离家竟是和父亲的永别。1951年5月1日，高寿椿因突发性脑溢血，倒在了工作岗位上，他还没有分享到女儿的成功便撒手而去。此时有人说要赶快通知高洁回家和父亲见最后一面，可任艳秋却不让那样做，她说："兰子太小了，回来也没有什么用，还是不让她知道吧。"7月,高洁往临泉县卫生院给父亲寄了一封信,向父亲汇报自己在文工团的情况,信很快被退回,上面写着"此人已经死亡,原信退回"。高洁得知父亲去世的消息后,万分悲痛,立即给母亲写了一封信,并准备回家奔丧。高洁很快收到了母亲的回信,在信中母亲告诉她不要回家了,父亲已经去世,只有安心工作才是对父亲在天之灵的最大安慰。伟大的母爱又一次闪烁出耀眼的光芒,任艳秋把伤痛留给了自己,把快乐和希望留给了孩子。

英国历史学家赫伯脱·乔治·韦尔斯说:"对于一只盲目航行的船来说,所有的风都是逆风。"在高洁的少年时代,父母可能为她设想了许多种职业,而唯独没有想过将来让她从事艺术。但高洁最后却偏偏选择了艺术,这成了艺术的幸事,却成了她父母当初的痛楚,高洁甚至怀疑父亲的脑溢血是因为自己的一意孤行而诱发的。但有一点是可以肯定的,不论高洁从事哪种职业,父母都希望她能成为一个对社会有用的人,这个目标一开始就是清晰而又明确的。特别是父亲去世以后,高洁感到一种从未有过的责任,她要为这个家庭争气,要让父母的希望变成现实。

第五章　生命涅槃——高洁初学戏曲的困惑

1951年3月，高洁从临泉到达沈丘大代营，成为淮阳地委文工团的一名正式人员。面对这个新的环境，高洁没有感到陌生，甚至还有点兴奋，她倍加珍惜眼前的一切。为了以示新生活从此开始，她将自己的名字由高桂芬改为高洁。高洁怀着对艺术的梦想离开家乡，可她无论如何也没想到，自己一踏上艺术之路就经受了炼狱般的考验。

高洁到达文工团后留在团部工作，没有到土改的第一线。当时为了确保人员安全，团里配有长枪、短枪以及冲锋枪，夜间还有全副武装的人员巡逻。文工团所从事的工作，让高洁首先接受的不是艺术教育，而是血与火的斗争，正是这种严峻的社会斗争，点燃了她青春的热情。有一次，公审三个恶霸地主，高洁站在黑压压的人群中和大家一起高呼口号，由于个子低，她看不到公审现场，有人就把她抱到方桌上，让她亲眼目睹了反动派接受人民的审判。"那时候虽然年龄小，但一点也不害怕，那种场面让任何一个有正义感的人都会感到无所畏惧，只记得一个恶霸几枪都没被打中，他还扭头用仇视的目光看着行刑的人，接着只看到溅起一片白沫，死刑犯应声倒地，那是脑子炸开了花。"高洁如是描述当时情景。

不久，文工团准备排一部话剧《母亲的心》，高洁饰演媳妇桂花。这是一部反映抗美援朝题材的戏，丈夫去了朝鲜战场，留下父母和媳妇在家,为了使前方的丈夫英勇杀敌,婆媳团结一致,辛勤劳动,使这个家完整地存在下去。但由于种种原因,这个戏只是分分角色,对对戏词,没有正式上演。

1951年3月底,大代营的土改工作结束,文工团准备返回淮阳。高洁知道后有一种无法言说的惆怅,大代营离临泉只不过十几千米的路程,可淮阳就不同了,在她心里那是一个十分遥远的地方,于是就产生了想回家看看的念头。高洁太想念那个充满温馨和快乐的家了,她多想重温一下依偎在父母身边的感觉,更想把在文工团的工作情况汇报给父母。高洁到团部去请假,可团里没有同意她的请求,原因是怕她回家后不再回来。就这样,领导愈是不准她的假,她愈是想回家,特别是到了晚上,望着漆黑的夜空,她恨不得一步就能迈到家里。高洁最终也没有实现回家的愿望,1951年4月初,她随文工团离开大代营向淮阳进发。男同志步行,女同志特殊照顾坐在马车上,大队人马像行军一样浩浩荡荡。望着渐行渐远的村落,高洁心中百感交集,近在咫尺的家乡变成了心中远在天边的思念。

文工团回到淮阳后,赶上声势浩大的"镇反"运动,全团人员马上投入其中。这时,淮阳出了一个"叶葆芬事件"。叶葆芬是一个农家姑娘,上过小学,有一定的文化,新中国成立前受一个地主家族的胁迫,不得不嫁到地主家里。新中国成立后,叶葆芬一个人跑到界首参加了工作。在"镇反"运动中,这个地主家族害怕叶葆芬揭发他家的罪行,写信把叶葆芬从界首骗回淮阳,全家人秘密开了几次会,进行了明确的分工,最后合谋把叶葆芬给杀死了。案发的当晚,这个地主家的前院还住着解放军战士。

"叶葆芬事件"在当时震动很大,反映出革命与反革命斗争的严酷与复杂,也引起了政府和人民的极大关注和高度警惕。文工团把这个案件内容画成漫画,配上公安机关提供的真实照片进行展览,揭露反革命的阴谋和残暴。在展览中,高洁充当了一个最显眼的角色——讲解员,她拿着喇叭站在群众面前慷慨陈词,历数反革命的罪行。望着那黑压压的人群,望着那千百双似乎冒着烈火的眼睛,听着人民群众为同胞讨还血债的呼声,高洁感到眼前此起彼伏的声浪就是排山倒海的洪流,它汇聚了千百万人民群众的坚强意志,世界上没有什么力量比这种力量更强大。经历了这些事件之后,高洁感觉自己人生的角色已发生了转变,昔日那个文静的中学生,现在已成了一个真正的文艺工作者了。

1951年7月,全省文工团第一次到省会开封集训,主要对团员进行政策与形势教育,并请人讲授斯坦尼斯拉夫斯基的表演理论。这是高洁参加文工团5个月来,第一次学习关于戏剧的理论知识。在开封,高洁见到了当时河南戏剧界的名人杨兰春、马列、赵建平等人。当时,杨兰春是洛阳文工团团长,马列是河南省文工团团长,赵建平是河南省军区文工团团长,他们都是中央戏剧学院的第一届学生,是当时河南戏剧界名副其实的秀才。三个人轮流授课,讲授戏剧史、戏剧理论和舞台表演。三个人的课讲得都非常好,尤其是杨兰春,讲课内容深入浅出,语言生动活泼,能把深奥的理论变成身边的生活,给人留下深刻的印象,也使那些刚刚接触斯氏理论的人受益匪浅。

其实,在这之前高洁已阅读过斯氏的书籍,她到文工团不久,高嘉麟就送她一本关于斯氏理论的普及读本,但当时高洁多半读不懂。集训对高洁来说是艺术的启蒙课,她第一次接触到诸如"假设"、"想象"、"推理"、"素材"、"题材"等专业术语,也第一次知道"体现"、"再现"、"体验生活"、"刻画角色"等艺术创作方法。特别是课后的分组讨论,现场气氛异常热烈,那些年轻的学员沉浸在知识的海洋里,他们交流心得体会,交换读书笔记,分享学习成果,有时还争论得面红耳赤。

当时是暑期,文工团住在一个学校里。每天早晨,当别人还在熟睡时高洁就悄悄地起床,然后蹑手蹑脚地跑到操场上,一遍又一遍地去读老师的讲义,看自己的笔记。事实上,能真正读懂这些讲义,对高洁来说并不是一件容易的事,但她并没有因为读不懂而灰心丧气,而是加倍地去用功。她一节读不懂就一段一段地读,一段读不懂就一句一句地读,直到读懂一段再去读下一段,学明白一节再去学下一节。就这样,高洁凭着顽强的毅力和对知识的强烈渴求,最终完成了第一次集训所有的学习任务,她也渐渐地从那些看似枯燥的字句中,看到了高山的巍峨,听到了大海的咆哮,闻到了鲜花的芳香……从此,"艺无止境"、"学海无涯"的观念便深深地印在了高洁的脑海中。

第一次集训结束后,高洁又回到了淮阳。那时候,政治运动还是接二连三,有任务时文工团就是工作队,没任务时就去排戏做宣传。当时正值抗美援朝的关键阶段,高洁出去做宣传时向群众讲得最多的就是"唇亡齿寒"的故事。为了讲好这个故事,高洁把《宫之奇谏假道》那篇古文背得滚瓜烂熟,用通俗易懂的语言向群众娓娓道来,使那些缺乏历史知识的人一听就明白其中的道理。高洁完全投入到工作之中,在她心里,新生的祖国犹如一轮喷薄欲出的朝阳,充满着无限的生机,她感到能为那个时代、能为那个时代的人民去工作是一件多么幸福的事情。当高洁回忆起那段日子时,还非常自豪地说:"那时不论是国际还是国内,气氛都非常紧张,可我们都被那个时代特有的热情所吸引,虽然工作中有许多困难,但总有一种天不怕地不怕的勇气,对于组织安排的工作,我们谁都没有想过其中的困难,只想如何去更好地完成。"

英国历史学家吉朋说过:"每个人都受两种教育,一种来自别人,另一种更重要的来自自己。"尽管当时文工团工作繁忙,但高洁从来没有放松对知识的学习。第一次集训之后,高洁便疯狂地爱上了读书,她除了将老师的讲义和笔记烂记于心之外,还千方百计地去借书看,不论看到谁手中有书,她都要借来一读,读书成了她业余生活中最重要的事情。其实,高洁从小就爱读书,当她躺在母亲的怀里听黛玉葬花的故事时,她就对读书产生了一种懵懂的喜好,当她在私塾里背诵《古文观止》时,她就养成了读书的习惯。但读书的愿望从来没有像此时这么强烈,高洁也感到要使自己融入那个火热的时代,必须去读书,必须去提高自己。那时,高洁读的多是一些文学作品,特别是那些反映革命历史的"红色书籍",如《可爱的中国》《把一切献给党》《牛虻》《母亲》《静静的顿河》《钢铁是怎样炼成的》《卓娅与舒拉》等,都是高洁最爱看的书,有的甚至还读了两遍三遍。这种如饥似渴的阅读,开阔了高洁的眼界,提高了她的文化素养,书中的人物也深深地感染着、激励着她,她也从书本中获得了巨大的精神力量。

1952年4月,淮阳地委文工团和专署文工团合并,成立淮阳专区文工团。这时,大规模的政治运动已经过去,文工团只是偶尔抽调一部分人去参与一些临时活动,艺术创作与生产逐渐成了文工团的中心工作。

1952年5月,为配合国家颁布实施《婚姻法》,淮阳专区文工团排了一个歌剧《小女婿》。这个戏由评剧改编而成,内容是杨家村的青年杨香草和田喜自由恋爱,被村上人视为伤风败俗。香草的父亲杨发托媒婆陈快腿给她介绍了一个毫无感情基础的不到十岁的小孩,香草拒绝接受这门婚事。最后,两个青年在人民政府的支持和帮助下,终于喜结良缘。在这个戏里,高洁饰演田喜妈,一个慈祥、善良、通情达理的农村老太太。这是高洁第一次饰演老太太,也是高洁真正艺术生涯的开始。排演这个戏时,由于高洁有斯氏理论作指导,又有生活经验,因而对人物的把握还是比较到位的。后来高洁回忆起演这个角色的体会时说:"从田喜妈开始,我就注意去寻找人物在生活中的原型,去观察最能表达人物情感的动作,去体会如何表述角色的语言。而以前演的几个角色,都只是背背台词,别人教我咋唱我就咋唱,根本不知道什么是体验,什么是角色。"

1952年6月1日,全省文工团第二次到开封集训。6月3日,举行了隆重的开学典礼,集训的规格非常高,当时的河南省政府副主席嵇文甫、省委宣传部副部长岳明、省文教厅副主任张静波、省文联副主任苏金伞、省立开封艺术学校校长谢瑞阶等参加了典礼并讲了话。集训的主要形式是开会听报告,内容主要是解决演员对艺术与社会关系的认识问题,并鼓励大家加强对文艺政策的学习,提高自己的思想觉悟和艺术修养。集训期间,各个文工团还拿出最好的节目进行会演,淮阳、洛阳、信阳三个文工团普遍受到好评。

这次集训时间虽然短暂,但对全省的文工团员来说,是他们人生的转折点,也是河南文艺发展史上第一次人才的大调整大组合。集训结束后,河南省文教厅宣布,解散全省13个地市文工团,成立省文工团、省实验文工团。第一批宣布的人员都进入省文工团,这批人大部分是各文工团中年龄较大的和一些正在担任主演的演员。宣布完毕后,高洁没有听到自己的名字,她的心一下子提到了喉咙眼,她心里明白,如果不能被选进文工团,就要被转到省直单位或者回到各市县文化部门,那就意味着要放弃自己喜爱的艺术事业。接下来就是焦急地等待,几天时间高洁感觉就像过了几个世纪。不久,又宣布第二批名单,这次宣布的人员都进入省实验文工团。当高洁听到自己的名字时,她高兴得差点跳起来,多日来悬着的一颗心终于落地。省实验文工团设在开封艺术学校,进实验文工团的演员年龄都相对小一些,像高洁当时才刚刚18岁。这批人员进入艺术学校之后边学习边排戏,没有具体的硬性任务,很显然这是组织的有意安排,目的是为艺术培养后备人才。

进入省实验文工团后,高洁遇到了校长兼团长的著名画家、教育家谢瑞阶,还接触到了各个艺术门类的专家,这使高洁的眼界得到了进一步的开阔。这里顺便说一下高洁与谢瑞阶的关系。虽然高洁在开封艺术学校的时间较短,但她与谢瑞阶结下了深厚的师生情谊,高洁对这位德高望重、才华横溢的前辈无比崇敬与热爱,谢瑞阶对这个刻苦勤奋、富有灵性的后生也非常欣赏与器重,他们之间的师生情谊保持了几十年,每年到了中秋节和春节,高洁总是和丈夫尹涛一起到谢瑞阶家里去看望他。20世纪90年代初的一天,高洁与尹涛去看望谢瑞阶,谢瑞阶给高洁写了一幅字,在落款时征求高洁的意见,是把她的名字写在前面还是把尹涛的写在前面,高洁说让老师随便,谢瑞阶想了一会儿,最后说:"还是把尹涛的名字写在前面吧,你是我的学生,而尹涛是我的女婿啊!"至今高洁的家里还挂着谢瑞阶送她的那幅字"刚健、笃实、辉光",这不仅是谢瑞阶对高洁人生的祝福与希望,也见证了他们的师生情谊。

接着,省实验文工团排歌剧《好军属》,高洁饰演剧中的女一号媳妇。这个戏仍以抗美援朝为历史背景,丈夫上前线去了,家里留下年迈的父母和一个媳妇,缺少劳动力,家庭负担很重。为了照顾老人,也为了安慰前线上的丈夫,媳妇挑起家庭的重担,成为模范军属。排这个戏时,领导明确提出,要用斯氏理论去建立"角色感情"。高洁与饰演母亲的薛景华去谈话,薛是洛阳人,说一口地方话,谈了一个上午,也没谈出什么感情,因为薛说的好多话高洁根本听不懂。但通过这一次排练,高洁体验了一种新型的排练方式,在双方的谈话中,对人物的情感也有了进一步的理解和把握。可《好军属》还没有排成,高洁却陷入了痛苦的矛盾之中。

1952年8月,河南省文教厅一分为二,成立河南省文化事业管理局,标志着文化艺术事业从大文化范畴中独立出来。8月23日,省文工团、省实验文工团合并,成立省歌剧团和省话剧团,高洁被分配到省歌剧团。当时歌剧团提出的口号是:用群众喜闻乐见的艺术形式表现现代生活。什么才是群众喜闻乐见的呢?当时只有戏曲,而河南影响最大的戏曲就是豫剧,这就要求那些文工团出身的演员都要去学唱豫剧。歌剧团对演出任务进行了明确的分工,文工团出身的演员演现代戏,原陈赓部队的娃娃剧团演员演古装戏。

对于这次工作分配,高洁发自内心地不愿接受,她进文工团的初衷是想当话剧演员,认为话剧团才是知识分子要去的地方,唱戏是下九流的职业,甚至认为在话剧团当一辈子的群众也比在歌剧团当主演好。高洁还在私下里说:"就是在报上登我是常香玉第二,我也不想唱梆子戏。"但那个时代的人都具有强烈的组织观念,对党是仰视而见,像高洁这样一心想为人民做事的人,她不可能向组织闹情绪,更不可能去和组织讲条件,最终她还是服从组织的安排,到了河南省歌剧团。

歌剧团的演员大多来自全省各个文工团,他们都是当时各文工团的骨干,有着丰富的实践经验,像马琳、魏云、柳兰芳、杨华瑞、赵藉身、姜宏轩、许欣、袁文娜等,后来都成了河南艺术界响亮的名字。高洁置身于这样一个环境,很快就发现这不是她想象中的戏班子,而是一个崭新的文艺团体。在这个团体中,党组织和集体发挥着巨大的作用,干群关系、同事关系都非常融洽,党员、团员每周都要过组织生活,非党、非团人员每周也都要过工会生活。党员会主动地找非党员、团员会主动地找非团员谈话,工作上相互帮助,生活上相互照顾,全团上下既亲如一家,又生动活泼。为了集体的荣誉,每个人都在忘我地工作。

歌剧团的这种环境氛围,让高洁失落的心得到了些许的安慰,她极力地去克制自己,希望能尽快适应新的工作,并在工作中忘却一切烦恼。事实上，高洁是身在曹营心在汉，她心里一直想着有朝一日还要到话剧团去。很快，歌剧团的领导发现了高洁的思想问题，先是指导员张永勤代表组织找她谈话，接着团领导又去做她的思想工作，其他的同志也热情地去挽留她。组织的关怀和同志们的热诚，让高洁感到无比的温暖，于是她给自己定下一个原则：不管自己喜欢不喜欢戏曲，再不能对其说三道四，只要自己在歌剧团待一天，就要干好这一天的工作。在这种情况下，高洁的思想包袱总算扔掉了，她顿时感到天空是那么的蔚蓝，空气是那么的清新，有一种巨大的力量推着自己向前走去，也意识到自己正在慢慢地融入到这个集体当中。

河南省歌剧团成立后即着手排两个戏，一个是曾经排过的小歌剧《好军属》，一个是豫剧《新条件》。高洁天天心里想，可千万别让她去排《新条件》。可等来的结果是，两个戏她都要参加。高洁一下子又紧张起来，她实在没有信心去演好这两个角色，可出于对组织的绝对服从，高洁最后还是硬着头皮接受了任务。

《新条件》是河南省歌剧团用豫剧排的第一个戏，高洁在这个戏中饰演秀莲娘。剧情大致是这样：农村青年春生和姑娘秀莲自由恋爱，遭到以老村长和秀莲娘为代表的一批恪守封建传统观念的人的反对，他们认为男女之事，应该听从父母之命或媒妁之言，自由恋爱是伤风败俗的事情。可春生和秀莲不顾别人的反对，大胆地向对方表达自己的爱慕之情，而且在劳动生活中相互鼓励、相互支持，以一对新型劳动者的姿态勇敢地向传统观念发出挑战。他们的举动让村上的人深受感动，认为这样的爱情实在难找。终于，他们的勤劳和真诚感动了老村长和秀莲娘，也感动了村里所有的人，最终他们如愿以偿。这个戏没有复杂的情节，没有激烈的矛盾，两个年轻人在劳动中谈情说爱的场面是戏的主要内容。

高洁当时还从没有唱过豫剧，歌剧团安排魏云教她。魏云原是郑州市文工团的演员,她在学校时就会唱豫剧,而且还曾用豫剧演过《新条件》。高洁说,魏云是她学唱豫剧的第一个老师,可自己却是个笨学生,学起来感觉特别困难。她学的第一个唱段是四句流水板"秀莲下地去割麦,等她回来好打场,好闺女顶上半个男子汉,庄稼活儿数她强"。这四句流水唱腔旋律非常简单,可高洁整整学了一个上午,不过最后总算学会了。下午歌剧团的领导叫来板胡、二胡、梆子、板鼓让高洁试唱,结果梆子一敲,板鼓一响,高洁全懵了,连过门也找不到了,不知道该从哪里插嘴,结果唱得一塌糊涂,乐队也感到无法伴奏下去,最后不得不停止试唱。

这个难堪的场面让高洁无法忍受,从小养成的强烈自尊迅速占了上风,她感到既难过又委屈,还没等在场的领导说话,乐队一停,她就一个人飞快地跑回宿舍,趴在床上大哭起来。这样的打击,让高洁对豫剧仅有的一点信心,一下子消失得无影无踪,她甚至怀疑自己根本不是学唱豫剧的料。此时,一双双热情之手再一次伸向高洁,导演王笑声、指导员张永勤亲自跑到宿舍去安慰她,同事们也对她进行了耐心的劝导。他们告诉高洁,要放掉思想包袱,发自内心地去热爱戏曲,克服紧张的情绪,培养自己的舞台感觉……领导的关心,同志们的鼓励,使高洁意识到,如果自己再抱着轻描淡写、漠不关心的态度,那就太对不起人了,她决心从哪里跌倒就从哪里爬起来。与其说是领导和同志们的鼓励,让高洁在困难面前勇敢地抬起头来,倒不如说是她强烈的自尊心让她痛下决心。个人的遭际成了艺术的大幸,高洁当时无论如何也不会想到,她的这一横心,却让豫剧因为她而增添了不少的亮色。

高洁首先向歌剧团的管玉田等老师傅们请教豫剧的唱法,然后去认真地琢磨,下苦功练习。那几天,高洁除了吃饭时间,几乎都在唱戏,甚至走路睡觉时都在哼旋律,嗓子唱哑了,她就拍着板在心里唱。为了能和乐队密切配合,不再出现第一次试唱时的尴尬局面,她找来乐队的同志反复练习,直到默契为止。

1952年10月25日,河南省歌剧团在开封解放剧院首次公演,并上演了《新条件》。为了迎接这一天,高洁做好了一切准备,而且还做好了最坏的准备。当时她抱着这样一种心态:自己尽力去演戏,至于演好演坏并不重要,如果演好了可以争回前次的面子,如果演坏了,也许组织上就会把自己从歌剧团调到话剧团去了。正是这种坦然面对的心态,让高洁的表演得到了充分展示,正式演出时,她全心投入,出色地完成了角色任务。《新条件》演出后,引起的反响出乎所有人的预料,出现了以往演歌剧时从来没有出现过的盛况,演出从头至尾,演员的演唱完全淹没在观众的掌声之中,演员一张口就是满场的欢呼声,几乎演员每唱一句观众就要鼓一次掌,连续几十场都是如此。

事实上,《新条件》第一次演出时,其艺术水准还很一般,不论是音乐旋律、情节设置,还是矛盾冲突,或是演员的表演水平,当时还都不成熟,和后来成熟的豫剧现代戏相比甚至有点小儿科。从以下两段唱词就可见一斑,戏开场时有几个小姑娘合唱:"红彤彤的太阳落呀落西山,你呀你看看,家家烟囱冒着烟";秀莲娘思想转变过来后,也有一段唱词:"好呀好春生,好呀好秀莲……秀莲下地去割麦,等她回来好打场,好闺女顶上半个男子汉,庄稼活儿数她强……"但就是这样一个不成熟的作品,却产生了意想不到的轰动。

《新条件》演出后,歌剧团马上组织演员学习《在延安文艺座谈会上的讲话》,结合演出对《新条件》及时进行总结。讲话中关于文艺方向、文艺来源的问题再次成为讨论的焦点。全团演职人员一致追问:为什么过去演歌剧没有受到群众如此强烈的欢迎?为什么刚刚学唱的豫剧却如此深受群众的欢迎?经过认真讨论总结,歌剧团达成了一种共识:《新条件》的成功首先归功于"用豫剧表现现代生活"这种崭新的艺术形式,与高度程式化的传统豫剧相比,这种人物不化妆、不穿箱,语言、动作都是生活化的表演形式,让观众觉得新颖,因而也更容易接受;其次要归功于它的内容,观众在欣赏表现王侯将相、才子佳人的传统豫剧时,似乎永远都是旁观者,而《新条件》表现的则是他们身边的事情,甚至是发生在自己身上的事情,其反映的婚姻自主的主题是新生国家的基本国策之一,也是千千万万个劳动者的共同企盼,因而他们觉得更加亲切。

《新条件》是一次成功的尝试,它是豫剧现代戏真正意义上的开山之作。通过这一次尝试,河南省歌剧团找到了艺术发展的新路子,那就是用人民群众喜闻乐见的艺术形式去表现现实生活,进而达到为人民服务的目的。歌剧团随即制定了新的创作原则,就是在地方戏的基础上发展新歌剧。这次演出促使高洁在思想上发生了根本的转变,她从内心意识到,豫剧是河南人民创造的艺术形式,它符合河南人民的文化心理和审美习惯,是河南人民自己的艺术,自己作为在河南工作的一名文艺工作者,应该把豫剧唱好,把人民的所爱变成自己的所爱,这样才能真正地去为人民服务。从此,高洁改变了戏曲不如话剧的偏见,下决心去学习豫剧,并向着心中的目标开始了长途跋涉。

第六章　艺海击浪——高洁艺术的第一个关键期

1953年之后，国家全力推进改制、改人、改戏的戏改工作，艺术创作逐渐进入正常的发展轨道，中国戏曲现代戏迎来了第一个发展高潮。此时，高洁所在的河南省歌剧团也完成了各种建制，以崭新的姿态迎接一个新时代的到来。1952年10月1日，河南省歌剧团正式成立。10月3日，河南省大众剧团并入河南省歌剧团。大众剧团原是中国人民解放军第二野战军四纵队十一旅的文化宣传队，因全团演员的平均年龄只有十四五岁，所以战士们称其"娃娃剧团"。大众剧团的演员年龄虽小，但演戏功底扎实，特别是擅长演新编历史戏、武功戏，而且剧团家底厚实，行头齐备。为了使两个团尽快地融合到一起，歌剧团创造各种条件，加强两个团在工作、生活中的合作，甚至明确要求，不论是哪个团的人员，上街时必须带上另一个团的人一起去，而且每个人都要找另一个团的人当伙伴，要经常主动地与对方谈心。两个剧团在艺术上各有专长，他们的合并可谓两个劲旅的结合，使河南省歌剧团的实力大大增强，全团人员达到150多人。

之后，河南省歌剧团又经历了两次大的调整。一次是1953年3月，平原省与河南省合并时，平原省艺术学校（1952年由新乡、安阳、濮阳三市文工团合并而成）的部分人员调入河南省歌剧团，其中就有后来享誉河南戏曲界的王善朴、朱超伦、鲁本修等。另一次是1954年12月,河南省人民剧团合并到河南省歌剧团。该剧团原是中南军区后勤部的联艺剧团,1953年河南省文化局接管后更名为河南省人民剧团。人民剧团的演员以演古装戏为主,其主要演员吴碧波、张桂花、唐喜成、刘九来等,都是当时豫剧界响当当的名角。

河南省歌剧团经过几次人员调整,不仅输入了新的力量,而且形成了地方与部队、歌剧与戏曲、科班与戏班、新旧文艺工作者并存的大联合局面,使剧团在演员的新老搭配、艺术的古今结合方面,得到了进一步的完善,成了一个充满活力的新型文艺团体。当时,《河南日报》曾发文盛赞歌剧团:"它人才集中,队伍庞大,机构完善,设备齐全,制度严格,规范管理,组织有力,意志统一,人人勤恳,艰苦创业,在戏曲传统戏的加工整理、新编历史剧的创新实验、戏曲表现现代生活的开拓等方面,都为河南戏剧高潮时期的到来奠定了坚实的基础。"

当一个伟大的时代来临时,它会以不同的方式给人们以暗示,并创造出各种各样的机遇,然而只有很少的人能够把握这些机遇去创造历史。正是那个轰轰烈烈的时代,催生出豫剧现代戏这一艺术品种,也造就了高洁等最早一批豫剧现代戏演员,他们在无意间走上了时代的浪尖。从1953年到1955年,高洁先后参加了河南省歌剧团排演的《罗汉钱》、《小二黑结婚》、《人往高处走》、《雷雨夜》、《刘胡兰》、《两兄弟》、《海上渔歌》等现代戏剧目,其中《罗汉钱》、《小二黑结婚》、《刘胡兰》三个剧目影响最大。这是高洁艺术生涯中的第一个关键期,也是她对豫剧艺术艰苦的探索期。高洁从看不起豫剧,到热爱豫剧,到决心为豫剧奋斗一生,她经历了痛苦的人生选择,也收获了成功的喜悦。最终,在豫剧现代戏这块陌生的土地上,她开垦出了一块属于自己的绿地。

1953年1月,河南省歌剧团在开封排《罗汉钱》,这是歌剧团用豫剧排的第一个大戏。这个戏是从沪剧移植过来的,沪剧改编自赵树理的小说《登记》,唱词三字、五字、七字混合,像是说家常话一样,不适合豫剧的板腔体式,移植成豫剧时,唱词基本上都是新写的。

《罗汉钱》通过两个罗汉钱讲述了两代女人不同的人生命运,反映了妇女解放的时代主题。故事情节是这样的:小飞娥年轻时和同村青年保安相爱,村里人说他们不正经,后来父母包办硬把小飞娥嫁给外村的张木匠。小飞娥回娘家时和保安相遇,保安送她一个罗汉钱。正月十五看完灯会,小飞娥回到家里听到女儿艾艾正在梦中叫自己的恋人晚晚,一个罗汉钱突然从她手中掉在地上。小飞娥误认为是自己珍藏的那一个,忙掀开箱子,打开木盒,揭开红绸,发现自己珍藏的罗汉钱完好无损。看着两个罗汉钱,小飞娥想起自己的伤心往事,不愿女儿再蹈自己的覆辙,她决定成全两个年轻人的爱情,将艾艾许配给了小晚。

在这个戏里高洁饰演一号人物小飞娥。对于演这个角色,高洁心里压力很大,此时她刚学唱豫剧,才演了一个戏。为了演好小飞娥这个角色,高洁首先熟读了沪剧、豫剧两个剧本,以及赵树理的原著,还读了介绍上海沪剧团丁是娥演小飞娥的有关文章。然后运用斯氏理论进行"情绪记忆",努力挖掘剧本上没有的东西,从生活出发体验和创造角色。这时,高洁想起小时候的邻居云娘,她同小飞娥的命运十分相似。云娘由父母包办嫁到罗家,罗家有公婆,日子过得不错。云娘的丈夫是个秃子,过门后云娘为此感到丢人,可旧社会女子要讲究"三从四德",不能因为丈夫是个秃子就离婚,只好听命委曲求全地过日子。可秃子根本不体谅云娘的感受,反而担心她会因为自己是个秃子而生外心,平日里对云娘严加看管,几乎大门都不让出。如果有个男人从罗家门前经过,云娘无意中在门口站一会儿,秃子就会怀疑云娘和那个男人有私情,云娘就免不了遭受秃子的一顿拷打。云娘为了不让邻居说自己不"正派",每次遭受丈夫打骂时都不敢哭出声来,痛苦的泪水只能默默地往肚子里流。云娘在娘家时也有个意中人,可是旧的礼教迫使她嫁到罗家。女儿五岁的时候,秃子死了,从此,寡妇门前是非多。云娘爱干净,穿着非常整洁,因此招来了许多流言蜚语。艰难的生活和精神的压抑,使云娘的身心受到了极大的摧残,就在新中国成立前夕她不幸离开了人世。高洁对云娘的命运极其同情,她常想,如果云娘再活两年,她能呼吸一下新社会的空气,也许就不会凄凉地死去。

高洁一拿起《罗汉钱》的剧本,就想起了云娘。事实上,高洁想到的不仅仅是剧中的小飞娥和那个无法忘却的云娘,还有旧中国千千万万个像云娘那样善良纯朴而又命运悲惨的劳动妇女。她不仅痛恨那种吃人的旧礼教,更痛恨产生这种礼教的旧制度,她要通过小飞娥这个形象对旧的礼教和制度进行控诉,通过小飞娥这个艺术形象唤醒广大妇女的自主意识。因此,高洁赋予了小飞娥强烈的情感,她联想到云娘20年来挨丈夫的打骂、受婆婆的冷遇、遭邻居的白眼,却从来没人理解她的生活境遇,也就理解了小飞娥"可怜我有眼泪往肚里咽,无限的苦楚心底埋"的心境。小飞娥行为端庄,快言快语,但她的内心深处却是压抑的、凄凉的,没有欢乐,没有笑声,有时候为了迎合他人,还不得不装出一副笑脸,小飞娥的遭遇正是旧中国劳动妇女遭受欺凌而又不能反抗的命运写照。

有了这种生活基础和情感积蓄,高洁在写小飞娥的角色自传时已经成竹在胸了,她说:"我写完小飞娥的角色自传后,她的形象在我脑子里已经很完整了,我甚至已经看到了她的动作,感受到了她说话的语气,听到了她的欢笑和慨叹。"同时,高洁把保安这个在戏里没有出场的形象也想象得非常具体,他越是善良可爱,越是能唤起小飞娥对他强烈的爱。她把张木匠这个人物想象得十分本分、憨厚,甚至有点小孩子气,几十岁的人了,每年还要和小孩子们一起玩龙灯。小飞娥和张木匠几十年的共同生活,也使她对张木匠有了牢固的感情基础,她并非一直暗恋着保安,而是看到了罗汉钱想起了自己命运的多难,强化了她在爱情上的痛苦和无奈。高洁不仅深入挖掘人物的情感关系,而且对人物的舞台动作都设计得非常具体,特别是小飞娥被父母逼着嫁到张家以及她那近似被绑架的出嫁场面和她回娘家与保安最后一次约会的情节,高洁更是力求达到情感与形象的完美统一。

　　小飞娥是一个觉醒的女性形象,她的命运和云娘有着很大的不同。她虽然走的也是传统的婚姻之路,但她嫁了一个好人。张木匠不仅有手艺,还会耍龙头(一种民间游戏),在村里也算个活跃人物,而且他对小飞娥非常疼爱。而云娘的命运就不同了,她是被丈夫活活折磨死的。小飞娥支持女儿自由恋爱在现实中也是有基础的,亲身的经历不仅让她坚决站在女儿的一边,而且当时的社会舆论也有利于自己,剧中的燕燕就曾劝小飞娥支持艾艾的爱情。小飞娥的身上既有坚定自信的一面,又有无奈痛苦的一面。正是基于这样的理解,高洁在表现小飞娥时,把小飞娥的感情基调定为"稳重"、"含蓄"、"坚强",同时又充满着凄凉和哀怨,不论是在表演上,还是在唱腔上,都努力体现小飞娥的这一特征。高洁在舞台上一亮相,就显得十分干净利索,小飞娥没有弱女子的特征,而是十分沉稳自信。在表现小飞娥对命运的抗争和控诉时,高洁着重表现她的内心情感,如唱到"二爹娘他骂我把门风败坏,硬逼我上花轿就往张家抬"时,从"张"字开始,猛然把声音放大,类似嚎的声音,把小飞娥回想起往事时内心的激动和怨恨表达得淋漓尽致。

歌剧团排《罗汉钱》时,杨兰春刚好从中央戏剧学院回到开封,他就到排练厅去看。当时,高洁一听说杨兰春在下面观看,心里感到很紧张,特别是看到杨兰春在下面和王笑声小声说话时,她不知道两个前辈是不是在谈论自己表演上的不足。但高洁很快就镇定下来,她想起杨兰春上课时所讲的斯氏理论,诸如"忘掉自我"等,不断地从心里强迫自己注意角色,集中注意力把戏演好。后来王笑声告诉高洁,杨兰春很喜欢她的表演。

1953年5月,杨兰春从中央戏剧学院毕业,到河南省歌剧团任导演。不久他重新执导《罗汉钱》,对剧本也作了改动。在第二场小飞娥看见女儿手中的罗汉钱后,加了下面一段唱:"看见了罗汉钱我心中发呆,它把我二十年的伤心事勾引起来,在娘家和保安哥哥相亲相爱,村里人胡乱讲说我不正派,二爹娘他骂我把门风败坏,硬逼我上花轿就往张家抬。那一年我回娘家时(白),俺两个伤心落泪相见在村外,痛心话俺越说越悲哀,我送他小戒指明明我的心爱,他送我罗汉钱表表情怀,从此后他东我西两分开。罗汉钱啊,罗汉钱!(白)若说你是个好东西,我为你在人前难把头抬;若说你是个坏东西,二十年我没舍得把你离开……不管它是苦是甜扔在九霄外,小艾艾年纪大我怎样安排?莫非她有情人也相亲相爱,罗汉钱换戒指照样而来。我只把罗汉钱暗暗藏起……(艾艾一句梦话:'小晚,小晚。')小艾艾说的话我全明白,看起来俺母女前后一样,我怎能将女儿再往火坑里藏埋。"中间的韵白也突破了传统豫剧上下句押韵的格式。

这段戏是在开封的一个破庙里排的,当时屋子里非常昏暗,神像横七竖八地倒在地上,气氛非常恐怖。杨兰春坐在一旁,这时出现了一个问题,高洁无论如何都掉不下来眼泪。杨兰春突然关掉了唯一的电灯,用一块木板使劲地往桌子上"啪"地一摔,这突如其来的声响,使高洁的心一下子揪紧了,她禁不住"哇"地一声大哭起来。杨兰春上前把灯一开,说道:"继续唱!"大家立刻明白了杨兰春的用意,他是在启发演员去借用情绪,以增强人物的感染力。高洁想到了"情绪记忆"、"刺激反应",想到了"排练厅就是艺术的圣殿",她把所有的注意力都集中到人物身上,忘掉了周围的一切,完全生活在角色之中,再唱这段戏时,她就禁不住声泪俱下了。

《罗汉钱》经过这次重排,戏曲的抒情性更浓了,观众也非常叫好。当时不仅大街上整天播放,就连农村办喜事也要放。每天晚上演出结束后,剧院门口就排起了买第二天演出票的队伍,还有的观众特地从外地赶到开封,带着被子睡在剧场的椅子上等着买票。各大报纸对《罗汉钱》的成功演出也给予了很高的评价,如1953年2月7日《河南日报》刊登的《评省歌剧团演出的梆剧〈罗汉钱〉》一文中说:"该剧是第一届全国戏曲观摩演出中的优秀剧目之一,大胆穿插舞蹈场面,丰富了梆剧表现现实生活的内容,非常新颖。演员唱做认真,说明梆剧上演时装新戏,表现新生活是可以的,给今后在梆剧基础上创造新歌剧树立了榜样,对本省的戏曲改革有重大意义。"

1954年,《罗汉钱》制成唱片,成了歌剧团的保留剧目。当时歌剧团排的戏,几乎所有的角色都有AB角,但小飞娥这个角色只有高洁一个人演,没有替补队员。高洁也因《罗汉钱》而小有名气,她走在大街上总会有人偷偷地指着她说:"那个人就是《罗汉钱》里的小飞娥。"歌剧团对《罗汉钱》的演出进行了总结,高洁等9人在大会上作了发言。1954年4月,高洁作为唯一的青年豫剧演员,出席河南省第一届文代会。当时有一个区长看了《罗汉钱》,对高洁产生了爱慕之情,还托人上门提亲。更有意思的是,当时演《罗汉钱》中的张木匠朱义结婚时,高洁陪着两个新人去登记,工作人员还产生了一个有趣的误会,他们一见到高洁和朱义就非常兴奋地说:"小飞娥和张木匠真的来结婚了!"

1953年6月,歌剧团在开封排《小二黑结婚》。这是杨兰春到歌剧团执导的第一个戏,是他在中央戏剧学院毕业时和田川共同改编赵树理的小说《小二黑结婚》而做的毕业论文,也是歌剧团用豫剧排演的第二个大戏。

在这个戏中高洁饰演三仙姑,一个装神弄鬼、好吃懒做、爱慕虚荣,还带着几分风骚的"神婆"形象。对于这个角色,当时高洁心里十分矛盾,可以说既欣喜又无奈,欣喜的是她在戏中能演一个这么重要的角色,拥有一次难得的锻炼机会;无奈的是当时她只有19岁,认为一个大姑娘演那么一个风骚的女人很不好意思,甚至心里多少还有点不情愿。更重要的是,高洁对演好这个角色没有把握,心里感到压力特别大。这个人物的特点和她的性格有很大差距,她从小生活的家庭对这种人本来就比较排斥,缺乏必要的生活基础和内心体验。但高洁又记起杨兰春讲授的"只有小演员,没有小角色"、"爱自己心中的艺术,而不是爱艺术中的自己",一个优秀的演员,就应该能演不同的角色。经过几天的思想斗争,高洁最后还是接受了这个任务。

角色分好后,杨兰春要求所有的演员都读赵树理的原著,并帮助演员分析角色,回忆生活,在这个基础上写出角色自传。正式排练时,舞台上挂着一张舞美设计图,杨兰春根据舞美设计图用粉笔在舞台上画了许多线,标出哪里是院门,哪里是房门,哪里是炕,哪里是桌子。高洁上场首先是一个撵鸡的动作,接着是一个撵鸡的声音"啊咯——嘲",可就是这一个声音、一个动作,高洁一个上午没有走出导演画的那条线。导演一遍又一遍地喊"开始",高洁一次又一次地努力冲出导演画的白线,可她每次都是走到白线前一张嘴就害羞得捂住脸退了回去,撵鸡的声音无论如何都叫不出来。就因为高洁的这一个上场,几乎耽误了一个上午,她心中非常自责,恨自己为什么那么没出息。这次杨兰春没有发火,也没有批评高洁,而是招呼大家坐下来休息,自己也一屁股坐在地板上给大家讲故事,他拍腿摇头,眉飞色舞,边说边学着巫婆下起神来,逗得大家哈哈大笑。

经过杨兰春的启发,演员们记忆深处的生活场景慢慢地浮现出来,这时高洁想起了小时候在私塾上学时,中途要经过一个菜园,园里有一间小房子,里面住着一个老太太经常吓神,又唱又跳,常常引来周围的群众观看,那种左右摇摆、絮絮叨叨的样子,使高洁一下子就找到了角色的感觉。再排练时高洁就克服了思想上的紧张,一上场效果一下子就出来了。高洁后来回忆说:"杨兰春以讲故事的形式,缓解了所有演员,特别是我的紧张情绪,他看起来是在讲故事,实际上是在引导演员更快地接近角色。在排练中,杨兰春时常以这种方式来启发演员,包括他给演员设计的那些个性化的动作,都是他从生活中提炼出来的。他的生活经验丰富,讲起故事总是张口就来,当时我们都感觉他肚子里有说不完的故事,用不完的宝藏,他的生活基础对三团那一代演员的成长起到了关键的作用。"

三仙姑无利不起早,是个落后农民的代表。她整天打扮,目的是能够引起小伙子们的青睐;她装神弄鬼,无非是想借此弄点好吃的东西。这实际上是一种贪图享受、不劳而获的思想。她反对小芹和小二黑的自由恋爱,主要是嫌小二黑家里穷,按照她的想法,小芹长得那么漂亮,理应嫁一个有钱的人家,不仅小芹不受委屈,自己也能跟着沾光。三仙姑这样做,虽然有她自私的一面,但总的来说还是疼爱女儿,希望女儿能过上好日子,显示了一个普通劳动者的纯朴善良。三仙姑的确又是一个落后的典型,她只片面追求物质生活的满足,而不顾及女儿的愿望和感受,硬要女儿嫁给一个可当她父亲的老男人。三仙姑总是满嘴理由,她能把歪理说得冠冕堂皇,实际上,她越是振振有词,越显出她思想上的愚昧。

在舞台上,高洁没有简单地把三仙姑类型化、脸谱化,而是首先给她进行角色定位:她是一个落后的人,但不是一个反面的人,这种人需要教育,但不能丑化。因此,高洁以化一个少女的方法去化妆,只是在左嘴角上化了一个美人痣,给人的感觉是:三仙姑这个人虽然身上有落后的一面,但依然非常可爱。在表演和唱腔上,高洁不出洋相,力避怪音,而且唱腔很美。比如三仙姑梳妆打扮时,她端详着镜中的自己,心里思忖着:我虽然已经四十有余,但仍然青丝如墨,乍一看也不过三十几岁,当年的风韵还保留几分。想到这里,她禁不住抿嘴笑了。可正当她自我欣赏之际,突然发现头上有一根白发,然后赶快把梳子扔掉,两只手轻轻地捋着那根白发,捋了又捋,看了又看,似乎是舍不得拔掉一样,但最后还是一咬牙把它拔掉,双手举着那根白发,用嘴轻轻地把它吹掉。然后一声叹息:"树老皮厚叶子稀,那凤凰落架不如鸡,二十年前我当媳妇,我又穿红来又挂绿,我好打扮,巧梳洗,吓神看病哪一个见我不欢喜。"然后走着台步,又拿起镜子看,猛然看见自己头上的抬头纹,不由地又叹了一口气:"日月穿梭催人老,不知不觉我可四十七,长江水后浪推前浪,树苗三年枝叶都长齐。"面对岁月的悄然流逝和生命的逐渐衰老,三仙姑表现得十分伤感,然而面对这样的情景,又有谁能不伤感呢!

这种处理让三仙姑多了几分可爱,她对青春的留恋,对生命的珍爱,对时光的无奈,是人人都有的普遍情感,这种情感更能引起观众的共鸣。高洁认为,艺术不仅要审美,而且要审丑,让观众感到,美的更美,丑的也可以变成美。在排练过程中,副导演曾在三仙姑梳妆之后,加了一个传统戏丑旦伸展双臂左右晃动的动作,但高洁没有用,她认为那样太过于丑化人物,对那些思想落后需要改造的人,不要以丑去衬托丑,而要用美去烘托丑,通过形体美、唱腔美去表现人物身上积极的一面,使她的丑在美中得到改造和摒弃。《小二黑结婚》上演后,社会反响比较强烈。1953年7月14日,《河南日报》发表评论文章,赞扬"省歌剧团正确运用梆剧遗产,表现了现代生活,《小二黑结婚》中的演员唱腔优美,深受欢迎,增强了全省戏改的信心"。

《罗汉钱》和《小二黑结婚》的成功演出,初步展示了高洁表现女性,特别是中年女性心理的技巧,她的个性、气质以及她对女性内心世界的体验,奠定了她日后成为"中原第一老大娘"的基础。同时,她真正体会到了豫剧所承载的河南人质朴开朗、健壮豪迈的情感,她忽然间感到豫剧是那样的优美,她开始对豫剧着迷了,并确立了要为豫剧奋斗一生的愿望。

就在那一片赞誉声中,却有观众提出高洁的安徽方言太重,没有唱出河南话所特有的感情。这些批评没有动摇高洁学好豫剧的信心,她开始下决心要说好河南话,刻苦学习发声方法。那时,高洁每天早上四五点就起床练习,每天晚上别人睡着后,她还要用被子蒙着头在被窝里把白天排的戏、学的词,像在排练场上那样认真地复习一遍。当时歌剧团有一个唱片机,为了学习唱腔,高洁在别人休息的时候,把唱片机拿来,一遍又一遍地听,光唱针都不知听坏了多少个。有一次,高洁走在大街上,突然广播里播放郭兰英的唱段,她立刻停下来躲在一棵大树下边听边揣摩,天上下起了雨她也浑然不觉,直到唱段唱完,她才发现身上的衣服已经全被雨水淋湿了。

这里有一个人需要特别提出,他就是歌剧团的音乐唱腔设计之一鲁本修。鲁本修原在濮阳市文工团工作,平原省撤销后他到了河南省歌剧团。鲁本修是个盲人,五岁开始学艺,虽然没有上过学,但他对豫剧音乐唱腔非常熟悉,而且多才多艺,板胡、坠胡、笛子等乐器都非常精通。当时歌剧团的许多青年演员都喜欢找他调弦,因为他的伴奏跟演员的演唱配合得很和谐,演员唱起来非常舒服。星期天,鲁本修也偶尔到电影院听听电影,但多数时候是陪着演员调弦,高洁是占用鲁本修休息时间最多的一个人。当时,几乎每到星期天高洁都要叫上鲁本修去吊弦。鲁本修在艺术上十分严格,他的注意力特别集中,当某个节奏演员唱不上去时,他就马上停下来说不行,然后和演员进行商量,直到达成共识才重新开始。对于高洁来说,鲁本修不仅是她的伴奏,更是她的老师,不论是吐字还是发声,他对高洁的要求都非常高,他经常边给高洁伴奏,边纠正高洁的唱腔,经常在吊弦过程中突然停止,然后告诉高洁哪个音该高,哪个音该低,哪个地方应再换一口气,哪个地方应再增加一个旋律。由于长时间的磨合,高洁和鲁本修达到了高度的默契。顺便提一下,《朝阳沟》中高洁的许多唱腔,都是鲁本修和高洁两人一同哼出来的。高洁曾经说过,杨兰春在表演和人物的塑造上、鲁本修在音乐的唱腔设计上都是她的老师。1964年,高洁到北京参加人代会时,还特意花16元钱买了一瓶平装茅台酒,亲自下厨做了几个菜,请鲁本修和同事们到家中小聚,以示对他的感谢之情。

1955年4月歌剧团排《刘胡兰》,5月1日首演于西安解放剧院。这个戏是歌剧团在赴西安演出途中边演出边排练的,高洁饰演胡兰娘。在洛阳进行生活排练时,高洁每天早上都去得很早,可是有一天到了排练场却不见一个人,导演杨兰春没去,饰演刘胡兰的柳兰芳也没有去。高洁心里想:"好大的胆子呀,刘胡兰竟敢迟到。"正在这时,高洁的两个同事像绑架似的架起她就跑,对于这突如其来的举动,高洁心里很是紧张,不知道到底发生了什么事情。她被风驰电掣般地拖进一个抗日战争时期留下的防空洞里,洞里拐弯抹角,又潮又暗,阴森得叫人发怵。拖到洞底时,高洁看到一支微小的蜡烛在无力地燃烧着,她下意识里想起小时候老人讲的黑夜里的鬼火,不由得更加害怕。但她又定睛一看,导演杨兰春在旁边坐着,怒目圆睁,像是勾子军在凶恶地瞪着她,扮演刘胡兰的柳兰芳站在一旁,高洁一下子全明白了,她顺势上前抱住柳兰芳,说一声"我的胡兰子"就唱了起来。由此可以看出,为了让演员深刻体会剧中的场景气氛,杨兰春可谓煞费苦心。

  在这个戏中,高洁把重点放在了对人物情感的把握上。作为刘胡兰的母亲,她对女儿的感情是很复杂的,刘胡兰是个坚定的革命青年,又是一个尚未成熟的孩子,母亲对刘胡兰从事革命在内心里是支持的,但又免不了担惊受怕。如第六场组织上派刘胡兰到西山学习,作为母亲舍不得孩子走那么远、那么久,但考虑到胡兰子的安全,又希望她赶快离开村子。当胡兰子说:"娘,我要走了。"母亲忧虑的脸上露出了微笑,这分明是给孩子看的,因为母亲不希望在孩子走的时候,给她留下一个悲伤的印象。望着胡兰子,高洁首先提了一口气,然后字随气出:"走吧,早就该走了,可真到走的时候,又……"接下来就哽咽得说不出话来,语气虽然停了,但感情却没有停止。接下来是母亲为了掩饰自己的感情,有意地将头扭过去,却从"笑"里对胡兰子说:"你看我,这是哭啥哩?"高洁通过气息的控制,来体现人物起伏不定的内心情感。胡兰娘作为一个英雄的母亲,具有很高的革命觉悟,同情并支持革命;作为一个普通的母亲,她又是那样地爱自己的孩子。在生死存亡的关头,她抛弃了儿女情长,把革命事业放在第一位。接下来是一个流水过门:"风雪满地冷飕飕,到处是岗哨和炮楼,出门的人儿路难走,怎不教当娘的挂心头。"虽然只有四句唱词,但高洁按照人物的内在情感,运用叹音和颤音,表现了母女之间的难舍难分。

同时,高洁还非常重视对人物关系的处理,主要体现在胡兰娘与女儿和婆婆的关系上。奶奶出于对孙女的疼爱,总是死活不让孙女出去;作为母亲知道女儿是为革命工作,自然又为女儿担心,可她还是想法帮助女儿。胡兰娘处在婆婆和女儿之间非常作难,一个是缺乏革命觉悟的长辈,一个是不懂世事的孩子,她既要关心尊重长辈,又要爱护支持孩子。胡兰子把受伤的王连长背回家时,奶奶非让胡兰子把他送走,以此来阻碍孙女的革命行动。还是一个孩子的胡兰子,不能采取正确的方式与奶奶沟通,一味地和奶奶赌气。一边是奶奶气得坐在床上落泪,一边是胡兰子气得直撅嘴。胡兰娘先是走到婆婆跟前说一声:"娘,吃饭吧!"这声音是关切的,又是平淡的。奶奶不理,背过脸去,胡兰娘再走到奶奶跟前,声音较为响亮地说:"娘,吃饭吧!"这一声略带强调的语气,目的是让婆婆听自己的话。这时奶奶还是不理,为了打破眼前的僵局,胡兰娘必须先把奶奶打发走,这时她上前又说:"娘,别理她!走,我扶你到里屋歇着去!"(这里的潜台词是,咱不跟她计较,她是个小孩子)把婆婆架走后,胡兰娘又走到胡兰子跟前,轻声细语地说:"奶奶还病着,有话就不能好好说吗?"然后递给胡兰子一碗饭,让她给奶奶端去(这里的潜台词是,你怎么那么不懂事,奶奶是从心里爱你的)。高洁在处理这一段戏时,运用了不同的语气语调,既体现了胡兰娘对婆婆的尊重,又表现了对胡兰子的关爱,在婆婆面前她是个孝顺的媳妇,在孩子面前又是个慈爱的妈妈。

　　出于对英雄的崇拜,高洁从对词开始,每排一次都要哭一次,从内心深处爱上了胡兰娘这个角色,导演杨兰春对高洁的表演也很满意。可是在灵宝响排(合上乐队)时却出了问题,音乐一响,高洁只顾唱旋律、听过门、找发音位置,唱词简直成了念词,似乎是一个字一个字地挤出来的,没有一点感情,平时排练时那止不住的眼泪此时一滴都不会掉了。杨兰春看到这个情景,非常生气,一拍桌子说:"停!今天的戏不排了,回去休息。"然后他又强调一句:"就是因为高洁的感情出不来。"他停顿了一下接着又说:"高洁,你再出不来感情,我就要换掉你。"杨兰春走了,其他人也相继默默地走了,好大的一个排练场里只剩下高洁一个人,她欲哭无泪,像一只犯罪的羔羊,心中充满了无限的悔恨和自责,一种从未有过的负罪感紧紧地揪着她的心。她在心里不断地反问自己:"在下面排练时哭得热泪横流,在台上为什么表达不出这种感情呢?"她感到极度的痛苦和迷茫,就在那一晚,高洁失眠了,而且是她人生中第一次失眠。

　　生性倔强的高洁没有去怨天尤人,她唯一的想法是要尽快进入角色,再不能因为自己而影响到整体的工作。第二天早上,当别人还在甜美的梦乡时,高洁一个人悄悄地跑到舞台上,为了不惊醒看戏台的人,她用金丝绒大幕把自己裹了一层又一层,直到自己在里面说话外面的人听不见为止。然后闭上眼睛,运用"情景再现"的方法想象剧中的场景。特别是母女诀别的第七场,胡兰娘在大庙前的庙台上亲眼看到阎六、二青被敌人铡死,血染庙台……勾子军在人群中找到她,并对她进行威逼利诱,说胡兰子如果不交出云周西村的共产党员名单,就和阎六、二青一样横尸当场。母亲心里思忖着,她不能去劝女儿投降,女儿也决不会投降,这时她已意识到女儿难逃魔掌,她决心要和女儿见上最后一面……这时敌人把母亲带到大庙里,一把将她推进大殿。屋子年久失修,光线昏暗,残破不堪,恍惚中看到前方是胡兰子的身影,然而女儿刚才还偎依在母亲的怀里,母亲还在为她扎头巾,怎么忽然间变得披头散发、衣衫褴褛?母亲不相信眼前的那个人就是自己的女儿,但她又下意识里叫了一声"胡兰子",前面的人转过头来,果然是胡兰子,母亲就疯了一样地扑了上去,看着胡兰子伤痕累累,不禁悲从中来……高洁从小对英雄的崇拜之情油然而起,她开始满怀激情地去朗诵台词,"一见孩子受了刑,受了刑,这千针万针刺在了娘的心……"看见女儿满身的伤痕,母亲的心在颤抖,面对敌人的残忍,母亲咬着牙吐出每一个字,她恨不得一下子就把敌人咬碎。经过这样的处理,出现了和唱旋律完全不一样的效果,如果用同样的方法把它唱出来不就好了嘛!

高洁根据朗诵时吐字的方法、声音的收放和语气的轻重,把戏词重新唱了一遍,把旋律变成一个下意识的东西,通过吐字的不同、音色的变化和语气的强弱对比来体现对敌人的憎恨和对女儿的爱。再次响排时,高洁重新处理了唱腔,特别是最关键的第七场"母女诀别",高洁是这样处理的:当母亲看到胡兰子满身鲜血时,伟大的母爱驱使她上前把胡兰子搂在怀里,她摸这也怕胡兰子疼,摸那也怕胡兰子疼,当母亲端详着孩子身上的血痕,她的情绪终于失控了,一把将胡兰子抱在怀中。"一见孩子受了刑,受了刑,这千针万针刺在了娘的心,刚才你还是好好的人,一霎时满身血淋淋……蒙着人皮的野兽们,手这么毒心这么狠,恨我手中没把刀,恨不能剐他们几下解解恨。"然后母亲搂着孩子,她知道这是她给孩子最后的温暖,"搂着我的好孩子,紧紧贴在娘的心",然后是深情地看着孩子,"胡兰子,娘问你疼不疼,能不能将伤疼移在娘的身,我怎能割舍十六年的骨肉情,我怎能眼看着孩子你丧性命,娘要是没有了你,就像是没油的捻子也点不成灯,娘要是没有了你,就像是落叶的枯树孤零零,娘要是没有了你,只是多了一口气,我……我再也活不——成","成"字没有唱完,母亲就晕倒过去。

在唱这段戏时,高洁主要运用吐字和气息来表达人物的感情。如"蒙着人皮"的"皮"字,"野兽们"的"们"字,"手这么毒"的"毒"字,"心这么狠"的"狠"字,"没把刀"的"刀"字,"解解恨"的"恨"字,"疼不疼"的"疼"字,高洁都是咬着牙,气流急速地从口中喷出来,恨不得把敌人嚼碎。这就是高洁后来所说的"嚼字"和"喷口打字";"贴在娘的心"用颤音,"没有了你"用叹音,"移在娘的身"、"枯树孤零零"、"活不成"用气声。经过这样的处理,一个英雄母亲的内心情感就被淋漓尽致地表现了出来。

当高洁唱完这场戏时,已是身心疲惫,泪流满面,一下子瘫软在地上。杨兰春感动了,大幕一闭,他就亲自跑到舞台上把高洁扶起来,把自己身上的棉大衣脱下来给高洁披上,并当场宣布:"这个戏从此之后第八场上场的人都要先看看第七场的戏,看完后再上场,以酝酿上场前的情绪,而且每到第七场戏闭幕时,都要派一位同志上去把高洁扶下来休息,动情的戏伤人啊。"

从此,《刘胡兰》成了歌剧团的常演剧目,也成了高洁的代表作之一。著名的戏剧评论家凤子在一篇题为《时代的感情和声音》(《人民日报》1958年7月4日)的文章中写道:"当胡兰子就义前的五分钟,母亲来了,即将生离死别的这一时刻,割舍不断十六年的骨肉之情的母亲……残酷的现实告诉她,敌人是野兽,母亲的心被撕裂成一片片,母亲这时的悲愤是说不完也哭不尽的。高洁的表演真可说一句一啼,一字一泪!观众们几乎不是看戏,而像是参与了这一壮烈的事件!"

《刘胡兰》上演后,虽然在艺术上还存在诸多不成熟的地方,但就饰演胡兰娘这一角色而言,对高洁的启发无疑是深刻而又深远的。它不仅增强了高洁学习豫剧的信心,更使她的艺术进入到一个新的天地。在豫剧的演唱方法上,高洁注重从声音和吐字上来表达人物的感情,而不是单纯地追求旋律。她把自己的体会总结为:"喷口打字"(字像一发发炮弹射向敌人)、"咬字"(咬着牙吐字)、"嚼字"(似把敌人嚼碎);在声音的运用上,使"刚音"、"柔音"、"颤音"相结合,"以情带声,声随气出,字随情出"。终于,高洁收获了让她受益一生的心得体会,开始逐渐形成自己的艺术风格。

第七章　生死攸关——豫剧现代戏的困境

1956年3月,经文化部批准成立的河南豫剧院,属文化部直管的全国八大院团之一,由河南省代管。河南省歌剧团被命名为河南豫剧院三团(以下简称三团),并明确了三团的业务是演豫剧现代戏。如果说之前编现代戏是他们在艺术实践中的一种探索,这次则是正式给了他们一个名分,他们数年的艰辛付出终于换来了社会的认可与肯定。对此,三团全体演职人员无不欢呼雀跃。可是谁也没有想到,河南豫剧院成立之后,豫剧现代戏却陷入了极度艰难的困境,甚至到了灭亡的边缘,所有的三团人都经历了一次生死存亡的考验。

其实,从1955年下半年起,以《刘胡兰》引起的强烈争议为标志,豫剧现代戏就开始走向低谷。进入1956年之后,观众对豫剧现代戏的热情越降越低,在很多地方都公开出现了反对豫剧现代戏的呼声。当时,三团在郑州南关的天声剧院演出,演员一上场观众就开始吆喝让演员下去,甚至还发生了骚乱,有的观众公然站起来高呼:"不要现代戏,要看化妆的、穿箱的古装戏。"而且,这种反对的呼声迅速蔓延到全省各地。有一次,三团到新乡人民剧院演出,观众就表现出强烈的抵触情绪,不仅不欢迎他们演现代戏,还不时地起哄鼓倒掌。

与此同时,文艺界也存在着一种不利于豫剧现代戏发展的思想。一些人认为演现代戏的演员是艺术上的外行,说三团的演员连"大闪门、一条边都不会"。当时,河南豫剧院规定,每个团都要向院部上交一定的演出收入,由于现代戏上座率低,卖不上票,三团总是完不成任务。这时就有人公开站出来说:"三团是白吃饭的团,我们不养活他们,应该把三团撤掉。"面对此景,三团不得不考虑全团人员的出路问题。有一次杨兰春去找豫剧院有关领导协商,希望把三团的演员分到其他团里去,哪怕去跑龙套也行,只要能把这些人留下来继续从事艺术就好。可就是这样一个要求也没有得到应允,杨兰春为此还发了一通脾气。

更可怕的是,三团内部也产生了严重的思想混乱。有的人对现代戏面临的困境束手无策而又痛心疾首,他们实在难以将其割舍,但又看不到出路在哪;有的人抱怨起群众的思想太落后,欣赏水平太差,根本看不懂现代戏;有的人则认为现代戏上座率不高,是因为三团"上山下乡"演出太多,降低了艺术质量;有的人则认为三团坚持演现代戏的方针一开始就是错的,搞现代戏根本没有什么前途,应该回过头来改学古装戏,等等。虽然说法不一,但几乎都把矛头指向了豫剧现代戏生存的合法性,大有墙倒众人推之势。

那么,豫剧现代戏为何会在1956年前后陷入困境呢?尽管当时很多人提出了不同的看法,但这些看法大多没有触及到问题的实质,有的甚至是一时的情绪发泄。归纳起来,豫剧现代戏陷入困境有外部和内部两个原因,外部原因是当时戏曲改革发展的历史环境,内部原因是豫剧现代戏本身的艺术表现力不足。为了便于表述,就这两方面原因分别进行简要的梳理。

1956年6月,文化部召开了第一次全国戏曲剧目工作会议,会议提出"破除清规戒律,扩大和丰富传统戏曲上演剧目","有计划、有组织地全面进行传统剧目的发展、整理和改编工作"。在这种政策的引导下，各级文化部门在全国范围内，迅速展开了大规模的传统剧目整理工作，并大力提倡上演优秀的传统剧目，许多被埋没和遗忘的剧目得以重见天日。1957年4月，文化部又召开了第二次全国戏曲剧目工作会议，提出了"全面挖掘，分批整理，结合演出，重点加工"的方针，接着，文化部又发出了开放"禁戏"的通知。正是国家的重点提倡与大力支持，使戏曲传统剧目得到了全面的恢复，并出现了前所未有的繁荣。据统计，1956年至1957年，全国共恢复传统剧目51876个，一大批优秀的传统剧目重新和观众见面。

在这种情况下，豫剧现代戏的命运也就可想而知了，它似乎被遗忘在了社会的角落里。据《河南省志·文化志》记载，1956年12月，河南省首届戏曲观摩会演大会上，共挖掘整理上演新剧目156个，多数为豫剧传统剧目，而参加此次会演的豫剧现代戏剧目仅有十几个，可见豫剧现代戏当时受到何等的"冷遇"。特别是河南豫剧院成立之后，豫剧院一团、二团都是以演古装戏为主，且集聚着当时豫剧界一批演古装戏的大家、名家，不论是在表演上还是在唱腔上，他们都早已成熟并形成了自己的艺术风格。三团的老导演许欣曾对此谈过自己的看法，他说："在古装戏的大繁荣中，现代戏就成了戏曲中的少数剧种，在演豫剧现代戏上，三团就此一家，别无分店。和古装戏相比，现代戏就是一个小孩子，而古装戏已是过了不惑之年的成人了。"

和传统剧目的成熟与繁荣相比，现代戏明显存在着表现力不足的问题，主要是它的形式和内容之间存在着深刻的矛盾。其实，自河南省歌剧团成立演第一个现代戏起，它就面临着许多前所未有的问题，这个问题主要是音乐唱腔问题。传统的豫剧以女生为主，男演员的唱腔都要服从于女主角的需要，但豫剧在表现现实生活时,它必须打破这种传统的模式,必须解放男演员的唱腔。因为,如果男演员用假嗓去唱,就会使观众感到人物形象与现实生活脱离。1954年,河南省歌剧团排演《一个志愿军的未婚妻》时,就遇到了如何用音乐来表现解放军精神面貌的问题。解放军是国家的钢铁长城,要表现出他们的血性、骨性和钢性,就不能用传统的流水板式来唱,更不能用假嗓来唱。这就要求豫剧现代戏必须在音乐唱腔上进行改革,以适应和满足表现现实生活的需要。

当初,河南省歌剧团曾提出"在地方戏的基础上发展新歌剧"的口号,但在具体的实践中发现,河南人民对豫剧的喜爱远远超过歌剧,于是就把创作的重心从歌剧转向豫剧,并在传统豫剧的基础上进行改革。由于一开始没有很好地吸收豫剧传统唱腔,在改革的过程中出现了偏离豫剧本体的问题。如1955年《刘胡兰》第一次排演时,虽然运用了独唱、合唱、重唱、三重唱等表现手法,但除了演员的独唱用豫剧外,其他的唱腔如"枪不响,枪不响,敌人就要进村庄,进村庄……"等唱段,都是采用歌剧的合唱唱法。1956年,河南举行第一届戏曲会演时,三团演出的《刘胡兰》就曾引起很大的争议,观众一致追问:这到底是歌剧还是豫剧?

对于豫剧现代戏当时的处境,高洁是这样评价的:"当时的现代戏确实存在着'话剧加唱'的问题,比起古典戏曲,现代戏更多地追求真的一面,忽视了美的一面,可艺术的主要功能是让人用来审美的。当时男声的唱腔还没有很好地解决,群众对现代戏的新鲜感已经过去,而现代戏在表演、唱腔上还没有成熟,与整个时代和观众的欣赏水平相比,现代戏进步不明显。"总体来看,在1956年,豫剧现代戏虽然经过了几年发展,但和豫剧传统戏相比,不仅在创作上还不成熟,在表演上也不能和传统戏相提并论,而且它作为一个新生事物,还没有在观众中真正地扎下根,在传统戏大放异彩的时刻,现代戏陷入低谷,观众越来越少就成了不可避免的事情。

豫剧现代戏遇到的困境,严重地威胁着三团的生存,它存在的合法性遭到质疑,不断有人提出来,应该把三团的编制取消。在三团一次骨干会议上,大家都禁不住痛哭流涕,他们不愿意放弃豫剧现代戏,不舍得离开三团,更不希望把三团取消。就在三团去留问题白热化的时刻,河南省委省政府的领导亲自到三团进行调研,肯定了三团演现代戏的方向是正确的,并表示坚决支持三团的发展。当时,河南省主管文艺的副省长张伯园把三团的情况向河南省委作了汇报,省委副书记杨珏传达了省委的意见,杨珏说:"传统戏和现代戏都是宣传社会主义,传统戏讲民主、讲爱国,现代戏也讲民主、讲爱国。三团可以独立,省委可以拨专款。"张伯元也明确表示:"三团不能撤,我们轰轰烈烈的社会主义建设,绝对不能没有一个专门的艺术团体去表现它,我们要为三团鼓掌!"河南省委省政府的这一态度,等于肯定了三团存在的合法性,给三团带来了莫大的鼓舞,使三团最终闯过了难关。

在三团最困难的时候,河南省委省政府非常关心三团的发展,省委副书记何伟(后来是中国驻越南大使)经常到三团了解情况,并给予指导。有一次,何伟到三团看望演职人员,给大家讲了他到下面视察工作时遇到的一件事情。他说,有一次他到某个县检查工作,县里请他去看现代戏《送马》,戏的内容是生产队认为马上就要实现农业机械化了,不再用牲口耕地了,就把马送给了个人。何伟看后就对当地的领导说,这种戏最好不要再演了,更不要到更大的范围内去演,因为它会传达出一种错误的信号,中国距离实现农业机械化还有很长一段路要走,马目前还不能送,它仍然是农民的主要劳动工具。何伟讲这个事情的目的是要告诫三团,艺术创作一定要切合实际,不能异想天开,更不能误导观众。省委副书记杨

第七章　生死攸关——豫剧现代戏的困境

珏也经常到三团看望演职人员,他还经常点名提要求,说王善朴你要把烟戒掉,吸烟影响嗓子;高洁你要加强锻炼身体,你的体质太弱……有一次,他还向三团的马鸣昆团长建议,午休起来后到四点钟化妆之前,要组织团里的演员加强身体锻炼。三团遵照杨珏的指示,就买了一些体育器材,团里掀起了锻炼身体的高潮。

"投之亡地而后存,陷之死地然后生。"在党和政府的大力支持下,三团人都憋足了劲,每个人都将自己的命运与集体的命运连在了一起,抱着死后重生的信念,决心去打一个翻身仗。他们怀着对豫剧现代戏无法割舍的情感,怀着对时代和人民的强烈责任,披荆斩棘,奋发图强,在豫剧现代戏的各个方面,特别是在艺术形式方面,进行了大胆而艰苦的探索,最终为豫剧现代戏打开了一片广阔的天地,为豫剧现代戏发展迎来新的高潮并最终走向成熟奠定了坚实的基础。那么,在这一时期,三团是如何走出困境,豫剧现代戏又是如何重新占领市场,赢得观众的呢?

俄国著名文艺批评家别林斯基说过:"人民是土壤,它含有一切事物发展所需的生命汁液,而个人则是这土壤上的花朵与果实。"当豫剧现代戏渐渐被观众疏远的时候,三团就主动地到人民中去寻找创作的源泉,他们想方设法去接近人民群众,加深与人民群众的感情。那时,三团一年中有三分之一的时间要到农村演出,河南的许多乡村都留下了三团的影子。当时农村条件非常艰苦,团里要自带炊具、行李等生活用品,还要经常跋山涉水、栉风沐雨,深入田间地头、工厂矿山、街头会场等地演出。为了适应到山区演出,三团采取分班、分组、化整为零等多种方式。每到一个地方,他们就主动收集当地的英雄事迹,编成活报剧、小演唱、快板、相声等为观众演出。在演出过程中,尽量减少群众的负担,到交通不便的地方去演出时,大家自己背行李、道具,不让群众接送,没有剧场就自己动手搭台子。住在群众家里时,每天起来后总是像老八路一样,为农民扫地、担水,和农民拉家常,农民也像对待亲人一样,把最好吃的、最好用的给演员们。演员走的时候,都要做到"地扫光,水满缸,借物归还,损物赔偿"。

林县三团去的次数最多,经常一去就是一两个月,那里山高路远,条件非常艰苦,很少有剧团到那里演出。有一次三团在林县的白壁镇演出,天下大雨无法行走,11个女同志挤在一个不到十平方米的屋子里,晚上睡觉时只打开了6个背包,两人两头睡还得背对着背。为了照顾女同志,男同志的条件更差,他们只能睡在磨房里、牲口棚里。为了让居住在高山之上的群众能看上戏,演员们就自己背着服装和道具,爬到山顶上去为群众演出。林县当时极其缺水,演职人员早上没有刷过牙,用碗端着水用毛巾蘸着洗脸。团里经常安排演员亲自动手,从很深的井里往外拉水,最困难的时候,还曾借当地农民的牲口,挎上两个木桶到20多里外的地方去驮水。尽管这样,大家都不觉得苦,白天只要没有演出任务,所有的演职人员都到田里去帮农民干活,边干边聊,身上装着戏票,中间休息时向农民推销。一些年轻的演员,为了拉近和农民的关系,在劳动中间休息时在田里给农民翻跟头看,完了之后继续给人家干活。正是这种艰苦的环境,培养了三团与农民的感情,三团演到哪里,就和那里的百姓建立起深厚的友情。

在走近人民的过程中,三团积累了丰厚的生活基础,从劳动人民身上学到了宝贵的知识,获取了丰富的素材,获得了创作的灵感。三团最终能占领豫剧现代戏这块阵地,与三团全体演职人员深厚的生活基础分不开。当时河南省委副书记杨珏经常对演员们说:"什么是锻炼?青年们到火热的现实生活中去学习,去成长,才是真正的锻炼。"那时,只要没有演出任务,演员们就要深入生活,

第七章　生死攸关——豫剧现代戏的困境 | 73

部队、工厂、农村,到处都留下了他们的身影。许欣曾说:"三团演员的艺术灵感都是从生活中来的,所以他们才能做到演啥像啥。"

　　在丰富演员生活基础的同时,三团还想法提高演员的艺术水平。当时提出:艺术创新首先要学习传统艺术的基本功,要深深地扎根于传统之上。为了实现这个目标,三团狠抓演员的基本功训练。三团纪律严明,演员八点钟准时起床,哨子一响都到排练场练功,然后乐队和演员分几个组开始调弦。剧团的领导和主创人员也要到排练场去,进行现场指导。有时一段戏就能调上一天,唱腔上哪个字该轻,哪个字该重,演员们都能做到心中有数。除此之外,三团还专门派青年骨干演员外出跟名老艺术家学习,如马琳跟着崔兰田学习,柳兰芳跟着常香玉、马金凤学习……这些人回来后再教团里其他人学唱。她们不光学习这些名老艺人的经典唱段,更潜心学习她们的经验技巧,拿来丰富豫剧现代戏的唱腔和表演。很快,三团的这批年轻演员都有了自己的流行唱段。

　　让豫剧现代戏最终拥有了合法地位,主要还在于音乐唱腔的改革上。三团在音乐唱腔设计上,遵循豫剧的板腔结构,一切从人物的情感出发进行大胆创新。杨兰春曾说:"火车的声音比谁的都大,但它不好听,因为它没有感情。"三团对音乐设计要求非常严格,不管演员来自哪里,都必须学会唱豫剧传统唱段,同时还必须熟悉豫东、豫西、豫南、豫北各种流派的特点。杨兰春对音乐设计的要求,首先是要出新,要好听,其次必须是豫剧,群众听了能学会,每个戏都要有两三段能流行开来。

　　三团对豫剧现代戏音乐唱腔的最大贡献是成功实现了转调,改变了豫剧同腔同调(以前的豫剧都是按主演定调,如常香玉唱 bE 调,全团都唱 bE 调;阎立品唱 F 调,全团都唱 F 调),男声处于高不上去、低不下来的尴尬局面,使男女声分开来唱,女声唱 bE,

男声唱 bA 或 bB，男女之间不是相差八度，而是四度、五度。豫剧原来只用 bE = 1 或 E = 1，但在实践中三团的音乐工作者和演员都感到，豫剧的传统唱腔在表现新生活时音域受到很大局限，他们在合作过程中都产生了改进豫剧唱腔的要求。这种改革是从男声开始的，三团的男演员都是从文工团出来的，他们一开始用二本腔（假嗓）去表现现代人物就感觉很不适应，在反复的实践中，根据男声音域的特点，用同腔不同调的方法发现以 bB = 1 的变调方法演唱较为合适。经过长期的实践后，也为女声的变调进行了新的试验，并留下了许多广为流传的唱段，如柳兰芳《社长的女儿》中的 bA 转 bE，《好队长》中"农业顾问"的唱段，高洁《好队长》中"灵灵娘"的唱段，都以古老的传统唱腔"五音"为基础，用 bA 有时也用 bB 来演唱，效果非常好，音域很舒服。这次成功的改革，是豫剧有史以来第一次突破和创新，解决了 200 多年来男女同腔同调的难题，解放了男声唱腔，丰富了豫剧唱腔创作手法，使豫剧的声腔表现力更加丰富。后来又用到女声唱腔上，使女声唱腔的音色更加明亮，表现力更加多样化。豫剧现代戏的这种唱法不仅在豫剧界被普遍采用，同时还被其他剧种所采用。当时全国各部队文工团都到河南豫剧院学唱豫剧，多数是学习豫剧现代戏的唱腔，有的一学就达半年之久。三团的这一创造和创新，对豫剧乃至戏曲音乐的发展起到了不可估量的作用，甚至是里程碑的作用。

　　三团之所以能在豫剧现代戏的音乐唱腔方面，做出如此巨大的贡献，这与三团这个集体分不开，是三团的音乐工作者和广大演员共同努力的结果。1955 年之后，河南省歌剧团集中了一批锐意创新的主创人员，特别是一批毕业于正规音乐院校的专业音乐工作者，如后来名扬音乐界的王基笑、梁思晖、姜宏轩等，他们都有着扎实的音乐理论基础，为豫剧现代戏完成唱腔改革提供了重要的人才支撑。特别是《刘胡兰》被迫停演后,他们深刻地认识到要想实现现代戏的大发展,必须向传统学习。于是,他们投入巨大的人力精力,挖掘整理三四十年代的豫剧老唱腔,吸收其中的艺术精华为现代戏所用;同时还不断地向兄弟剧种学习,借鉴不同的创作方法,丰富豫剧现代戏的表现手段。高洁曾说:"三团对现代戏的唱腔设计,仅凭老一代艺术家个人是哼不出来的,它是一个群体的智慧结晶,也是一个群体的共同追求。"

三团设计唱腔时,首先要研究剧本的主题思想、人物的性格特征、导演的整体构思,然后再确定人物的音乐风格。关于这个问题,三团的老音乐设计梁思辉曾经说过:"如果音乐设计对人物研究得不够透彻,设计出来的唱腔就缺乏个性,这个唱段就不会传唱开来。三团的音乐设计是个大风格,在这个大风格中,每个演员又各有各的创造。高洁的二度创作就非常有个性,她不是在唱旋律,而是唱人物的感情,不是演员在表演,而是角色在倾诉自己的心声,这就形成了高洁自己的风格。这与高洁的表演能力和她的内在素质分不开,没有她对人物的细心研究,没有她自己的艰苦训练,是不会取得这样的成就的。"

豫剧现代戏最终走出困境,除了政府的大力支持和三团全体人员的辛勤努力之外,还有一个关键的人物就是杨兰春。杨兰春被称为"豫剧现代戏之父",在豫剧现代戏最困难的历史关头,身兼三团团长、编剧、导演的杨兰春,敢于顶着来自社会各方面的压力,力排众议,坚持三团演现代戏的路子,以空前的热情投入到现代戏的创作改革之中。在三团的一次例会上,杨兰春紧握着拳头告诉大家:"不论我们吃多大的苦头,我们一定要占领现代戏这块阵地,将来现代戏一定会受到观众的喜爱!"杨兰春的一席话给三团带来了很大的精神力量。作为当时三团的当家人,杨兰春深知现代戏要想走出低谷,非要经历一次脱胎换骨的历练不可,他常常语重心长地告诉三团的青年演员:"将来现代戏肯定是主流,才子佳人的戏终要退出历史的舞台,一个有责任有作为的艺术家首先应该去面对他所生活的时代,去关注这个时代的人民。"他从剧本入手,从音乐唱腔的改革入手,从训练演员的基本功入手,全面提高豫剧现代戏的表演水平。他像一个家长一样带着三团人在豫剧现代戏的道路上,进行了前所未有的探索。对于那批年轻的演员,他总是恨铁不成钢,时而像个苛刻无比的严父,时而像个疼爱有加的慈母,他常说:"我喜欢你时把你顶到头上也嫌低,不喜欢你时把你扔在地上用脚踩踩也不解恨。"他对舞台的要求十分讲究,常常临时换人,甚至化好妆了还要换人。演戏时,他常常到舞台下面去听观众的反映,当观众鼓掌后,他常常兴奋得像个孩子,跑到后台去慰问演员。在河南人民剧院演《两兄弟》时,他曾摸着演小凤的高颂喜的头说:"好,好!把小孩子的天真演活了!"接着就赏给高颂喜两块饼干;也曾当面夸奖高洁:"这场戏票价五毛,你这一声笑就值两毛。"他对演员们的生活十分关心,1956年年底,三团到开封演出,高洁发着高烧,但她坚持上台,第二天杨兰春知道后,就把自己的脸盆给高洁拿去当便盆,以免高洁夜里再受寒。有时为了演出,演员五点就起来化妆,杨兰春心疼演员,常常在头一天买许多零食,演员化妆时他就把零食放在旁边,并且还给演员们沏上好茶。杨兰春家里的茶人人都可以去喝,人人都可以去拿,他家被演员们戏称为"杨家茶馆",他被大家尊称为"老杨哥"。

高洁回忆起那段历史时说道:"60多年过去了,当年的小伙子、小姑娘,如今已是银发盖顶、儿孙满堂。但三团最不能忘记的一个人就是杨兰春,几十年来通过他的作品,培养和造就了一批涵盖各个艺术门类的专业人才。尽管三团每个人都曾在豫剧现代戏这个领域里奋力拼搏,但豫剧现代戏从无到有,从幼稚到成熟,从河南到全国,与杨兰春对三团几十年的付出分不开,我个人的艺术道路离不开杨兰春,三团的艺术道路也离不开杨兰春。"应该说,高洁的这段话说得还是非常中肯的,杨兰春对于三团以及豫剧现代戏所做的贡献是无人能比的,他不仅缔造了一个新型的艺术团体,也开创了一代艺术流派,这个流派就是"三团流派"。

第八章　继承传统——高洁艺术的第二个关键期

1956年始,豫剧现代戏逐渐进入低谷,在之后两年多的时间里,一直处于困窘之中。虽然这一时期三团也排演了《丹河曲》、《百丑图》、《袁天成与能不够》、《祥林嫂》等剧目,这些剧目在当时也都曾产生一定的社会影响,但比起之前的《罗汉钱》、《小二黑结婚》,比起之后的《朝阳沟》,这些剧目终因没有达到应有的审美高度,而未能成为经典被保留下来。正如火山在地下孕育力量一样,这种短暂的沉寂却成了日后豫剧现代戏爆发的积淀和前奏。这一时期,三团每个人的命运都绑在了集体的战车上,他们真正做到了与集体荣辱与共。尽管这一时期高洁没能创造出像小飞娥、胡兰娘那样流传甚广的艺术形象,但这一时期却是她艺术生涯中的第二个关键期,她不仅唱出了自己的艺术风格,也形成了基本的艺术理念,为她日后攀登艺术高峰打下了坚实的基础。

鲁迅在"直面惨淡的人生"、"正视淋漓的鲜血"时曾发出这样的旷世之音:"不在沉默中爆发,就在沉默中灭亡。"是的,黑夜给予每个人的都是一双黑色的眼睛,只有强者才会拿它去寻找光明。为何在豫剧现代戏最不景气的时候,高洁在艺术上却能获得飞速的发展,并形成牢固的艺术理念?高洁最终形成自己独树一帜的艺术风格,又与这段历史和她所在的三团有着怎样的关系?为了厘清这个问题,要从高洁的一次重要经历说起。

1956年7月底的一天,河南豫剧院副院长周奇之突然通知高洁,让她到北京文化部报到,参加8月1日在北京举办的全国第一届音乐周。河南共有四个代表,包括一个歌唱演员、一个河南坠子演员、一个笛子独奏,戏曲演员就高洁一人。为了给高洁伴奏,河南豫剧院还特派三团的乐队队长、首席板胡尚修甫一同前往。对于22岁的高洁来说,这突如其来的"差事",让她兴奋得几乎睡不好觉,这无疑是一项极高的政治荣誉,也将是一次难得的学习机会。高洁做了充分的准备,怀着一种朝圣的心理来到北京。临走时,高洁还带上了自己的档案及组织出示的证明,由此可以看出全国第一届音乐周的规格之高、选拔演员之慎重。

在全国第一届音乐周上,高洁演唱了三团作曲家王基笑写的两个豫剧唱段,一段是《雷雨夜》中"光溜溜的月儿照进窗,红耀耀的灯火亮堂堂,二尺细布一根线,做娘的双手为儿忙,四个月的孩子像呀像朵花,穿上了新衣等爸爸,你爸爸他县里去开英雄会,给宝宝带回糖和瓜,幸福的日子那个甜似蜜,生下个儿子蜜加糖,爸的心肝妈的命,为你操心我不嫌忙……"一段是《海上渔歌》中"万里海洋明月亮,风来浪去打渔忙,潮来撒下了捕鱼网,潮落拉起万石粮,满网鱼儿亮晶晶,今年又是好收成,收起鱼儿我再撒网,撒下大网等鱼群……"这两段戏是王基笑1955年到河南省歌剧团后,为配合当时的"肃反"运动写的。王基笑在豫剧传统唱腔的基础上,经过改革重新设计,把豫剧传统的仄板转成慢板,只改变了个别音符,但给人的感觉却非常新颖,听起来既像唱歌,又充满了梆子味,不仅更加适合表现现代人的情感需要,又很好地继承了豫剧的传统,豫剧味十足。令高洁没有想到的是,这两段戏在全国第一届音乐周上一炮打响,受到了艺术界、评论界和广大观众的高度评价,同时也使她成了一个备受关注的人物。与当时豫剧现代戏所受到的"冷遇"相比,这种待遇无疑让高洁无比地兴奋和激动,她也更加坚定了演好豫剧现代戏的信心;同时,也使她明白,豫剧现代戏只有在传统的基础上进行改革创新,才能适应时代的发展,满足观众的需求。当高洁回忆起这段经历时,她十分动情地说道:"这是我第一次唱基笑同志设计的唱段,它给我带来了意想不到的荣誉。基笑同志到河南省歌剧团工作时,他对豫剧还从来没有接触过,更谈不上有什么感情,但他一到歌剧团,就一心扑在了豫剧现代戏上,他花费了大量的心血和精力,去搜集豫剧音乐素材,研究豫剧传统唱腔,最终完成了对豫剧现代戏的唱腔改革,基笑同志真是个了不起的音乐家!"

全国第一届音乐周结束后,高洁载誉归来,可她不知道还有更意想不到的事情在等着她。高洁回到河南的第三天,突然又接到文化部通知,要她到北京对外文委(负责对外文化联络与交流的机构)报到,她被选派随中国音乐家代表团到北欧进行访问演出。于是,高洁又风尘仆仆地赶到北京。访问团共分两个代表团,一个是民族歌舞代表团,一个是音乐家代表团。高洁先是被分到民族歌舞代表团,跟武汉歌剧团在一起排练,武汉歌剧团表演舞蹈《荷花舞》,高洁还主动为他们伴唱。由于武汉歌剧团的演员大部分是河南人,唱的又是家乡戏,双方合作很愉快。排练一段后,高洁被调到音乐家代表团,在那里她见到了全国音乐界一流的名家,有中国音乐家协会秘书长潘奇、上海音乐学院钢琴教授吴乐懿、上海著名指挥家黄贻钧、广西著名男低音李之曙、四川著名男高音范裕伦、中央音乐学院著名花腔女高音陈瑜等。这是高洁从艺以来,第一次面对全国艺术界如此众多的大家,她感到自己真的是开了眼界。同时,高洁的内心又不免多了一份担心,自己是一个年轻的戏曲演员,况且当时现代戏又是那样的不景气,在这样一个团体中自己能吃得开吗?她感觉压力很大。由于当时强调革命内容不能输出,所以高洁参加音乐家代表团后,就由原来唱现代戏改唱传统豫剧《断桥》和《花木兰》,由中国歌舞团的乐队和一些民族乐器伴奏,由黄贻君记谱。

经过一段短暂的培训,1956年国庆之后,高洁随中国音乐家代表团从北京出发正式起程赴北欧访问,豫剧第一次以音乐家代表团的形式被带出国门。音乐家代表团表演的内容一半是男高音独唱、女高音独唱、男低音独唱、钢琴独奏,另一半是民族音乐,有笛子、古筝、唢呐独奏等,代表民族戏曲演唱的就高洁一人,而且她是代表团中最年轻的演员。为了这次出国访问,高洁特意买了一个假发(一个大辫子),定做了一件绣着牡丹花的白色上衣,一条绿色的百褶裙。

出访的第一个国家是芬兰。出国前,高洁曾担心古老的中国戏曲能否打动那些洋观众,然而当她身穿百褶裙、绣花袄,握着自己又黑又亮的大辫子出现在芬兰的舞台上时,那里的艺术家和观众无不被她的表演所倾倒,所到之处均受到热烈的欢迎。在芬兰首都赫尔辛基,芬中友好协会安排代表团同一个区的妇女和儿童代表进行联欢,一个女大学生跑到宾馆里去找高洁,还把手上戴的钻戒送给她,说那是她15岁生日时父母送给她的礼物,以此表达她对中国文化的爱慕之情(遗憾的是,高洁后来不经意间把这个钻戒上的钻石弄丢了)。另外,还有一个男大学生从口袋里掏出一个指甲剪送给高洁,一个十三四岁的芬兰小女孩把一个洋娃娃送给高洁,高洁也拿出随身携带的小礼品回赠他们。当时,高洁和陈瑜住一个房间,那些大学生到宾馆后都是直接去找她,因此,代表团团长潘奇还开玩笑地说:"小高呀,你这次大丰收呀!"

在芬兰，中国代表团还参观了以芬兰民族乐派首领、有"芬兰民族之魂"称号的西贝流斯名字命名的音乐学院，并详细了解了这位伟大的民族艺术家的生平，观看了芬兰歌剧团演出的歌剧《蝴蝶夫人》和《费加罗的婚礼》。让高洁感到有点不可思议的是，这位伟大的音乐家虽然有几个儿女，但到生命的最后也没有与妻子举行婚礼，她从中看到了中西文化的巨大差异。他们参观幼儿园时，看到很多小女孩抱着一个布娃娃，像对待孩子一样照料它，高洁感受到东西方教育方式也有着很大的不同。临走时，芬中友好协会送给代表团每人一把芬兰小军刀，是一件非常精致的工艺品，芬中友协主席还十分诙谐地说："我们送给勤劳善良的中国人民，我们相信中国人民不会拿着这把刀去行凶！"

代表团访问的第二个国家是瑞典。在斯德哥尔摩，代表团演出了两场，一场演给普通观众，一场演给瑞典国王。给国王演出时，是在一个豪华的大厅里，没有舞台，就站在国王和王后面前面对面地演出。之后，代表团在瑞典皇家宾馆休息了一周，受到了当地人民的较高礼遇。在那里，高洁遇到一个忠实的瑞典"粉丝"——瑞典音乐家协会主席的女儿。她是一个在校大学生，看了高洁的表演后就喜欢上了她，在高洁待的那段时间里，她连学都不上了，天天跑到宾馆找高洁说话，还把她的小弟弟带到宾馆和高洁相识。当翻译不在时，她们只靠手势交流，但她们都能领会对方的意思。第二年，高洁生日的时候，她的瑞典"粉丝"还给她寄来了一个精美的蜡台。当时，河南豫剧院接到这个写着英文的包裹时，以为是寄给常香玉的，找来翻译一看，原来是寄给高洁的。

按照行程安排，瑞典之后要去访问挪威、丹麦、冰岛三个国家，但当时正值"匈牙利事件"，北欧一些国家的"反共反苏"势力比较活跃，经常在代表团演出地散发传单。考虑到代表团的安全，在中国驻瑞典大使馆的安排下,代表团在斯德哥尔摩又住了一段时间。在此期间,瑞典广播电台给代表团录了音,并给每个人发了劳务费。白天没事的时候,中国驻瑞典大使馆的工作人员就带着他们去逛街。当时,瑞典是较为发达的资本主义国家,商店里摆满了中国买不到的商品,大使馆的同志对高洁说:"小高,你看这毛衣多好,你买一件带回去吧。"高洁说自己没那么多的钱,大使馆的同志就说:"你尽管买,可以用我的钱,你回国后把钱寄到外交部就行了。"但高洁当时不是这样盘算的,她想自己是代表三团出国的,回国后一定要给同事们带点稀罕的东西,于是,她就用那些补助费买了一些当时中国还没见过的塑料桌布、塑料盆、塑料茶杯等生活用具,还特地给男同事们买了一些三五烟,只给自己买了一个小闹钟。当时,高洁和尹涛正处在热恋之中,临走时有人劝她给尹涛买一块手表,可此时她的钱早已花光了。

　　瑞典访问结束后,代表团取消了对其他三国的访问,途经苏联回国,顺路访问了莫斯科。代表团参观了克里姆林宫和列宁、斯大林墓。在陈列馆里,看到了当年清政府送给沙皇的生日礼物,一个全部用宝石做成的皇冠。在莫斯科大剧院,看了乌兰诺娃的芭蕾舞。在那里,高洁第一次见到出租汽车,一招手就停,坐上就走,当时她并不知道出租车是要付钱的,还无限感慨地说:"这真是到了共产主义社会了!"

　　这次经历,使高洁开阔了眼界,在感受到异国风情和中西文化巨大差异的同时,更看到了民族艺术的巨大价值,真正领会了"只有民族的才是世界的"这句话的深刻含义。对此,高洁曾经说道:"当时,代表团中我的年龄最小,学戏的时间最短,资历最低,艺术水平最差,又没有自己的伴奏乐队,我之所以能受到外国观众的欢迎,是沾了民族艺术的光。我唱的是民族的传统戏曲,我的服装打扮也是民族化的,所以让外国观众感到十分新鲜。"回国后,高洁在思想上便形成了这样一种认识:戏曲是最能够代表中国文化的传统艺术,豫剧是众多传统艺术中的一个组成部分,而豫剧现代戏又是对传统豫剧的创新和发展,因此,豫剧现代戏在弘扬民族文化、反映现实生活方面,必定会大有作为,也必定会赢得时代和观众的认可。正是基于这种认识,高洁更加自觉刻苦地学习豫剧。尽管当时豫剧现代戏仍处在困难时期,但高洁没有丝毫的犹豫,她也从来没有怀疑过自己的努力会不会有成果,她相信豫剧现代戏将来会在艺术百花园中独树一帜。

这一时期,高洁可谓两条腿走路,一条腿一如既往地插在现实生活之中,一条腿插在民族文化丰厚的传统之中,除了继续向生活学习,还努力地向传统学习。那时每到星期六,团里的很多同志都去看电影,高洁总是到各大剧院看演出,特别是常香玉、崔兰田、桑振君等豫剧名家的戏,高洁是每场必看,并认真揣摩她们的唱腔和发声方法,包括常香玉真假声结合的唱法,高洁都曾用心地去学习。一听到好的唱腔,哪怕只有一句半句,高洁都要把它背下来,再去琢磨其中的味道。同时,高洁还主动向名老艺人学习,并亲自上门求教,特别是学习他们的演唱方法,很多名老艺人的经典唱段,高洁都烂熟于心。在学习传统上,高洁是各家兼收,然后从自身的条件出发,经过科学发声的训练,创造出一种适合自己的科学的演唱方法。经过长期的苦学、苦练、苦心探索,高洁不仅掌握了豫剧几大流派的基本演唱方法,还学会了陕北民歌、云南民歌、河南坠子、河南曲子、山东琴书、四平调等多个剧种的唱腔,大大地提高了她创新唱腔、表现人物的能力和水平。

同时,高洁开始有意识地去琢磨中西艺术演唱方法的不同,并到艺术学校去请教声乐教师,连在河南豫剧院学习梆子的中央实验歌剧院的同志她都不放过,一有机会就向人家学习发声的科学方法。从自己的实践中,高洁逐渐认识到,中国的戏曲和西洋的歌剧只是唱法上不同,基本的原理是一样的。西洋歌剧讲究呼吸,而中国戏曲注重换气;西洋歌剧"要用横膈膜来控制气息",而中国戏曲"要用上丹田劲";西洋歌剧讲究"共鸣",而中国戏曲要有"瓮音"。通过这种深入的学习,高洁深刻领会了中国艺术的精髓,更认识到中国戏曲比起西洋的歌剧没有丝毫的逊色。

豫剧现代戏从传统艺术中吸取宝贵的营养,这是它最终走出困境的一个重要因素。应该说,没有豫剧现代戏的整体进步,就没有高洁个人的进步。正是在全面学习传统的大背景下,高洁的演唱和表演水平获得了突飞猛进的发展。这一时期,高洁的演唱更加注重方法和技巧,她能把人物的感情渗透到一字一腔之中,并由此形成了她深沉细腻、清脆甜美的艺术风格,达到了"字中有声,声中有字"的艺术境界;她对人物的理解也更加深刻,能够准确地把握人物的情感逻辑,通过不同的声腔、动作演绎人物的情感变化,使人物形象更加典型化。同时,经过这一阶段的艺术实践,特别是与广大人民群众的亲密接触,高洁对豫剧现代戏的重大而又神圣的责任体会得更加深刻。热火朝天的社会主义建设、淳朴善良的人民群众,在高洁的心中留下了深刻的印象,她亲身感受到在党的领导下,千千万万的劳动人民正在用自己的勤劳和智慧改变并创造着自己的生活,他们奋发图强的革命意志、一往无前的乐观情怀,让高洁深受感动,她感觉有责任、有义务用自己的艺术去讴歌那个伟大时代的伟大人民和他们所从事的伟大事业。因而,高洁这一时期所塑造的艺术形象,个性更加鲜明,情感更加饱满,成为代表那个时代新人的典型。在艺术上高洁是一个既注重继承又注重创新的人,尤其是在演唱方法上,她能得传统之旨,融各家之长,加上她独特的个性、气质以及她对人物心灵世界的体验,使她所饰演的角色逐步打上了她个人的风格。

这里有一段插曲很能说明这个问题。1956年3月的一天,杨兰春告诉高洁,让她化一个少女妆。演出结束后,导演不让高洁卸妆,然后把舞台上的灯全部打开,让高洁站出来,团里的领导都在下面,一会儿要求高洁这样站,一会儿要求高洁那样站,随后就让高洁下去了,高洁心里不知道领导要干什么。可第二天宣布角色分配时,让高洁演《丹河曲》中的农村女青年张秀青。当时团里其他的主要女演员都到外地学习去了,杨兰春这样做也是不得已而为之。高洁感到非常意外,同事们也非常意外,在这之前高洁还从来没有演过少女形象。为了保证演出正常进行,高洁只好硬着头皮接受了任务,但她对演好这个角色非常不自信。后来,高洁回忆说:"虽然当时我自己也是个少女,但平时我体验角色时,一直在观察老太太的生活,对少女形象真的缺乏经验。"在安阳演出《丹河曲》时,高洁感到自己的两只手无论如何放都不自在,最后她把一个毛巾搭在脖子上,大段的唱腔,都是两只手拽着毛巾唱的。之后,安阳文艺界为《丹河曲》举行座谈会,会上有人风趣地说:"还是三团的戏过硬啊,你看人家高洁两只手拽着毛巾,一个动作都没有,唱腔还是那么的好听!"但他不知道,高洁是没有办法才拽着毛巾不放的。后来,高洁还给别人开玩笑说:"以后我只演少妇到老太太这个年龄段的女人,没有结过婚的我一个也不演了。"

这一时期,高洁演的最有影响的戏要算1957年2月排的《祥林嫂》了。剧本来自越剧,由许欣独自导演,高洁演剧中一号人物祥林嫂。这是一个难度较大的角色,从少妇一直演到老,演出中要不断调整心态。高洁非常喜欢鲁迅的作品,很早就读过《祝福》这篇文章,并且对祥林嫂给予了很大同情,她认为祥林嫂在神权、族权、夫权的束缚下,受尽折磨悲惨地死去,是旧中国千千万万个不幸妇女的代表。

　　排练《祥林嫂》时,高洁特地买了一本《祝福》单行本反复阅读,每天早上读,晚上读,戏排完后,她已记不清究竟读了多少遍,到了最后,高洁感觉拿起书本,祥林嫂就仿佛站在自己的眼前。演出时,为了让高洁休息好,三团让高洁搬出大宿舍,专门给她找了一间屋子,让她独自一人住在那里。那时候,高洁每天步行到单位上班,她走在路上的时候,总是在思考祥林嫂这个角色,有一次她差点撞在路边的电线杆上。多少年后,高洁才告诉别人:"我从来没有说过,我怕别人听起来说我夸大其词,但当时确实是这样,我的每一个角色都不是在排练厅里创造出来的,而是在不断的演出和与观众的不断交流中创造出来的。"

　　为了演好祥林嫂,高洁先从分析人物的心理变化入手。祥林嫂从小当童养媳,比祥林大许多,可以说是又当媳妇又当姐,好不容易等到祥林长大,他们如愿以偿地结了婚。不久灾难降临,祥林因病死亡。祥林嫂多年的辛苦经历,只换来了一段短暂的幸福,留下的却是长久的痛苦,这是一种多么沉重的打击。在这种情况下,祥林嫂不得不到鲁四爷家当帮工。她虽然是一个寡妇,可她年轻能干,所以深得鲁四奶奶的好感。可是好景不长,她被婆婆追回卖给了贺老六,她本已慢慢恢复的心情再一次跌入低谷。贺老六虽然穷,但他老实肯干,这给祥林嫂些许的安慰,特别是阿毛出生后,祥林嫂体会到了做母亲的幸福,她的心情又慢慢地好起来。可不幸又接踵而来,贺老六死亡、阿毛被狼吃掉、房屋被别人收走,她再次被推向绝境。这时,祥林嫂不得不再次到鲁四爷家当帮工。可是她第二次到鲁家时,已经与以前大不相同了,她成了一个不祥的象征。尽管她也曾到土地庙"捐门槛",想以此来赎罪,但她最后还是被赶出了鲁家。

　　高洁根据人物内心情感的起伏变化,来表现人物、刻画人物。在祥林嫂第二次进鲁府时,为了表现她所受的精神创伤,高洁把祥林嫂的神情定位为恍惚和麻木,突出她心灵所受的创伤。当祥林嫂听说"捐门槛"可以消除罪孽时,她的精神首先是为之一震,接着她不惜拿出一年的工钱去捐门槛。捐完门槛后,她简直是兴高采烈,"捐好了,捐好了,捐好了门槛一大条"。一个流水过门,四句流水唱腔,表达了祥林嫂内心的喜悦,她认为自己的命运从此就可以得到彻底的改变。接着除夕上供品,祥林嫂打扮得漂漂亮亮,但她却遭到鲁四爷的呵斥,她似乎感到意外:"我捐了!""你捐什么了?"在鲁四爷再一声呵斥之下,祥林嫂的心理彻底垮了,她手中的盘子不由自主地落到地上,她被鲁四爷赶出了家门。下面是一个过门,祥林嫂一手掂着一个小包袱,一手拿着鲁四爷给她的工钱,漫无目的地走着,手中的铜钱一个个掉在地上,她却全然不知,此时她已彻底绝望了,麻木了。在音乐声中,不知过了多少年,又是大年三十,一个满头白发、步履蹒跚、精神麻木的老人,右胳膊挎着一个破篮子,手里端着一个饭碗,左手拉着一支破竹竿,艰难地走在大雪纷飞的夜晚。她精神恍惚地说:"又过年啦……我在这个世上活了多少年啦?四十年啦……长啊!"(过门起)接着祥林嫂唱出了她临死前的最后一段唱腔,也是对自己一生的总结。"大雪满地风满天,寒冬腊月又一年,长长的日子怎样过,似梦似醒在眼前。曾记得婆婆待我十几岁,祥林他才不过一岁半,我是又做媳妇来又做姐,与婆婆托大带小过了十几年。并亲半年祥林死,婆婆她把我卖到山间。多亏老六待我好,隔年又把阿毛添,谁知道伤寒夺去了老六的命,阿毛又被恶狼衔,无依无靠无田地,东家又收回了房两间。曾记得二次我重把鲁家进,我的老爷老太见我烦,为赎罪我去捐门槛,记下了铜钱整一年,土地庙我把门槛捐,千人跨万人踏,千跨万踏把罪免。人都说天大罪孽都能赎,我的苍天爷,为什么我的罪孽不能免。我抬头问苍天,(白:我来问你,人死了有没有灵魂,死了的一家人还能不能见面)苍天不开言,我低头问人间,人间也无言。"这时几乎不是用唱声,而是用叹气的方法来抒发绝望的心情。这时幕后合唱:"半信半疑她难自解,似梦似醒离人间。"特别是祥林嫂最后说的一句话:"又过年啦,在这个世界上我活了多少年啦?"几乎是一个字一个字地从喉咙里迸出来的,将人物的痛苦、无奈表现得淋漓尽致。在合唱声中,祥林嫂摇摇晃晃地倒在鲁四爷家的门外,接着开门放鞭炮,当看到死了的祥林嫂时,鲁四爷说了一句"谬种",然后在鞭炮声中谢幕。

　　1958年,《祥林嫂》在北京进行了录音。这是到目前为止,高洁所演过的人物中投入感情最多的一个。和小飞娥、胡兰娘相比,高洁更喜欢祥林嫂这个角色。虽然这个角色没有小飞娥那样广泛的群众基础,也没有胡兰娘那样激烈的情感宣泄,但在反映人物的内在情感方面,在揭示人物的精神世界方面,在反映社会的深刻程度方面,祥林嫂超过了前面两个角色。事实上,祥林嫂是高洁在学习传统的过程中,自觉地借鉴、运用传统来塑造人物的一次成功尝试,并为她即将创造的不朽的经典人物形象——拴保娘做好了铺垫。

第九章　创造经典——高洁艺术的第三个关键期

1958年年初，豫剧现代戏在经历了近3年的低迷之后，终于迎来了转机。由于受当时政治上"左"倾思想的影响，全国各个领域、各个地方都大刮"浮夸风"，艺术创作领域也不例外。3月15日，文化部发出《关于大力繁荣创作的通知》，其中强调："现在急需创作反映我国当前的和近十年来的伟大变革，歌颂我国伟大社会主义建设者的英雄业绩的艺术作品。"之后，全国各个剧种、各个剧团掀起了创作现代戏的高潮，这股风潮一直持续到1960年。这个时期，中国戏曲现代戏无论是创作数量，还是创作速度，都达到了空前绝后的程度，演出几乎是一天一个模样，一天排一部大戏的事情时有发生。受这种时代风潮的影响，3月18日，河南文化艺术界"跃进"誓师大会在郑州召开，河南豫剧院向全国、全省发出"上山下乡，自给自足"的倡议书，这标志着河南艺术创作在响应"大跃进"方针的道路上迈出了实质性的一步，从此，豫剧现代戏创作同全国其他现代戏一样，进入了高速发展的历史阶段。

从1958年3月到1965年8月，三团排演了《朝阳沟》、《比比看》、《东风烈火》、《婆媳争先》、《耕耘记》、《一串钥匙》、《李双双》、《好队长》、《青凌渡》、《杏花营》等剧目，豫剧现代戏创作达到了空前繁荣的程度。在这些剧目中，高洁都饰演了重要角色，使她在艺术上最终走向成熟。特别是具有里程碑意义的作品《朝阳沟》,不仅使豫剧现代戏从河南走向全国,还造就了一批出类拔萃的人物,高洁也因饰演剧中的拴保娘而家喻户晓,"拴保娘"还成了代表她的文化符号。

1958年3月的一天,为了配合全省文化工作会议的召开,时任河南省文化局副局长的冯纪汉找到杨兰春,让他写一部现代戏以示庆贺。杨兰春问离会议召开还有多长时间,冯纪汉说还有一个星期。在一个星期内怎么能写出一个现代戏呢?杨兰春没有答应,但冯纪汉给他撂下一包香烟,一声不吭地走了,杨兰春心里明白,那是写也得写,不写也得写。杨兰春接到这个任务后,就开始了紧张的创作工作,当时采用"流水作业",杨兰春在办公室里写一场,导演许欣在排练厅里排一场,演员常常突然接到一张纸条,甚至是一片香烟纸,上面写的是戏词,可以看出很多戏词都是杨兰春的即兴之作,根本来不及进行细致的修改。正式演出时,报幕员问可以开始了吗?杨兰春说:"别急,别急,还有四句词没有写出来呢。"杨兰春就在舞台上又写了四句闭幕曲:"老风俗旧习惯年年改进,年年改月月换日日更新。有文化能劳动情通理顺,要当成传家宝传给子孙。"到开幕时,戏还没有名字,许欣问杨兰春怎么报,杨兰春说让他再想想。由于杨兰春曾在登封曹村生活过,那里有个朝阳山,杨兰春想了想说就叫《朝阳沟》吧。就这样,在豫剧现代戏的发展史上,一部划时代的作品诞生了——杨兰春真的用7天时间写出了一部现代戏。

1958年3月20日,《朝阳沟》在郑州北下街河南剧院进行首演时,获得了出人意料的效果,出现了演豫剧现代戏多年来不曾听到的热烈掌声。在《朝阳沟》中,纯洁无瑕的爱情、质朴纯真的友情、感人肺腑的亲情、建设家乡的热情……都表现得那样的真实而又热烈,一个"情"字贯穿始终。剧中的主要人物,个个形象鲜明,就连其中的小人物,也因其饱满的感情而成为艺术典型。例如,剧中的巧真,一句唱词都没有,但因其单纯机灵、活泼可爱,特别是那几声清脆的"娘……"以及她那一串银铃般的笑声,深受观众的喜爱。《朝阳沟》首演成功,成了豫剧现代戏走出低迷的标志。

这里需要纠正一个史料性的错误,各种文献资料记载《朝阳沟》的首演时间是 1958 年 5 月 19 日,这个时间实际上是不准确的。1958 年 5 月 1 日的《河南日报》曾登载消息说:"河南豫剧院'五一'献演剧目《袁天成革命》、《借年》、《愚公移山》、《朝阳沟》、《游龟山》、《白蛇传》、《香囊记》、《恩仇记》。"1958 年 4 月 9 日的《河南日报》还登载了这样一条消息:"全院(指河南豫剧院)工作人员计划创作新剧一百七十八本,已写成的有《朝阳沟》、《婆媳俩》、《接闺女》、《打铁》和《红山春雷》等。"其实早在 1958 年 3 月 29 日的《河南日报》上,时任河南省文化局局长的陈建平就发表文章,赞扬《朝阳沟》"生动地反映了农村中的新人新事",戏的"表演、唱腔都给人新鲜活泼的感觉,颇受观众的欢迎"。《朝阳沟》的导演许欣至今还保存着一张 1958 年 3 月 20 日的《河南日报》,头版就登有《朝阳沟》演出的消息,这是目前已知的关于《朝阳沟》演出的最早报道,结合《朝阳沟》的实际创作过程,这个时间可以确定为《朝阳沟》的首演时间。

《朝阳沟》排出来后在郑州只演了几场,三团就深入到太行山区演出。到达林县时,当地的百姓敲锣打鼓,高举彩旗,迎接三团的到来,路边还挂着标语"宁可几天不吃饭,也要看看省三团。看了省三团,十年任务一年完!"正当三团在林县演出时,接到河南省委的紧急通知,要求三团立即返回郑州接受重要演出任务。1958 年 4 月 13 日,在河南省军区礼堂,三团为周恩来总理、彭德怀元帅专场演出《朝阳沟》。其间还发生了一件有趣的事情,戏快结束时,拴保给银环写了一封信,说自己当了劳动模范,实际用意是向银环挑战。银环娘问信里什么内容,银环说:"人家拴保当了模范,要不是你阻拦,我在那里也当模范了。"银环娘说:"怎么怨我呀。"拴保娘接着说:"咱银环现在进步也不小,前几天县里还有一个记者说,要到咱家来给银环照张相印到报纸上呢。"正在这时,《人民日报》的一个记者刚好走到台前,把这个镜头给拍了下来,戏里戏外巧合在了一起。坐在下面的周总理禁不住开怀大笑起来:"怎么这么凑巧呀!"表情一贯严肃的彭德怀元帅也笑了,全场的气氛一下子活跃起来。周总理对坐在旁边的河南省委第二书记吴芝圃说:"这是个好戏,要到北京去演出,也一定会受到北京人民的欢迎。"

1958年6月3日,文化部在北京举办"现代题材剧目联合会演",三团演出了《刘胡兰》、《朝阳沟》。这次会演,让豫剧现代戏名满京城,可以说是好评如潮,《人民日报》及首都各大报纸都发表了关于豫剧现代戏的评论文章,《戏剧报》连着两期封面都是豫剧现代戏的剧照,日本《朝日新闻》也报道了豫剧现代戏的演出盛况,对《朝阳沟》更是赞赏有加,"一片生活气息扑面而来","人物形象个个鲜明"……诸如此类的评价接连不断。演出期间,高洁还接受了媒体专访,她被称赞为"一位有才能的青年演员,她的表演朴素、真实,善于运用传统的唱腔描绘人物的性格,因此富有艺术魅力,极为河南人民欢迎"。座谈会上,高洁结合自己演现代戏的体会作了主题发言,她说:"我是党和人民培养出来的青年演员,几年来,组织和同志们的帮助和教育,不仅使我在艺术上很快成长,还解决了我思想上的许多问题,使我在艺术上没有走弯路。"高洁的发言稿后来整理成一篇文章《学习豫剧并运用它来表现现代生活》,发表在1958年《戏曲研究》第4期上。

《朝阳沟》产生于一个以英雄为主角的时代,但它却描写了一个普通山村里的一群普通人物,当英雄的光环随着历史的退场而永远消失的时候,这群普通的人物却穿越历史的长河站在了历史的前台。这其中的原因何在呢？其实,杨兰春在1958年写过很多"大跃进"的戏,如1958年10月创作的《烈火东风》,其中的数字是天天看着报纸改的,亩产高达几万斤,一个蝇子拍比一个蒲扇还大。当高洁回忆起这个戏时,不仅戏的内容忘得一干二净,就连自己所演角色的名字都给忘了。但《朝阳沟》却不一样,它虽然也是"大跃进"式的作品,却成了不朽的经典。《朝阳沟》虽是杨兰春的应急之作,但他对创作素材的积累绝非一日之功。《朝阳沟》的原形——河南登封曹村,抗日战争和解放战争期间,杨兰春曾在那里浴血奋战,与曹村人民结下了深厚感情。1957年,杨兰春再次回到曹村体验生活,他对村里各种人物的身世、性格、语言甚至走路的姿势都了如指掌,所以他笔下的人物个个都很典型。杨兰春谈起创作《朝阳沟》的体会时曾说:"这来自于多年的生活积累,生活中的银环就在今天的朝阳沟村,拴保是自己老家一个青年人的名字,老支书、拴保娘、二大娘的语言,都是从群众生活中来的。"

　　《朝阳沟》中的人物对杨兰春来说其实早已成竹在胸,有一件事情很能说明这个问题。1958年2月的一天,杨兰春在路上突然叫着高洁对她说:"过来,过来,我给你一段唱词,写一个翻身老太太对党的深厚感情,对新生活的热爱。"并当场给高洁哼了一遍,让高洁回去仔细琢磨琢磨。过了几天,高洁按照自己对人物的理解,用杨兰春哼出的初步旋律又稍加修饰,唱给杨兰春听,杨兰春听后非常满意,说要的就是这种感觉。这就是《朝阳沟》中拴保娘第一次出场时的唱段:"看见了新被子我实在难过,埋怨声亲家母你个糊涂老婆……"这段唱词的旋律基本上是高洁在《罗汉钱》中"看见了罗汉钱我心中发呆,它把我二十年伤心事勾引起来……"的翻版。这说明杨兰春当时不仅心中有人物形象,而且还有人物唱词,并确定了演员。"生活是艺术的唯一源泉"、"人民是文艺工作者的母亲",偶尔得之必须建立在长期的积累之上,杨兰春正是凭借对生活的热爱和熟知,才在几乎是不可能的时间内创作出了这部优秀的艺术作品。

杨兰春主张现代戏创作要与时代"大配合",既要为人民服务、为社会服务,又不局限于为某一政策、某一中心、某一政治任务服务。《朝阳沟》写出了历史发展的大趋势,它的意义远远超出了"上山下乡"这一题材。"上山下乡"的成败得失我们姑且不论,但青年人献身农村建设的理想应该肯定,转变城乡二元对立的观念应该肯定。中国革命和建设的实践表明,农业、农村、农民一直是中国社会发展的重中之重,可以说,实现农民的真正富裕,是几代人追求的梦想,也是中国现代化的核心问题。《朝阳沟》中的科学种田、水力发电等是那个时代农民的期望,也是中国现代化的目标。《朝阳沟》中的人物都是那个时代真正的新人,拴保娘是其中的典型代表之一。她的身上有一种自觉的群体意识,有一种改变环境的强烈愿望,她不仅热情地去拥抱生活,还主动地去创造生活。"千年的荒山栽上树,万年的旱地流清河……""棉花白,白生生,萝卜青,青凌凌,麦籽个个饱盈盈,白菜长得磁丁丁……"这些经典唱段,不仅表现了以拴保娘为代表的翻身农民对农村巨大变化的由衷喜悦与对未来生活的无限憧憬,更深层的意义在于,他们是以主人翁、建设者的姿态,从事着对旧环境的变革。他们和新生的一代正在以满腔热情建设新的生活,创造新的历史,他们在讴歌生活、讴歌时代的同时,也讴歌了他们自己。正是在这一点上,评论家黎明撰文说,《朝阳沟》就是供农民享用的"梦幻童话剧"。

杨兰春一贯尊重演员的艺术实践,尊重演员的舞台感受,重视发挥演员的创造性。如拴保娘教训女儿巧真的一段唱词:"我白白养你十五六,你白披个人皮长个人头……"饰演巧真的高颂喜说这几句唱词有点过火,不符合人物性格,杨兰春听后当场表示去掉。当拴保娘看到给银环准备的新被子可银环几次都不来时,她心中充满了对银环的思念和对银环娘的埋怨。最初是这样写的:"看见了新被子我实在难过,骂一声呀,骂一声亲家母你个老妖婆。"高洁在演唱过程中感觉很不顺,就把它改成"看见了新被子我实在难过,埋怨声亲家母你个糊涂老婆",这样一改既符合拴保娘的性格特点,从心理上又没有把银环娘划入其他阵营。《朝阳沟》在舞台上演出时,只有银环上山的情节,直到拍电影时才加上银环下山这一场戏。这场戏的关键作用在于,它使银环的情感变化构成了一个完整的过程,使人物的形象更加真实可信。银环上场后第一段唱,最早写的是:"杏花谢桃花开春回冬去,一转眼又半年又愁又急。祖国的大跃进一日千里,看不完数不尽的胜利消息……"有人批评"啥花呀、草呀,小资产阶级情调",主创人员就索性把头两句去掉,直接点明主题:"祖国的大跃进一日千里……"再后来就又改成"祖国的大建设一日千里……"经过这样的处理,使人物语言与性格达到了完美的统一。《朝阳沟》正是充分调动了编剧、导演、演员的主观能动性,才使它的舞台呈现臻于完美。

　　高洁饰演拴保娘时不满 24 岁,结婚才一年多,尚没有做母亲,但高洁的气质、性格、修养与拴保娘这个人物所承载的内涵有着诸多的相通之处。拴保娘的性格是多重的,但贯穿其中的主线是她的善良,这是深埋于中国文化深层中永远令人敬畏的东西。正如罗素所说:"在一切道德品质中,善良的本性在世界上是最需要的。"拴保娘的善良主要体现在她的慈母情怀中,尤其表现在对儿媳妇银环的态度上。银环来到朝阳沟后,她对银环百般地疼爱;银环思想出现动摇时,她对银环进行耐心地说教;银环决定离开朝阳沟时,她又给予无私的宽容与理解。拴保娘在发现银环思想有波动时,她没有批评银环,相反她觉得这时更应该让银环得到比在自己家里更多的母爱,她就用全村人对银环的夸奖来鼓励银环:"东院你大娘,西院你婶婶,见面就夸你伶俐又聪明……我盼你当一个劳动英雄。"高洁在唱这一段戏时,语气中充满着深深的疼爱和期望。当银环说:"我还是先回去看看俺娘。"高洁的处理是,稍加沉思,然后诚恳地微笑着说:"好!"拴保娘明明知道,银环回家看娘是找借口,但人家毕竟是回家看娘,那是理所当然的事情,有什么理由不让人家回去看自己的娘呢!继而银环又说:"那……我把东西也带走吧?"高洁的处理是,稍一愣神,然后又微笑着说:"中!"语气缓慢而又温柔,没有丝毫不满。拴保娘心里清楚,银环这一走,十有八九不会再回来,但人家不想在咱这山沟里住,那也是人家的权利呀,不能横加干涉。一个沉思,一个愣神,两个简单的表情做得无声无息而又恰到好处,把拴保娘的忠厚善良全都表现出来。紧接着拴保娘出门,在门边稍做停顿,然后又慢慢地转过身去,走到银环跟前说:"孩子,你好好想想……孩子,你别年轻轻的拿错了主意。"这实际上是在批评银环,但为了突出拴保娘的善良纯朴,高洁把说台词的音调放低,节奏放慢,语气婉转,满面笑容,听不出任何批评的口气,完全是一种充满关爱的劝慰和开导,没有勉强,更没有怨气。

　　拴保娘还是一个乐观主义者,这主要表现在她对新生活的热爱上。当唱到"千年的荒山栽成树,万年的旱地流清河"时,高洁运用了一个很舒展的大拖腔,音色稍加变化,犹如爽朗的笑声,充分体现出拴保娘的喜悦之情;当唱到"你(指银环妈)说俺山高路又远，俺今年已经通汽车。只要是俺的儿子好好劳动，你磨破嘴皮也白说"时，好像是在和亲家母面对面地说话，心里充满了对山区巨变的自豪感，流露出自信和开朗的情绪；当唱到"我看你的老脸往哪儿搁"时，那个"搁"字的吐音稍微加重，体现出拴保娘对山区美好未来充满了信心，同时也是对银环妈看不起山区的一种挑战；当梦见媳妇去看她，有句唱词"翻来覆去睡不着"，高洁运用慢二八，四平八稳，声音变得收拢涵蕴，表现了拴保娘想媳妇时的快乐心情；当唱到"咱全家拧成一股绳"时，声音变得有起有伏，有开有合，体现了拴保娘对丰收后的喜悦之情；当唱到"梦见媳妇来见我，未进门笑呵呵，先叫娘后叫爹，她说话和气又利索，帮助我做饭又刷锅，高兴得我心里没法说"时，不由得笑出声来，在唱腔中加进笑声，表现了拴保娘想媳妇时无法抑制的喜悦。拴保娘的乐观自信具有典型的艺术价值，事实上她是那个时代千千万万个翻身农民的代表，她身上的热情正是那个时代热情的凝聚和折射，因而拴保娘成了高洁塑造的最成功的艺术形象，她后来之所以被称为"中原第一老大娘"，很大程度上就是因为拴保娘这个形象。

杨兰春曾说："走马观花不如下马看花，下马看花不如亲自种花。"他要求演员通过不断深入生活去体验角色，高洁之所以能把拴保娘演得出神入化，正是她在长期的艺术实践中，在与人民群众的深入交流中，逐渐完成了对这一形象的认识和开掘，善良的劳动人民是她最直接的生活原型。

《朝阳沟》排出后三团即到太行山区演出。有一次，在一个叫临淇的地方，高洁和另外一个女同志住在一个姓郭的大娘家里。一进门，郭大娘就热情地迎了出来，又是搬椅子，又是倒茶水，俨然像招待客人一样，并且拉着高洁的手，说山里的气候不好，问可否适应，这里的生活条件差，能不能吃饱饭，就像一个母亲惦记着刚刚回家的孩子。然后,郭大娘带着高洁去看给她们准备的房间,这一看几乎让高洁傻眼了。屋子收拾得干干净净,门上贴着红双喜字,门的两旁还有一副崭新的对联,那是一对新人刚刚用过的洞房。高洁下意识地把刚迈进去的前脚又收了回来,郭大娘似乎看出了高洁的心事,上前一把把她拉进屋里,用极其温和的语气对她说:"进来吧,闺女,这是你大哥办喜事时住的屋子,这里干净,你们就住这吧。他们在县城里,半个月也不回一次。"就在郭大娘说完话的那一刹那间,一股暖流涌上了高洁的心头,她感到眼前的郭大娘就是舞台上的拴保娘。晚上,高洁和郭大娘在一起聊天,郭大娘告诉她,她的子女都在外地工作,家里没有什么负担,旧社会她们这里很穷,多数人家都到外地逃荒去了,所以这里至今人很少。郭大娘谈起当时的生活,有一种无法抑制的兴奋,她说他们打算在山上种果树,把荒山变成果园,还要开山修水渠,让家家户户用上电……郭大娘闪亮的眼神里,闪烁着对新生活的无限向往,对党、对祖国、对人民的无限热爱。每天早晨,郭大娘起来做饭,总是蹑手蹑脚,怕惊醒了她们,把窗户和门都关得严严实实的,怕光线照得她们睡不着。有一天晚上,高洁到离郭大娘家四五里的地方演出,快结束的时候天突然下起了雨,高洁正在为无法回到住处发愁时,郭大娘提着灯笼,拿着雨伞,拄着树枝去接她了。当她们互相搀扶着回到家时,高洁发现屋里的床已经铺好了,而且床上还多了一个新被子。还没等高洁说话,郭大娘就先开了口:"今天变天了,盖厚点吧,不要冻着了。"高洁顿时感到身边站着的就是自己的亲生母亲,她就像孩子一样乖乖地"嗯"了一声,眼里却止不住涌出了激动的热泪。高洁后来把这个经历写成一篇文章《郭大娘与拴保娘》,发表在1964年1月12日的《北京晚报》上。

在林县小屯山区演出时,高洁也住在一位老大娘的家里。白天不演戏时,演员都到水库工地上和群众一起劳动,通常高洁回来后,老大娘已经为她打好了洗脸水。中午睡觉时,老大娘轻手轻脚地走到她的身边,把被子拉开给她盖上,还总是叮嘱她说:"铺盖薄,天又凉,小心把骨头冻伤!"下午去舞台上化妆时,老大娘也总要她带上棉衣服,说山里的风大,别冻出病了。老大娘家里娶了一个中学生媳妇,她每次谈起来,总是有一种说不出的幸福,她经常向高洁夸奖她媳妇是如何的孝顺,还打开箱子把媳妇给她和儿子做的鞋拿出来让大家看,老大娘看着媳妇给她做的带着小孔的半洋不洋的小尖鞋,翻来覆去地欣赏着,眼里充满幸福的光芒。高洁从她身上找到了强烈的母爱,她感觉到眼前的老大娘就是拴保娘了。

拴保娘这一艺术形象的成功,首先归功于《朝阳沟》这个剧目的成功,特别是电影《朝阳沟》的宣传和影响,正是因为这个剧目成了豫剧现代戏里程碑式的作品,所有参与这个剧目创作,尤其是这个剧目中的几个主要演员,她们不经意间也把自己的名字刻在了这块碑上。对此,高洁深有感触地说,她能参加《朝阳沟》的演出并拍摄电影,是她一生中最大的幸运。其实,还有很多人为《朝阳沟》的成功立下过汗马功劳,与高洁演了一辈子母女的柳兰芳就是其中一个。谈到这件事时,高洁不无感慨,她说柳兰芳嗓子好,能摔打,在舞台上出了很大的力,可她就是运气不好。《朝阳沟》排出来后,魏云的嗓子一度光出毛病,舞台上柳兰芳演银环的时候最多,可拍摄电影时,她身体不好,非常消瘦,多次试镜头银幕形象都不如魏云,最后就让魏云去演电影《朝阳沟》中的银环。接着著名导演崔嵬准备拍摄电影《刘胡兰》,已经开始在私下里给她和高洁排母女诀别一场戏,但又因剧中秀英这一角色与历史有出入,山西省有关方面有意见而未能拍成。后来,组织上又安排她随代表团出访日本,可就在周恩来总理检查节目时,她突然得了急性喉炎,又只好一个人留在北京治疗嗓子。柳兰芳每次都能正确对待这些事情,从中可以看出三团的演员有着强烈的集体观念,更反映出三团一切以艺术为中心、以大局为中心的态度,这是它和旧剧团最大的区别。

《朝阳沟》演出后,很多剧团和剧种都进行了移植。1960年年初,山东吕剧团在上海演出改编后的《朝阳沟》,被长春电影制片厂导演曾未之看到,他非常感动,得知是从三团移植过去的,于是在1963年,他来到河南对该剧目进行实地考察。当时,三团正在基层演出,曾未之就随团行动,一连看了几十场《朝阳沟》,并认真地做了详细记录。他说:"三团演现代戏的方向是对的,人民群众这样喜爱《朝阳沟》,我要把它搬上银幕,树立一个学习的榜样。"

《朝阳沟》拍电影时,按照电影文学剧本和导演分镜头的要求,三团对剧本进行了修改。在分配角色时,三团决定拴保娘仍由高洁饰演。1963年8月3日,高洁随剧组赴长春电影制片厂拍摄电影《朝阳沟》。到达长影后,高洁并没有因为这是一个自己已经演了五年的角色而松懈怠慢,相反,她像接受一个新角色那样,认真地琢磨着每一场戏、每一段唱词、每一句道白、每一个动作,力求准确把握表演的分寸。《朝阳沟》拍摄完毕后,导演和摄影对高洁的表演非常满意,他们对高洁说:"你的表演很适合电影的要求,你现在拍故事片都没有问题。"

当时有很多剧组在长影拍戏,其中不乏著名的演员,一些名角走"地位"(就是在舞台上表演时站的具体位置)时不仅要找替身,还要在影棚里为他们装上临时厕所,这让三团的人很不理解。当时每个剧组都在长影的大食堂吃饭,很多人都是吃完饭一抹嘴就走,这给长影的服务人员增加了很多工作量。但三团人不是这样,他们吃完饭不仅把自己的餐具清洗干净,还总要把水池也清洗一遍,这让长影的工作人员非常感动。三团所有演职人员不分主次,没戏时就去干活,根本没有找民工帮忙。场景苹果园里的苹果都是三团演职人员自己用铁丝拧上的,树叶也是他们自己亲手做的,这让其他剧组的人员非常羡慕,他们争夸三团具有"老八路"的作风。长影人还贴上标语"向河南省豫剧三团学习,自己的事情自己做"。很多剧组也纷纷表示:"你们对我们促进很大,自己的事情再不自己做就脸红了。"长影的摄影师李风鸣有感于三团的良好团风,还说自己一定要找个河南姑娘做媳妇。

　　拍完电影后,三团到哈尔滨、鞍山等地巡回演出。在沈阳演出时,有一天领导突然对高洁说:"毛主席号召要多演现代戏,《朝阳沟》马上要到北京演出,组织上决定在北京的一些重要场合,拴保娘由常院长(河南豫剧院院长常香玉)来演,你思想上要有个准备,更希望你能正确对待这个问题。"高洁后来说:"作为一个青年演员,我当时接受这突如其来的'任务',思想上不可能没有一点考虑,如果说没有想法完全从心里接受,那是假话。但当时我心里有一个非常牢固的想法,那就是我是一个共产党员,首先应该服从组织的安排。"第二天,三团的领导就安排高洁到北京帮助常香玉排戏,高洁二话没说就去了北京。

　　三团在北京演出时,拴保娘这一角色由高洁和常香玉交替演出,相比而言高洁演出稍多一些。有一天,三团接到文化部通知,要三团到中南海怀仁堂为毛泽东等中央领导演出《朝阳沟》。这消息让三团所有的人都倍感兴奋,高洁也不例外,尽管她曾多次为中央领导演出,但还不曾到中南海演出,而且她意识到,对于一个演员来说,这可能不会再有第二次机会了。但高洁没有因为这是个难得的机遇而向组织提个人要求,也没有因为这个角色是自己的

"专利"而据理力争,而是毫无怨言地服从组织的安排,怀仁堂的演出拴保娘由常香玉饰演。就这样,高洁跟随《朝阳沟》剧组走进了中南海怀仁堂,成了一名幕后人员。正式演出时,常香玉点名要高洁为她化妆。高洁不仅精心为常香玉化好妆,而且还为她做好一切服务工作。为了便于常香玉休息,高洁就在幕条旁放一把椅子,把常香玉要换的服装都挂在椅子后面,常香玉下场后可直接坐到椅子上休息,而不必再到后台去。高洁还端着一个水杯站在椅子旁边,等常香玉一下场就赶快把水杯递给她。

1963年12月31日,《朝阳沟》在中南海怀仁堂为党和国家领导人演出,毛泽东等中央领导到现场观看。演出结束后,毛泽东、刘少奇、朱德、彭真等上台接见了三团的全体演职人员。等毛主席走后,常香玉把高洁抱起来转了几圈,还极其兴奋地告诉她说:"小高啊小高,主席说我们的路子走对了。"1964年1月1日起,电影《朝阳沟》在全国各地公开放映,全国迅速掀起《朝阳沟》热,在新疆建设兵团的一个礼堂里,一天曾经连放12场,《朝阳沟》电影拷贝发行量当年居全国第一。《人民日报》刊登了毛主席等中央领导人接见《朝阳沟》演职人员的照片,并连载了《朝阳沟》的剧本,在《人民日报》上全文连载一个剧本,这是第一次。

三团从北京回到郑州时,河南省委宣传部、省文化局领导没有像以前那样到火车站去接,这让三团感到莫名其妙,他们本以为《朝阳沟》被拍成电影,又到中南海演出,省委一定会隆重地庆贺一下,谁知省委一个人都没有来。回到郑州后的第三天,省委宣传部副部长于大申来到三团,召集团里的领导和主要演员开会,于大申劈头就说:"我不是来给你们鼓掌的,我是来给你们浇冷水的,在你们取得成绩的时候,你们要更加冷静。不要以为电影拍了,也到中南海演出了,就可以抱着红旗睡大觉了,如果那样一觉醒来红旗就会让人家给扛跑了。"并当场宣布省委宣传部的决定,三团全体人员到登封曹村去体验生活。为了落实省委指示精神,1964年3月,三团全体人员再次到曹村住了将近一个月。3月的曹村正是农忙时节,三团到那里后,帮助农民搬石头垒堰,深翻土地,往地里背粪,许多人的手都磨得往外渗血。这次,高洁除了完成和其他人一样的劳动任务以外,还学会了用纺车纺线。没想到这一技术在她拍摄电视剧《史来贺》时派上了用场。此剧中高洁饰演史来贺的母亲,有一个纺线的镜头,当时导演建议给她找替身,但高洁说她会纺线不需要找替身,结果表明她纺线的动作是非常标准的。《朝阳沟》真正做到了从生活中来,再到生活中去,是最能代表豫剧现代戏创作原则的作品之一。

《朝阳沟》的成功,不仅让豫剧现代戏彻底走出了困境,还带动了三团艺术水平的全面提升和演职人员的整体进步。在此之后,三团又排演了几个在当时比较有影响的剧目,高洁在其中都有角色。其中影响较大的要数《李双双》和《杏花营》。

1963年6月,三团排《李双双》,高洁在这个戏里饰演一号人物李双双。这个戏由李準和杨兰春合作,改编自李準的小说,6月20日在郑州上演,影响很大。李双双热爱劳动,有着强烈的集体观念,她的身上既体现出劳动人民的纯朴善良,又闪耀着劳动人民的聪明才智。

李双双是个非常要强的女人,高洁在演这个人物时,依据人物的情感来处理唱腔,通过内心的细微变化来表现人物的性格。如双双和喜旺吵嘴时,双双一把将喜旺推出门外,可等到喜旺真出去时,她又端着碗在那里流泪:"一顿饭没吃成又跑在外,端起碗不由我泪流满腮。"唱着唱着就独自哭起来,高洁把"腮"字加上了鼻音,表现了双双对喜旺既生气、又埋怨、还心疼的感情。喜旺走时,双双撑到村头，一把夺过喜旺手里的包袱抱在怀里，像一个犯了错的孩子一样站在那里看着喜旺，嘴里不停地说："我不让你走，我不让你走……"这时喜旺开始数落她，双双越听越不对劲，最后猛地向前一步："你不让我管事了？"然后把包袱一扔："你走吧。"没想到喜旺真的走了。这时音乐一起，为了表现双双此时内心的后悔和无望，高洁采用京剧的表演手法，背对着观众，两肩微微抽动，让观众从背上看出双双在暗暗抽泣。"夫妻情一霎时如同流水，李双双咬紧牙含泪忍悲。"高洁把"李双双"三个字吐得特别重，表现了双双那种既善良又要强的个性，然后猛地一个转身："都说咱两个恩爱和睦，同劳动同学习同去同归，虽然说也曾有磨牙咬嘴，从不曾像今天翻脸皱眉，依我看你变得越扶越醉，光害怕得罪人不分是非，左也思右也想我问心无愧，有本事你一辈子别把家回。"这几句唱腔中，高洁在别把家回的"回"字上用鼻音，使表演充满了生活化的气息。接着一个过门，双双看到满地绿油油的庄稼："猛回头见禾苗绿又青翠，满地里秋庄稼等着追肥，夺丰收全仗着早做准备，绝不能学他们胡攀乱推，可笑我（用自嘲的语调）还有心情擦眼抹泪，我靠的是众社员，不靠你这个狠心贼。"高洁通过细腻的唱腔，表现了双双那种坚强、勇敢的个性。

　　双双又是一个十分善良的人，她和喜旺本质上是一对恩爱夫妻，他们之间本没有根本的分歧，只是在处理事情时方法不一。喜旺因和双双吵嘴赌气离家出走后，双双时刻都盼着喜旺早点回来，内心更是充满了对喜旺的惦记，但她的个性又使她不愿说出口来，于是她就借小女儿来抒发对喜旺的思念之情。这是高洁很喜欢的一场戏，也是她最得心应手的一场戏。当女儿熟睡后，双双望着女儿独自唱道："小菊儿你睡得又甜又香，发呓怔你还在喊爹叫娘，你一天到晚问几遍，你的娘我有话口难张，是你爹赌气要出外走，可不是娘我故意逞强。十八岁我来到恁孙家庄,跟恁爹勤俭度时光,家里活地里活妈都能干,从没有叫恁穿破衣裳,自从妈我选上妇女队长,你的爹他口口声声不能把干部家属当,总说妈爱管闲事嘴太快,给我约法定三章,你金桥叔多占公分妈去告状,你的爹他撅着嘴瞪着眼恨不得一口吃了娘。小菊儿你若是成人长大,可别学恁爹那一道汤,敢斗争多为那集体着想,咱人民公社集体生产,集体生产才能久长。"这时风把窗户吹开,双双把窗户关上又走回来继续唱:"立了秋秋风凉,梧桐树叶落黄,一场春风对场雨,一场秋风对场霜,过了白露寒霜降,你的爹临走没带衣裳。一件衣裳没上领,一对新鞋没合帮,打黄昏趁晚上,哄我儿睡了抢连几行,衣裳领子早上好,一对新鞋就要合帮,要回来你就早回来,看一看咱村的新气象。"双双含情脉脉地看着女儿,心中充满了对丈夫的无限牵挂,整个唱段充满了抒情的韵味,使双双这个人物变得不仅刚强,而且温柔善良。这几个唱段后来都成了保留唱段,并由高洁灌了磁带。

客观地讲,高洁演李双双这种类型的人物有很大的局限性,李双双是个性格比较外向的角色,而高洁天生一副温柔敦厚的气质,她的性格是内敛型的,和李双双这种外向型的性格是格格不入的,在演出过程中,她会不自觉地显露出她本身的性格特征,难怪在北京演出时,杨兰春还跟她开玩笑说:"高洁把李双双演成这样一个小媳妇也蛮可爱的嘛!"但当时三团每年排戏都有个预先的安排,第二年排什么戏前一年都是计划好的。另外三团还有一个不成文的规定,对于所排的大戏几个主要演员轮流来演主角,《李双双》这个戏刚好轮到高洁演主角。三团有一个良好的传统,演员之间虽然存在竞争,但绝对没有同行是冤家的那种情况,她们之间既是同事、同行,又亲如姐妹,排练时 AB 角都参加,在艺术上彼此之间绝对没有相互保守的做法,更没有相互诋毁的风气。

正是由于三团这一良好的传统,在分配角色时,由高洁演双双的 A 角,马琳演双双的 B 角。后来高洁谈到这个角色时说:"我的自身条件和性格气质,距离双双这个角色太远,起初我想用形体动作的夸大、声音的夸张来弥补自己和角色的距离,但累死我我都不自信。可马琳却不一样,她的气质很适合演双双这个角色,她往舞台上一站不用说话就是双双的形象。"因此,在排演这个戏时,高洁非常注意看马琳的表演,并虚心地向她学习。但高洁很快发现,气质性格很大成分是与生俱来的,那不是想学就能学来的。于是,她就在唱腔的处理上狠下功夫,发挥她自身善唱的优势。而且高洁认为双双的唱腔设计得非常好,旋律很优美,她唱起来有一种如痴如醉的感觉。戏上演后,高洁和马琳都录了音,播出后,王基笑还专门给高洁打电话说,她们俩的表演都非常好,高洁在对唱腔的处理上更细腻一些,唱出了双双心中的"爱"和"恨"。

1965 年 8 月,文化部举办中南六省戏曲会演。为了参加这次会演,三团排演了李準和杨兰春合作创作的现代戏《青凌渡》,高洁在里面饰演来妮媳妇大英,一个泼泼辣辣、敢说敢干的农村妇女形象。这次,高洁又遇到演李双双时的问题,大英和双双的性格有很多相似之处,更难为情的是,在舞台上大英要让丈夫背着她。一开始,高洁找不到感觉,始终找不到自信。高洁感到这个动作极其别扭,两个人好像是各演各的戏,人物与人物之间没有发生联系。为了改变这种情况,杨兰春就给高洁设计了一个动作:让大英气呼呼地来到支书家,进门后一句话不说,先是右腿一抬踩在坑沿上,接着一屁股坐下,一只手抱着踩在坑沿上的腿,另一只手指指画画,表示心中的不满。这个只有男人才有的动作,让高洁一下子找到了感觉,对于所演的角色也自信了。在舞台上,当丈夫来妮找大英时,一出门,大英就说:"哟!下雨了,来妮,来背着我。"这个动作做得非常自如,人物的性格也就出来了。

《青凌渡》在郑州人民剧院公演时,河南省委主要领导都到现场观看,并给予了较高的评价,观众也比较满意,说这个戏动情处催人泪下,快乐时使人开怀。当时河南省委书记刘建勋外出开会,他回到郑州后,三团在排练厅里又专门给他演了一场。刘建勋看后,认为这个戏和当时的政策不符,要求重新写一个戏参加会演。此时距离会演的时间已经很近了,最后河南省委宣传部决定,三团先到广州,然后再写剧本,为了确保会演成功,宣传部副部长于大申也跟着三团到了广州。临走时,河南省委宣传部长宋玉玺还对三团的领导说:"政治上我负责,艺术上你们负责,要大胆地干!"在火车上,杨兰春和李準开始构思剧本,这就是后来参加会演的《杏花营》。

三团到达广州后,杨兰春和李準马上动笔写剧本,由于时间紧张,只好写一场排一场。三团没有看一场会演的剧目,所有的时间都用在排戏上,为了能给三团留有更多的排练时间,组委会把三团的演出放在会演的最后。当时天气非常炎热,于大申穿着大汗衫端着一大杯茶,拿着一个大芭蕉扇,一天三晌坐在排练厅里看排练。此时正是南方水果成熟的季节,香蕉、桂圆之类的水果遍地都是,但于大申怕演员吃坏了肚子,他天天看着演员不让多吃。

《杏花营》的剧情是这样的:杏花营是中原地区的一个老涝区,1963年又遭遇特大水灾,生产队长郑大荣坚持发扬艰苦奋斗的精神,积极带领群众抗灾治涝。副队长孙景泰却坚持外出逃难,任灾情自然发展。在他的带领下,杏花营的村民纷纷外出,有出去玩杂技的,有出去唱小曲的。此时,大队党支部书记周喜来将女儿小男送到杏花营,与郑大荣的儿子春牛完婚,并带领杏花营的群众排水抢种,开挖台田,根治涝灾,迅速在杏花营吹响奋发图强、自力更生的号角。最后杏花营村民战胜灾害,渡过难关,并迎来百业俱兴、欣欣向荣的局面。

在这个戏中,高洁饰演一个积极分子景泰婶。当她听说队长家要娶儿媳妇时,就急急忙忙跑去帮忙,为了给客人烧开水,她用扇子扇地锅。为了表现景泰婶风风火火的个性,杨兰春设计了一个动作,让景泰婶用两把扇子扇火。正扇得起劲时,新娘子到了,她又忙着跑出去迎接新娘,她手里还拿着两把扇子,扇火的动作也没有停下来,她一边向新娘打招呼,一边用两把扇子对着新娘一个劲地扇。这个动作很出彩,符合人物的性格,表达了人物当时的激动心情。后来,高洁回忆说:"那次会演成功首先多亏了杨兰春,没有他平时对生活的观察,对素材的积累,不可能在那么短的时间里创作出《杏花营》,他脑子里的人物和故事真是多得很啊!另一方面,与河南省委宣传部的大力支持也分不开,当时三团和省委宣传部的关系真好啊,宣传部领导看三团演戏时,中间十分钟休息时,还要到后台看望演员,那时一个宣传部长能拿着芭蕉扇一天三晌坐在排练厅里看排戏,现在条件好了,有空调了,却没有领导来看排戏了。"

会演结束后,时任中南局及广东省委书记的陶铸接见了参加会演的剧团,其他剧团都是选几个代表一起接见,唯有三团是单独接见,而且是接见全团所有人员,还在广州白云山上的"山村旅舍"宴请了三团的主创人员和主要演员二十多人。当时李準和杨兰春到外地去了,没有参加,冯纪汉、马鸣昆、许欣和三团部分演员参加了接见。"山村旅舍"是当时专门用来招待外宾的,每个房间各不相同,内部装饰精美,卧室里有潺潺流水,档次非常高,一个房间一天费用就 800 元。到达山庄后,陶铸亲自带领三团人员参观宾馆,并作讲解。吃饭时,陶铸说:"今天请客,是私人宴请,是我个人掏腰包,我和爱人都是高薪阶层,我们只有一个女儿,她已经独立了,用不着我们去管她。"吃饭期间陶铸还说:"《杏花营》这个戏很好,要把它拍成电影。《朝阳沟》没拍成彩色的,《杏花营》一定要拍成彩色的,我给珠江电影制片厂打个招呼,为你们解决一些实际困难。"最后,陶铸又问起了三团演员的工资情况:"你们谁的工资最高呀?"高洁当时是文艺七级,是三团工资最高的,陶铸就饶有风趣地对高洁说:"你姓高,工资也最高!"没想到,这句话竟成了"文革"期间造反派把高洁当文艺黑线批判的把柄。

从《朝阳沟》到"文革"开始,是豫剧现代戏最辉煌的时期。1964年,河南省委宣传部经过研究决定,排出三团"五大主演"(高洁、马琳、魏云、王善朴、柳兰芳)的名次,高洁位居第一。事实上,三团从来不是主演治团,而是集中了一大批优秀的表演和主创人员,可谓群英荟萃。三团的演员除五大主演之外,还有韩登庆、冯文景、朱义、刘凌、杨华瑞、陈泓、高颂喜、陈新理、杜启太、朱凡、孙西方、束捷、王翠芬、严励等众多实力派演员。另外,三团还集中了杨兰春、赵籍身、李準等一批知名的编剧,王基笑、梁思晖、姜宏轩等一批锐意改革的音乐家,卢伟生、关朋等一批实力派舞美设计,同时三团的乐队也是当时最优秀的乐队之一,在全国首创戏曲音乐伴奏中加入西洋乐器。在他们的共同努力下,逐渐形成了三团的"大风格",在豫剧的发展史上,继各大流派之后,又出现了一个"三团派"或者说是"三团风格"。"三团风格"是在继承各个流派的基础上产生的,是新文艺工作者集体智慧的结晶,如果没有对传统戏曲的深入学习和创造性地运用,如果没有对西洋作曲技法的成功借鉴,不可能实现豫剧发展史上具有里程碑意义的转调,也就不可能形成三团集体的"大风格"。

第九章 创造经典——高洁艺术的第三个关键期

在三团的这种"大风格"中,五大主演又以其不同的条件,创造出不同的风格,但他们都是在三团这种"大风格"下形成的。高洁之所以能在众多的演员中独树一帜,形成自己的风格,除了她良好的艺术素质之外,还在于她有着良好的文化素质和思想素质。高洁从小就有读书的习惯,参加工作后,读书更成了她生活中必不可少的内容,她对作品内涵的理解和对人物情感的把握,很大程度上得益于她对书籍的阅读。许欣谈到高洁时曾说:"作为一个艺术家,首先要看她的素质,尤其是她的文化素质。如果就文化程度而论,高洁也就相当于现在的初中毕业,但是高洁从来没有放弃学习,她每演一个角色,都要读大量的与之有关的作品,高洁是她那一代演员中文化素质最高的一个。"

高洁从来不满足于在艺术上取得的成绩,她说:"艺术是一个灿烂的星空,我只是这个星空里的一颗小星。"许欣曾说:"有一个正确的思想很重要,可以明确艺术是为谁服务的,还可以使演员抛弃浮躁心理,能使她们安下心来认真钻研艺术。高洁从来没有把自己当成名演员,除了演戏外,她还经常管理道具,帮助别人化妆、装台、搬道具,可以说样样事情都少不了她。她俨然还是一个舞台美术工作者,有一次在紫荆山公园演出,高洁就曾因装台而受伤。这是一种战斗的作风,也是一种相互团结的作风,这种作风是三团的传家宝,也是高洁她们那一代演员的良好品格,三团就是靠这种作风一步一步走到今天的。"谈起高洁的艺术时,她舞台上一辈子的女儿、生活中一辈子的同事高颂喜说了这样一段话:"高洁思想单纯,一心想着艺术。她是一辈子老老实实唱戏,老老实实做人,老老实实刻画人物。她演的所有人物都是从人物的感情出发,你别看她个子不高,也不算漂亮,但她演什么像什么。小飞娥一出场就是那样的干净利索,能不够一出场简直就是无法掩视,拴保娘一出场就显得分外的慈祥可亲,祥林嫂一出场就是那样的坎坷不幸。高洁演戏还有个习惯,只要一开幕,有戏没戏她都要站在幕条旁看,为的是让自己提前进入角色和感情。不是没有戏就站在一旁,有戏时就匆忙上场。只有感情上连贯,演员才能配合得默契,试想,一个演员前场演着戏,后场接着手机谈着演出报酬,他的感情能实现连贯吗?"

第十章　情深意笃——高洁的爱情和婚姻

1950年年初,高洁被临泉县银行招聘为正式工作人员。在那个年代,文化人和国家人是最让人羡慕的人员,像高洁这样有文化、有工作,而且又小有名气的人,更让人觉得是凤毛麟角。这一年高洁16周岁,虽然脸上还带着几分孩子的稚气,可已长成一个落落大方的姑娘。这时上门给高洁提亲的人络绎不绝,正应了"一家姑娘百家问"那句老话,而且很多提亲的人家庭背景还都相当不错。有一次,临泉三区(是当时临泉县富人居住的地方)一个富裕人家托人向高洁提亲,母亲征求她的意见,高洁一口予以回绝,原因是她听说那是一个非常传统保守的家庭,家里到处是陈规旧俗,最让她感到不可思议的是,这个家庭里的媳妇每天早晚必须去给婆婆请安。

不久,母亲又征求高洁的意见,这次是隔壁的尹伯伯托人向她提亲,对象不是别人,正是和自己一起长大的尹涛。其实,对于这门婚事,高洁心里一百个满意,除了父亲,尹涛是第一个走进她心中的男性,在幼年时期她就觉得尹涛是一个特别值得信赖的人。可高洁还是一口拒绝了这门婚事,她之所以这样做,并不是因为她不满意尹涛,更不是她对尹涛家里有什么看法,而是因为她感到自己配不上尹涛。1947年,尹涛离开临泉外出求学,后来考上南京金陵大学,成为一名受人羡慕的大学生。1948年,由于时局变化,尹涛和家里失去了联系，没有了生活来源，他不得不离开金陵大学，到当时既不用交学费，又提供生活费的江苏省教育学院继续上学。1949年南京解放后，尹涛又考上了中国人民解放军第二野战军的军政大学，1949年年底尹涛从军政大学毕业，参加了军政大学里的文工团。这时全国已经基本解放，尹涛与家里取得了已中断两年的联系，并告诉父母他已经参加了军队里的文工团，正在随大军转战江南。高洁对尹涛的这些情况自然了解，她之所以觉得配不上尹涛，是因为她感到尹涛已经大学毕业，还有一份不错的工作，而自己只是一个中学生。尽管高洁表面上对尹家提亲一事给予回绝，但她在心里却暗下决心，将来自己也要上大学。当高洁得知尹涛参加文工团后，心里非常高兴。其实，高洁后来顶着家庭的压力参加文工团，一方面是由于她对艺术的爱好，更重要的是想创造将来和尹涛走到一起的条件。当高洁参加文工团后，她就定下一个目标，等自己在艺术上干出一番成就后再与尹涛联系。

等待爱情的日子是甜蜜的，又是漫长的，可高洁为了这份纯真的爱情，她一直默默地等待着。1953年，高洁成功演出了豫剧《新条件》、《罗汉钱》等剧目后，在艺术界开始小有名气，这时，她想起了身在远方的尹涛，她感觉是该与尹涛联系的时候了。于是，她就给尹涛去了一封信，尹涛回信后高洁才知道他已经到哈尔滨军事工程学院工作了（尹涛参加文工团后，随部队进军到西南，二野军政大学改为西南军政大学，不久他又进入第二高级步兵学校，在那里完成了上级交给的任务后，转到哈尔滨军事工程学院，尹涛先到宣传部，后又调到政治教研室）。尹涛在哈尔滨军事工程学院（以下简称哈军工）接到高洁的信后，他感到既意外又兴奋，让他不由地忆起了美好的童年生活，离开家乡这么多年，除了父母，高洁是唯一给他写信的人，他感到高洁就好像自己的亲人一样。尹涛很快给高洁回了信,还寄了一张照片,照片上的尹涛戴着一个大皮帽,显得非常威武而又结实。从此,高洁和尹涛开始了书信来往,并仍以哥哥妹妹的口气相称,尹涛经常叮嘱高洁要加强学习,加强锻炼身体,高洁也经常向尹涛汇报自己的工作和学习。当时,高洁几乎天天看书,尤其是爱看小说,她总是看完一本,就去买一本给尹涛寄去。正当他们书信频繁的时候,高洁突然接不到尹涛的来信了,她心中非常着急,但女孩子特有的自尊又使她不愿去信问明是什么原因。

这时高洁的单位出现了一个特殊的情况。随着抗美援朝战争的结束,一批军官从朝鲜回到河南,由于战争的原因,这批军官都没有成家。歌剧团的一些女演员,在别人的撮合下,就和部分军官结了婚,有一部分干脆随着军官调到了其他单位。歌剧团的领导考虑到培养一个演员十分不易,为了留住这些女演员,就想出了一个方法,提倡团里人团里解决。这时有人给高洁介绍了一个本团的年轻人,但他们确定恋爱关系后两个月就分手了,原因是高洁感到那个人有大男子主义倾向,他们的恋爱关系也遭到高洁女同事们的反对。在歌剧团的号召下,团里的很多同志双双结合成立了家庭,可高洁仍然是独身一人。这时高洁突然接到尹涛从哈尔滨寄来的信,信的开头劈头就问:"久未见信来,何故?"高洁立即给尹涛回了一封信,尹涛从她的信中看出她的心情不好,就又写信问她到底是怎么了。高洁看完信后,一肚子的委屈终于可以说出来了,她就把自己对尹涛的思念和那段短暂的恋爱给尹涛说了一遍,从此他们爱情的窗纸终于被捅破了。尹涛马上给高洁回信,开头的称呼也由原来的"洁妹"改成了"我真挚的洁"。

高洁和尹涛正式确立恋爱关系后,书信更加频繁,很快就引起了同事们的注意,当同事们问起她时,她总是说那是她哥哥给她写的信。哈军工的领导听说尹涛在和老家一个有名的演员谈恋爱，非常支持，并敦促他缩短恋爱过程，赶快步入婚姻的殿堂。可高洁向单位提起此事时，却遭到了领导的反对。领导的拒绝让高洁心里非常痛苦，她就给尹涛写了一封信，告诉他歌剧团领导的意见，虽然高洁不敢去违背组织的决定，但她却希望尹涛能把她狠狠地骂一顿，骂她爱情不坚定，骂她没有反抗意识，高洁认为尹涛越是骂她骂得厉害，越说明尹涛在乎她。可尹涛给高洁的回信却出乎她的意料，尹涛在信中没有一点埋怨责怪的意思，显得异常的平静，他说既然是组织上的决定，那就服从组织的安排，他永远都会把高洁当成自己最好的妹妹，并且给高洁寄来了厚厚一摞书，鼓励高洁多看书，勤学习。高洁接到尹涛的信后，心里更加难受，她不知尹涛心里到底什么想法，这种心平气和的说教，是尹涛一开始就没有真心爱自己，还是尹涛为了服从组织，高洁百思不得其解，但他们从此中断了书信。

之后，又有很多人给高洁介绍对象，有领导、记者、教师，条件都十分不错，可高洁就是没有一点感觉，她心里只有尹涛一人。当时，高洁一听说别人要给她介绍对象，特别是接到别人写给她的求爱信，一种莫大的痛苦就会立即占据她的整个心灵。高洁总有一种想哭的冲动，她就会不由自主地想，此时尹涛在哈尔滨干什么，他是在备课还是在做其他工作，他身边会不会有个女孩子在陪着他，他是否还会经常想起自己……这时，有一个单位的领导不停地给高洁写求爱信，高洁每次接到信都会感到无可奈何而又痛苦不安，最后，高洁干脆给那个人回了一封信，她在信中说："我接到你的信，从来没有感到幸福，反而你的语言愈是热烈愈是引起我更多的痛苦，而且接到你的信越多我的痛苦就越深。如果你真的爱我，你就不要再给我写信了，等我把尹涛忘记了以后再说。如果那时我们还有缘分,我一定会接受你的爱。"

不久,河南省歌剧团到洛阳演出。有一天上午没有演出任务,高洁独自坐在屋子里看书,不经意间听到隔壁的女同志们在议论她,说她是高射炮眼,人家给她介绍了那么多对象,她竟然一个都看不上。高洁听到这话后,心里感到特别的委屈又特别的痛苦,她没有这山盼那山高的想法,更没有因为自己的一点成绩而目空一切,她之所以拒绝了所有的追求者,是因为她心中只有那个远在他乡的涛哥。可又有谁能理解她真正的心思呢,那只有尹涛。想到此,高洁抑制不住心中想哭的冲动,就趴在床上流着热泪给尹涛写了一封信(距上次通信已有半年的时间),字也写得非常的潦草,字里行间充满了哀怨。在信中高洁质问尹涛,你为什么要我服从组织,为什么不对我发一通脾气。没想到这封信刚发出不久,高洁也收到了尹涛的来信。信是用很工整的小楷写的,尹涛在信中告诉高洁,几个月来他心中很不平静,他实在放不下高洁,他问高洁这几个月里心情是否快乐,生活工作是否顺利。高洁接到尹涛的来信,心里得到了莫大的安慰,她知道了她深爱的尹涛也在深爱着自己。就这样,高洁和尹涛深埋在心底的爱情又一次爆发出强烈的火花,两个热恋中的青年恨不得每天一封信,来表达心中的牵念。可他们没有那样做,他们在深爱着对方的同时,极力去克制自己,使自己保持冷静,使那份最美好的爱情变得含蓄而又深沉。他们每个月一封信,每月的 15 日,高洁准时给尹涛发信,这几天总是高洁最快乐的日子,她对尹涛的思念变得遥远而又亲近,那淡淡的墨迹总是充满着她对心上人最美好的祝愿。

高洁和尹涛书信来往保持了两年多的时间,他们的真诚打动了领导,爱神终于真正降临在他们的头上。1956 年的春天,高洁的同事朱超伦和柳兰芳结婚了,婚礼的当天下午,河南豫剧院副院长周奇之找到高洁,极其平静而又亲切地对她说:"硬要你找一个身边的人,如果你们没有感情,即使你们能朝夕相处,你心里也不会幸福。如果你找一个你爱的人,虽然他在千里之外,你心里也是幸福的,这个事情还是应好好考虑考虑呀。"高洁听到这话顿时喜出望外,她知道领导在考虑自己的事情了。高洁当场表示,如果组织同意她和尹涛结婚,她决不会因为自己的事情而影响团里的工作,更不会主动提出调动工作的事情。历史也的确印证了高洁的承诺,高洁结婚五年,没有请过一次探亲假。

1956年8月,高洁到北京参加全国第一届音乐周,住在北维旅舍。哈军工的领导听说后,就主动给尹涛批了假,让他到北京去和高洁见面。这是尹涛自1947年离开家乡后,第一次和高洁见面。在去北京之前,尹涛心里还思忖着,"小兰子现在是个什么样子,是不是已经长高了……"见面后,尹涛简直不敢相信自己的眼睛,昔日那个可爱的小妹妹,如今已长成了一个亭亭玉立的少女,他走上前去,一把把高洁抱在怀里,高洁害羞得马上把尹涛推开了。尹涛住在中国人民解放军总后勤部招待所,白天他到河南代表团看望高洁,晚上有演出时他也去看。同年10月,高洁跟随中国音乐家代表团到北欧访问,在北京集训时,住在前门附近的国务院招待所。高洁又给尹涛写了一封信,告诉他出国演出的事情。刚好此时哈军工派尹涛到人民大学马列主义研究班进修学习,这对热恋中的年轻人又有了一个交流的机会。周六和周日是他们的自由时间,尹涛到高洁的住处,他们在一起谈学习、谈未来,沉浸在幸福的时光之中。晚上高洁从前门把尹涛送到天安门前的公交车站,可到天安门后,尹涛又不忍心让高洁一个人回到住处,他再从天安门把高洁送到前门,就这样他们常常你送我、我送你,一送就是一个晚上。那是一段多么美好的时光,虽然天安门广场上人流不息,但

第十章 情深意笃——高洁的爱情和婚姻

他们感到两个人的世界是那样的甜蜜,两个年轻人紧紧地偎依在一起,高洁挎着尹涛的胳膊缓缓地向前走去,大地在他们轻盈的脚步下变得从容而又安静,天上银辉无语,眼前灯光灿烂,此时此刻,他们都感觉到有情有爱的人生是多么美好。高洁赴北欧访问途经莫斯科时,正好遇到一个北京人要回国,高洁又迫不及待地连夜给尹涛写了一封信,让那个人捎给尹涛,两人当时已到了难舍难分的程度。50多年过去了,当尹涛谈起那段往事时,还异常兴奋地说:"从她挎我的第一刻起,我就决定挎着她把人生之路坚定地走下去,我这一挎不知不觉就挎了半个多世纪。"

1957年寒假,尹涛从哈尔滨第一次回河南。他先给高洁发了一封电报,告诉她自己所坐的车次。高洁按照尹涛的电报凌晨五点钟就到火车站接他,天还未亮时,尹涛提着一个箱子走出了车厢,当穿着一个蓝卡尼布大衣,戴着一个口罩,围着一条围巾的高洁上前接着他手中的东西时,尹涛却连声说:"谢谢,谢谢!不用了。"高洁心里想,这个人怎么这么客气呀,说道:"我接一个你能换换手呀!"这时尹涛才看清眼前的人就是高洁,"原来是你呀!"两个人都会心地笑了。高洁把尹涛接到家里,他一进门就冲着任艳秋叫"娘",任艳秋乐得合不拢嘴,高洁还半开玩笑地对尹涛说:"你的口改得还挺快呢。"尹涛不在的时候,母亲对高洁说:"别人给你介绍那么多的对象,我虽然尊重你的意见,只要你同意我就支持你,但我心里最满意的还是尹涛。"

当时正赶上河南省第一届戏剧会演,全团上下忙得不可开交,高洁不好意思向领导提及自己结婚的事情。有一天晚上演出,在后台的任滔副团长问高洁:"人家尹涛来这么长时间了,你们到底哪一天举行婚礼呀?"高洁借着这个机会说:"等领导安排吧。"任滔略作沉思,马上说:"那就后天吧!"其实对结婚一事,高洁和尹涛早有准备,母亲给他们套了两个被子,尹涛从北京带来了两个枕头、一个毯子,算是他们结婚的全部家当。由于时间仓促,他们没有购买新衣服,结婚当天,尹涛穿着军大衣,高洁借了别人一条灯芯绒裤子,配上自己的一件花线尼棉袄。1957年1月18日,高洁和尹涛举行了简单的婚礼。河南豫剧院领导常香玉、周奇之、杨兰春等参加了他们的婚礼。他们花40元钱买了当时最好的糖块,送给同志们当作结婚的礼物。婚后没几天,尹涛就回哈尔滨了。在走之前,尹涛回了一趟临泉老家,去看望奶奶和父母双亲。尹涛自1947年离开家乡到南京求学,整整十年没有回过家,他只能无数次在梦中看到那块曾给他无数欢乐的土地。但他回到家后,已找不到记忆中的那个院落,曾在下面堆雪人的老榆树也不见了踪影,那里已变成了临泉县中医院。尹涛站在门口思绪万千,走的时候还是一个刚刚十八岁的青年,回来时已为人夫了。但他万万没有想到,他这无意中的一个留恋,却给他后来的人生招来了不小的麻烦。

  高洁和尹涛结婚后,尹涛每年只有十几天的假期,当时从哈尔滨坐火车到郑州差不多要用三天时间,高洁和尹涛每年真正在一起的日子只有几天,然而就是这短暂的几天,还常常遇上高洁下乡演出,为了团聚,尹涛不得不跟着剧团到处流动。有一次,尹涛从哈尔滨回到郑州,听说三团去了洛阳,于是他就跑到了洛阳,可到那里之后,又被告知三团去了偃师,他就又跑到偃师,可尹涛到达偃师时三团已经回到了郑州。在尹涛调回河南之前,他一共六次回郑州探亲,其中三次就遇上高洁外出演出。高洁曾幽默地说:"他一回来我最大的依靠是,可有人给我打背包了。"当时外出演出,演员都要自己打背包,夫妻都在团里的当然都是男的打背包,而高洁由于尹涛不在身边,自己又身单力薄,每次总是别人帮她打。

　　高洁和尹涛每年相聚的时间虽短,却丝毫不影响他们爱情的甜蜜,他们彼此的心里,没有一点怨言。在天各一方的日子里,高洁和尹涛交换最多的礼物就是书籍,只要是高洁喜欢看的书,她看完就会给尹涛寄去,尹涛也是这样,书籍成了他们表达爱恋思念、寄托美好希望的信使。高洁没有向尹涛要过任何东西,直到她临分娩时,尹涛才开始每月给她寄20元钱。

　　那时高洁有一个写日记的习惯,她常常把对尹涛的思念写在日记里,不论是在家排戏,还是外出演出,高洁都带着自己的日记本,她走到哪里就把思念带到哪里,也就把日记写到哪里,那种绵绵的思念最后变成了她床头厚厚的一摞本子。有一次高洁到北京开现代戏座谈会,不小心把日记本丢在了会场,同志们捡到后发现上面写满了她对尹涛的思念,其中有一天是这样写的:"涛哥,真的好想你!昨夜在梦中我看到你回来了,还是那么的笑容可掬,我依在你那有力的臂膀上,真的感到我是世界上最幸福的人!虽然我们远隔千里,但我时时都能呼吸到你的气息,你的关心、呵护使我生活在一个阳光明媚的世界里,我只想对你说,爱才使这个世界变得更有意义……"生活中的高洁,从来没有因为家庭而影响工作,她把对尹涛的思念都变成了工作的动力,以此来分散那份挥之不去的牵挂。高洁结婚几年一直没有孩子,她的同事们都替她着急,特别是她的母亲,还托人帮她抱养孩子,高洁坚决不同意母亲的做法。后来高洁笑着对别人说:"我们的事我最清楚,一年就在一起几天,哪有那么容易就怀上孩子呢。"

　　1962年1月31日,高洁的儿子尹兵出生。此时她面临着上有老下有小的生活局面,可她没有耽误工作,更没有向组织提出过任何要求。有一天,河南省委宣传部一个叫周玉的人突然找到高洁,说要了解尹涛的情况。高洁并不知道当时宣传部了解尹涛是出于什么目的,就一五一十地把尹涛的情况说了一遍。不久,河南豫剧院党委副书记周奇之对高洁说:"你原来没有孩子,现在有了孩子,上有老下有小,考虑到你的实际情况,应该把尹涛调回来照顾你们才是。"高洁听后非常感动,可她并没有提调动的要求。而当时的实际情况是,河南省委宣传部已把尹涛调动工作的准备工作基本做好了,只不过高洁对这一切全然不知。

其实早在1961年,哈军工哲学教研室主任宋一之就告诉尹涛,说组织上准备调他回河南工作,但尹涛认为那是很遥远的事情,也就没有向高洁提起过此事。1962年3月,尹涛从哈军工哲学教研室调到海军系工作。有一天,海军系主任通知他,组织上已决定调他回河南,当时尹涛感到非常意外,他说什么也没有想到会这么快就让他们结束两地分居的日子。尹涛为了给高洁一个惊喜,这一年暑假他回郑州休假时,关于调动的事一个字也没有提。休假结束后,他又回到哈军工上班。10月,尹涛的调动手续正式批下来,这时他才给高洁写了一封信,说他马上就要调回河南工作了。对于这突如其来的喜讯,高洁真有点不敢相信,当她得知尹涛回郑州的确切时间时,她才感到这个让她激动的事情不是在做梦,而是真真切切地发生在自己身上。

作为三团的主要演员,高洁得到了组织和单位的殷切厚爱。在他们两地分居的6年时间里,组织上一直很关心他们的生活,特别是高洁有了孩子之后,为了不影响她的艺术事业,河南省委宣传部决定想法把尹涛调回河南。此事由当时河南省委宣传部副部长冯登紫具体负责,河南省委宣传部首先给河南省军区协商,然后由河南省军区报经国防科委同意,再由国防科委与哈军工协商,最后才把尹涛调回了河南。1963年,朱德委员长来河南视察工作,在河南省军区礼堂为朱老总举行舞会,高洁去陪中央首长跳舞。中间休息时,河南省军区司令员毕占云的妻子还对高洁开玩笑地说:"高洁啊,你可真有本事呀,你把我们的军官都调回来了。"

1962年10月底,尹涛正式调回郑州。两木箱的书籍,加上几身军装,算是尹涛带回的全部财产。临回郑州时,尹涛特意买了一条东北的羊毛毯,这是高洁结婚以后,尹涛往家里买的第一件东西。高洁当时想让尹涛到高炮学院上班,他从一个大学到另一个大学便于开展工作。直到晚年,高洁还对尹涛没有到高校去从事自己的专业而心存歉意,她常说:"老伴没有成为大学教授,可成了我心中的教授。是他做出的巨大牺牲,才使我在事业上取得了这点成绩,我的事业有他的一半还多啊!"可尹涛不同意高洁的意见,他对高洁说:"把我调回来的目的是照顾家,到一个离家那么远的地方去上班还有什么意义。"最后他选择去离家比较近的郑州军分区武装部工作,那里离三团只有几分钟路程。

尹涛先进宣传科,后又到政工科。政工科有7个人,1个科长,1个副科长,5个科员。科长郭金宝对尹涛非常器重,后来他当过河南省军区副政委。尹涛当时的工作非常忙,每周都要到工厂、大学、基层检查工作。后来,尹涛与另外一个人组成一个演讲小组,到大学里做民兵教育。为了完成讲课任务,尹涛还特地写了一个《毛泽东人民战争军事思想教学大纲》,由于尹涛一直在军校工作,又有在大学讲课的经验,所以他的课很受欢迎。加上尹涛的工作突出,人缘又好,所以郑州军分区的领导对他的评价非常高。

"我要投身在你和命运的中间,替你承担一切的创伤,替你收集快乐中的每一滴琼浆,然后用爱的圆盘盛起来献给你。"当这美丽的爱情誓言变成生活中的柴米油盐时,一切都变得那样的琐屑而具体。工作之余,尹涛把家庭的任务几乎全部承担下来。当时高洁一家 4 口在三个地方吃饭。高洁自己在三团食堂吃，尹涛在郑州军分区武装部食堂吃，母亲带着孩子在家里吃。每天忙完工作，尹涛总是以最快的速度回到家里，然后当起全职的"家庭太太"，买菜做饭，拖地洗衣，每天早上起来还总是把院子里打扫得干干净净，院里的家属还开玩笑地说："我们应该向解放军同志学习呀！"特别是一到礼拜天，尹涛总是泡一大盆衣服，坐在水池旁洗，包括孩子的尿布都是尹涛洗的。尹兵一岁时出疹子，不能受风，尹涛就用一个棉门帘挂在门上，上面系一个红布条，以示家里有病人。为了照顾高洁，保证她的演出，尹涛在晚上回家后，常常抱着孩子彻夜不睡觉。高洁多次说："尹涛在家比我在家还让俺娘放心呢！"

当时，三团给高洁分了两小间房，除了两张旧床，几乎是家徒四壁，一样家具都没有。有一次，尹涛看到三团的家属院里有一张没人用的破床，他左看右看，最后亲自下手对其进行一番改造，又把从哈尔滨带回的木箱子拆开，用旧床上的硬料，加上拆箱的木板，做了一个半成品的书柜（没有门），然后用红漆刷了刷，算是家里添的第一件家具，除了能放书籍之外，上面还可以放其他的杂物。

那时，三团经常到外地演出，有时一去就是几个月。河南豫剧院经常有人到演出地，每到这时总是在院部大声吆喝："谁家要捎东西？谁家要捎书信？"为了让高洁安心在外演戏，尹涛总是报喜不报忧，他总是用一张纸写上几个醒目的大字："家里一切都好，勿念！"对此，高洁还曾说："自从他调回河南，简直判若两人，在哈尔滨时，每次写信都是蝇头小楷密密麻麻地写几页，写满了他的思念。但调回郑州后再也不会写了，我外出演出他给我捎的信我几乎不用看，就知道是一切都好。"其实家里有好多事情，尹涛不仅不给高洁讲,而且高洁回来问起时他也不说,只有当别人给高洁说起时,他才承认。1964年,高洁要到北京参加青年演员会演,剧组人员提前在河南饭店集中排戏,尹涛隔三差五地去看高洁。有一天高洁说她想儿子了,让尹涛把儿子带去让她看看。第二天,尹涛带着尹兵到河南饭店,这时高洁才看到孩子的胳膊缠着纱布,打开一看,还有巴掌大的地方没有皮。高洁问是怎么回事,尹涛告诉她,前几天高洁的母亲把热水瓶放在桌子下面,尹兵学他姥姥的样子去拿热水瓶,一下子把开水倒在了胳膊上,上面的皮肉全被烫伤了。但是尹涛每次去看高洁时,他一个字没有提,当高洁问起孩子时,他还总是说没事。

"爱使生命变得温暖柔和、天高云阔,爱使生命变得一波三折、一唱三叹。在追求那一份属于自己的爱情过程中,人逐渐坚强,逐渐成熟,逐渐清醒,也逐渐慈悲和高尚。"对于高洁来说,爱情是她生命的引擎,她艺术的一半是爱情,生命的一半也是爱情,爱情不仅成就了她的艺术事业,也使她找到了生命的真谛,在一份坚如磐石的承诺之中,爱情升华成生命的绝唱。

第十一章　远梦成真——高洁的学习和教学生涯

1959年3月,在文化部的支持下,三团决定派高洁到上海声乐研究所学习。上海声乐研究所建立于1957年6月,是文化部艺术局全额拨款资助的民办公益机构,由上海市文化局代管,著名歌唱家、医学博士林俊卿任所长。该所运用林俊卿创立的"咽音训练法"和训练手段,系统地研究中国戏曲及民间歌唱在声乐方面的经验和存在的问题,总结出一套关于中国民族声乐训练的科学方法,用以提高与发展中国民族声乐艺术的教学工作。高洁去学习时,林俊卿已培养出了一大批在全国颇有影响的歌唱演员。上海声乐研究所虽然不是一所大学,但就歌唱专业而言,它要远远胜于一般的大学,这就让高洁圆了从少年时代起就一直怀着的大学梦。那么,作为一个普通演员,高洁何以有到上海声乐研究所进修学习的机会,她在那里究竟又学到了什么,首先需要对这一过程做一梳理。

1958年下半年,由于受"大跃进"时代风潮的影响,三团承担着大量的排戏演戏任务,特别是到农村演出时,一演就是几十场,甚至一去就是几个月。频繁的演出使高洁的嗓子在1958年年底出现了问题,由瘙痒逐渐变得沙哑。高洁很担心这一情况会进一步恶化,就给杨兰春作了汇报。杨兰春对高洁反映的问题非常重视,立即报告给河南豫剧院、河南省委宣传部和文化部的有关领导,恳请组织上要想法为高洁解决问题。杨兰春对高洁的这份关爱,不仅保住了她的嗓子,也为她日后进修学习提供了机会。同时,杨兰春还无意间发了一句牢骚:"'大跃进','大跃进',把高洁的嗓子都给跃进去了。"这本是一句哪说哪了的牢骚话,但在1959年"反右"时,却成了别人批判杨兰春的把柄,有人提出这是杨兰春对当时革命形势理解不透,更是无视全国人民建设社会主义热情的行为。1959年国庆期间,高洁从上海回到郑州,河南豫剧院召开批判杨兰春的座谈会,让高洁对杨兰春的这句话进行批判。高洁在会上说:"老杨之所以这样说,主要是我的原因,因为当时我的嗓子的确很坏,心情也很不好,我几次找老杨哭诉,老杨才说出了这句话。"对此,三团的党员又特地对高洁进行了"帮助"。所谓的"帮助",其实就是对高洁进行批判,理由是她为杨兰春的右倾行为进行辩解。但高洁过完国庆假期就回到上海继续学习,此事也就不了了之。

杨兰春将高洁的情况向上级反映之后,经河南豫剧院同意,并报经文化部批准,决定派高洁到上海声乐研究所学习,文化部还给高洁开了介绍信。之所以选择上海声乐研究所,是因为声乐研究所在纠正原本正常但由于过度疲劳而出问题的嗓子方面有独到的方法,同时,或许是要利用这个机会让高洁的嗓子得到适当的休息。在当时的历史环境下,高洁能有这次学习机会,应该说是十分幸运的。尽管全国有很多著名的歌唱家、戏曲演员都曾到该研究所学习,但在高洁之后,河南仅有崔兰玉(崔兰田的妹妹)到该所学习过。高洁在学习期间,文化部副部长林默涵到上海声乐研究所检查工作时,还特地把高洁叫过去询问她嗓子恢复的情况。一个普通的演员能得到文化部及省委领导的如此关爱,可以看出那个时代对艺术的重视程度。

高洁是上海声乐研究所开办培训班后的第二期学员。研究所的环境非常优美,原是一个犹太富商的别墅,新中国成立后曾作为潘汉年办公的地方。楼房全部是欧式建筑,院子里绿树成荫,到处是绿油油的草坪,有人定期去修剪花木、打扫卫生。寝室非常宽敞,配有取暖的壁炉,一个月5元的住宿费。吃饭是到离研究所不远的上海人民艺术剧院食堂。高洁参加的这一期培训班有几十个学员,多数是歌剧演员,戏曲演员不到十人,有越剧、沪剧、黄梅戏、采茶戏等剧种。在那里,高洁遇到了当时已颇有名气的歌唱家王昆(延安时期第一个"白毛女"的扮演者)、郭颂(歌曲《小货郎》的演唱者)等,她被分配到"治疗班"里学习。给高洁上课的老师正是所长林俊卿教授。

研究所的课程安排得非常少,一周老师只上一次课,其余的时间都是自己练习。林俊卿的授课方法比较独特,他不是先给学生示范,然后再让学生跟着"咪、咪、妈、妈……"地学唱,而是先从生理解剖学的角度,给学生讲解发声的原理。他讲到,发声时如果能让声带缩短,边缘变薄,气息轻轻地吹动声带,发出来的声音就清脆明亮,而且发声时也不费气力;反之,如果是靠拉长声带喊出来的声音就非常难听,而且还会造成声带受损。林俊卿为了让学生明白这个原理,还带去一个药水浸泡的人体喉头,直观地讲解声带的位置和喉头的结构。其次讲授肺活量和气息的锻炼。他讲到,声带由气息吹动才能发出声音,人体的胸腔是由吸气肌肉群和呼气肌肉群两组肌肉群所组成的,而呼气肌肉群先天强于吸气肌肉群,一个人吸一口气把肺吸满很容易,但要自由地控制住它却非常难。因此,要想很自如地控制呼吸,就必须加强对吸气肌肉群的锻炼,以提高控制气息的能力。锻炼的方法是:身子站稳,面部放松,深吸一口气，待气息吸满后先控制一下，然后口中反复念"1、2、3……8、9、10"，增强吸气肌肉的张力，以达到锻炼控制气息的能力。他说，气息是歌唱的原动力，发声时不能"气冲"，如果控制不住气息，一张嘴吸进去的气就会全部排出来，出现"底气不足"，要保证不管唱到什么时候都有足够的气息支撑。

高洁极其珍惜这次学习机会，她非常刻苦勤奋。每天早晨，高洁总是早早地起床，然后走到草坪上，呼吸着清晨新鲜的空气，面对东方微薄的晨曦，开始她一天的学习生活。她按照老师教的方法反复练习控制气息，有时一气儿下来就做五六百次，直到胸腔酸痛她还在坚持。林俊卿经常告诉学生说："呼吸是发声的动力，比如吹唢呐，唢呐哨就比作声带，唢呐管前面的喇叭碗就比作共鸣腔。气息吹动唢呐哨，使唢呐哨发生震动，才能发出声音，这叫基音，又通过前面的喇叭碗（共鸣腔）才能使声音扩大。如果没有气息振动唢呐哨，它是不会发出声音来的，如果没有喇叭碗，它的声音也绝不会扩大的，同样的道理，演唱时，声带如果不受到气息的振动，声带就不可能发出声音来，如果不能很好地运用共鸣腔，声音也就不会扩大。因此说呼吸是发声的动力，气息是歌唱的动力。如果没有气息的支撑，仅靠拉长声带去喊，不仅唱出的声色不好听，而且也不会持久。"林俊卿对学生非常关心，除了正常上课之外，每周他都要把学生叫到办公室里单独上课，针对每个学生的不同情况作具体的指导。

事实上，林俊卿的这种歌唱方法，很多学生并不理解，就连高洁当时也是一知半解。她也曾把林俊卿的讲义抄下来，但多数看不懂，把他讲课的录音翻录下来，反复听也听不出逻辑关系。高洁曾这样描述当时的学习情况，她说："林教授说要让声带缩短，边缘变薄，这显得非常抽象，自己的声带自己又看不到、摸不到，怎么才能让它缩短变薄呢？这只有靠自己去感悟，去锻炼。"尽管当时高洁并不知道老师为什么要求这样做，也不知道这种教学方法的科学性在哪里，但高洁从来都是一个肯下功夫的人，她按照老师教的方法认真地去体悟，去练习，她相信只要多用心琢磨，终究会体悟出其中的道理来。正是高洁长时间的刻苦锻炼，使她最终掌握了这种发声的原理，并深得其中的要领。1966年，上海声乐研究所被迫停办，在林俊卿后来写的回忆性书籍中，他还提到了高洁和郭颂两个人。

1960年9月，高洁结束了在上海声乐研究所的学习。通过这次学习，高洁的音域有了很大扩展，她在气息的控制、发声、行腔、吐字上，都具备了更加科学的方法，也让高洁数年的演唱经验得到了系统科学的总结，完成了她从艺术实践到艺术理论的提升，实现了她艺术生涯中一次质的飞跃，成了她演唱艺术的分水岭。"文化大革命"期间，高洁和阎立品在一起吊嗓子，阎立品对她说："高洁同志，你的嗓子唱到老都不会坏，因为你不会'塌中音'。"当时高洁并不明白什么是"塌中音"，很多年后她才明白，"塌中音"的"中音"不是指音域上的中音，而是指中年时期的发声机能，"塌中音"就是中年时期坏掉了嗓子。由此看出，"塌中音"对于一个演员来说，无异于鸟儿折去了双翼。正如阎立品所言，高洁中年时期没有出现"塌中音"的现象，一直到老嗓子都保持得很好。对此，高洁曾不止一次地说道："我之所以没有'塌中音'，完全得益于我在上海声乐研究所学习时掌握的科学的发声方法。"

此后，高洁的嗓子不会像以前那样容易疲劳了，除了在1965年10月，她的嗓子又生一次病外，再也没有因为演唱而出现问题。而且，高洁的演唱水平也达到了一个新的高峰，尤其是在电影《朝阳沟》中，高洁将声音的控制与人物的体验结合得几乎天衣无缝，达到了极臻完美的程度。更为重要的是,在这一时期内,高洁将科学的发声原理运用于自己的艺术实践,逐渐形成了自己科学而又系统的演唱方法,并用清晰的文字对此进行了整理,这对于一个演员来说是难能可贵的事情。

"走什么样的路,会达到什么样的终点,这不是命运,是逻辑。"正当高洁的演唱方法逐步系统化之时,历史又给她提供了一个展示的舞台,没有进过大学校门的她竟被邀请到大学去讲课,这时她还不满30岁。

1964年3月,正当三团全体人员准备到曹村体验生活时,三团副团长马鸣昆对高洁说:"你不要去曹村了,你还要到北京去。"高洁心里很疑惑,怎么刚回来又要去呢?接着马鸣昆告诉高洁,中国音乐学院院长马可邀请她去讲课。对于这个突如其来的邀请,高洁感到十分意外,从少年时代她就梦想能够到大学去学习,没想到上大学的梦想没有实现,现在却要去大学讲课了。

高洁接到邀请后就到了中国音乐学院。学院给她提供了很好的条件,完全以一个专家学者的身份进行接待,不仅有最好的食宿,还安排一个刚毕业留校的年轻老师和她同吃同住,照顾她生活的方方面面。歌剧系的一位助教,也几乎天天陪着高洁,还把家里做好的熏鱼带到学院让她吃,那种真诚热情让高洁甚至有点不好意思。

高洁先是给歌剧系的学生上课。这些学生大多来自部队文工团和地方文工团,年龄比高洁小不了多少,因而很容易沟通。高洁先教《朝阳沟》、《李双双》等剧目的流行唱段,在教的过程中,她结合自己的实践,把演唱技巧与人物体验结合起来讲解。马可对高洁的讲解方法给予了充分肯定,他认为这种方法既可让歌剧系的学生学到民族戏曲的演唱技巧,又可以学到艺术塑造人物的体现方法。后来高洁又到声乐系、作曲系讲。有一天,马可突然通知高洁,要她在中国音乐学院的大礼堂里对全校师生讲。那一天,音乐学院的院长马可、书记关鹤童及各系的主任、教授都坐在主席台上,下面坐满了学生。高洁通过大量的唱段做了现场示范,将演唱技巧讲得深入浅出,赢得了音乐学院全体师生的一致好评。马可最后总结时指出高洁的演唱方法是"革命的现实主义体现方法"。

从中国音乐学院讲课回到郑州后,高洁即着手整理自己的演唱体会,这就是后来高洁发表的《豫剧演唱方法浅谈》。但当时高洁只是想对自己的经验作一个总结,更重要的是她想为那些学唱豫剧的青年演员提供借鉴的经验,并没有拿去发表。直到20世纪80年代,高洁才把它拿去发表在《戏曲艺术》(1980年创刊号)和《声乐艺术的民族风格》(管林编著,文化艺术出版社,1984年8月出版)上(改名《豫剧演唱浅说》)。高洁在文章中开篇就说:"演唱方法问题,本来就是艺术领域里一门很重要的科学……目前一些年轻戏曲演员在演唱上存在着三个方面的缺陷,即:缺乏方法,缺乏技巧,缺乏功夫。在演唱时,只靠喊叫,出现'白声'或尖叫刺耳,不仅使观众得不到艺术享受,反而为演员的嗓子而提心吊胆。也有的年轻演员嗓子本来很好,但由于缺乏表现方法,只知为唱而唱,不知如何通过唱腔来刻画人物,表达人物的思想感情。"

高洁认为,戏曲演员要完成演唱任务,就必须具备:正确的呼吸方法、发声方法、吐字方法,正确使用共鸣腔和准确的体现方法。这几个方面都是戏曲演员必须具备的基本功,缺一不可,如果只具备正确的呼吸方法和发声方法,而不能准确地唱出人物的性格与感情,那只能说这个戏曲演员具备了好的演唱基础,但缺乏演唱的体现能力,还不能圆满地完成她的演唱任务。

高洁首先指出年轻演员在气息运用方面普遍存在的问题:一

种是气息吸得浅,浮在胸部,容量小,致使两肩抬起,喉头紧张,没有丹田劲,形不成支点,因而,发出来的声音单薄、空虚,没有力度,缺乏应有的色彩变化,致使喉头不能稳定,还会有"气冲"和"气竭"的毛病;另一种是用劲把气息往下压,一直压到小腹,这种呼吸方法由于强迫横膈膜往下压,使两肋和胸腹肌肉失去了控制能力,不容易根据声音高低的需要来自由地调节气息,使声音失去了"弹性"。

高洁认为,正确的呼吸方法应该是胸腹式联合呼吸。这种呼吸方法,在吸气时,肺部扩大,横膈膜自然平稳地下压,使胸腔底部向下伸展以扩大肺活量,同时胸腔两肋张开,使胸膛全部扩大,形成一个圆筒状。由于肋间肌和胸腹肌全面调动起来,形成了有力的控制能力,气息就有了稳固的支点,自我感觉在这个圆筒的中心底部有一个小的气柱,这就是支点,即所谓丹田气。由于气息有了支点,凭借肋间肌和胸腹肌的张力,就可以根据声音高低强弱的需要而随心所欲地输送气息。这就是程砚秋所说的"演员上台要始终保持十六字诀,即:'气沉丹田,头顶虚空,全凭腰转,两肩轻松'"。这种呼吸方法的优点是:气吸得深,而且适度,气息容量大,控制能力强,能形成稳固的支点。在小腹上部,脐平气柱底部处,能感到有一种力量紧紧地"拉"着这个气柱,这种"拉"力不仅能使演员随心所欲地输送气息,而且能使气息的输送形成对抗的力量,这种"拉"力就是丹田的力量。特别是唱高音时,这种"拉"力更为明显,与发高音所需要的气息形成强烈的对抗力量。如果能做到气息各部门的正确使用和配合,发出来的声音就圆润、明亮、有力度,高低强弱和色彩变化也能够运用自如。高洁把用气的方法总结为:"吸气切记要放松,气沉丹田稳如钟,胸腹张作圆筒状,气柱生根筒底中,输气徐徐如抽丝,丹田紧拉要硬功。"而且高洁指出,科学的用气是建立在长期艰苦的训练之上,正所谓"冰冻三尺,非一日之寒"。

高洁认为,成功的演唱方法不仅要掌握正确的呼吸方法,还要学会使用共鸣腔。共鸣腔大体可分为头腔、口腔、胸腔,这些共鸣腔的运用与声区有着密切的关系。声区可划分为高音区、中音区、低音区。在这三个音区共鸣腔的运用上,高洁认为混声的唱法最好,因为混声的唱法可以使三个音区统一为一个整体,使声音上下贯通,三个音区保持一定程度的平衡。绝对不能单一地运用共鸣腔,即唱高音时只注意头腔共鸣,而不管其他;唱中音又突然使用咽腔共鸣而不管头腔和胸腔;唱低音时则一下掉到胸腔。这样运用共鸣腔最大的弊病是三个声区脱节,上下有卡,声音不能流畅统一。

那么怎样才能正确运用共鸣腔呢?高洁把它概括为:"上打头腔高嫩甜,下挂胸腔浑宽厚,中间咽腔圆柔美,承上启下由它联。"具体是这样:唱高音时可以以头腔共鸣为主,下边必须挂上口咽腔共鸣和少量的胸腔共鸣;唱中音时,可以以口腔共鸣为主,上边必须挂住头腔共鸣,下边必须挂住胸腔共鸣;唱低音时,可以以胸腔共鸣为主,上边必须挂住口腔共鸣和少量的头腔共鸣。这样就可以使三个声区上下无"卡",达到统一,使之形成一个"管子"。这就是真中有假,假中有真,真真假假,真假难分,天衣无缝,运用得心。

有了正确的呼吸方法和发声方法,是否就能唱好豫剧呢?那还不一定,高洁认为还有语言和吐字的问题。高洁在谈到语言这个问题时说:"中国幅员辽阔,语言差异很大,而各个地方剧种又都以它的地方语言形成不同的地方特色。比如唱沪剧、越剧,必须用上海话;唱川剧、清音,必须用四川话;唱秦腔、郿鄠,必须用陕西话;同样,唱豫剧,也必须用河南话。因此要唱好豫剧,就要懂得河南方言,掌握中州语言的特点。"

那么,怎样才能掌握中州话的韵味呢?高洁是这样总结的:

演员唱戏,首先字要吐得清晰,要让观众听清楚唱的是什么,这是一个演员必备的基本功。只有听清了唱的内容,才能更好地去了解剧情,不管一个演员的声音多么甜美,如果观众听不清他(她)唱的内容,这声音也会黯然失色。我们可以设想,如果一个观众坐在剧场里一个晚上什么也没有听清,那将是一件多么痛苦的事情。杨兰春老师曾说过:"演员如果吐字不清,犹如钝刀杀人。"作家李準也曾说:"演员吐字应像发电报一样,把每一个字都清楚地送到观众耳朵里。"在这方面,前辈艺术家都有很高的本领,他们在几千人的野台子上唱戏,既无麦克风、喇叭,又无字幕,但观众能听得真真切切、引人入胜。而我们的年轻演员包括我们有些中年演员对这个问题却重视得都不够,总是认为现在有喇叭、有字幕,听不清了可以弥补。但是话说回来,即使今天有了喇叭,有了字幕机,把字唱清仍然是演员的责任。因为如果演员吐字清晰,观众就不必来回扭着头看字幕。如果因为演员的吐字不清,让观众的两只眼睛忙不过来,看到字幕就看不到演员表演,看到表演就听不清演员唱的内容,这真是一件对观众不负责任的事情,所以吐字问题仍然是演员演唱的首要问题。戏曲讲究字正腔圆,从这四个字可以看出,字在演唱中的位置是何等重要,要想腔圆,必先字正,字不正,则腔不圆。因此,要想字正腔圆,就必须在咬字上下功夫。要把一个字咬清楚,就要一丝不苟地把字头、字腹、字尾三项任务在吐字的过程中圆满完成,最后在字尾中收字归韵。否则,如果在字尾收字归韵归得不正确,那唱出来的意思就大变了。在收字归韵时要收得准确,否则字就不正,腔也谈不上圆了。同时要切记咬字要咬而不死,恰到好处,否则就不好听了。

高洁认为,一个成功的演员掌握了呼吸方法、发声方法和吐字方法,这只是掌握了演唱的技巧,要想成功地塑造舞台形象,还必须会用这些技巧去体现人物的感情,没有感情,再熟练的技巧也不会感动观众。正确地体现人物的性格和感情,首先是情,其次是声,必须做到以情带声。高洁回忆起她初次听常香玉演唱《红娘》的唱腔时说:"那时我刚离开文工团到戏曲团体,还在学唱豫剧阶段。当听到富有正义感和热情的红娘,在老夫人赖婚后,为张生和小姐的婚事奔跑,约定当晚在花园相会,回去向小姐报信,调皮的红娘要逗一逗小姐时唱道:'上绣楼我要把小姐来哄,我就说呀,张先生的病疾不轻(笑声),你若是救迟慢哪,唉(叹气)……他就要丧命。'常香玉老师是以情带声,我当时忘记了是在看戏,而是随着红娘感情的变化而变化,这就是在唱情。"高洁认为,一个演员在舞台上决不可为唱而唱,而是要通过唱来表现人物的性格和感情。

俄国著名思想家赫尔岑说过:"书——这是这一代对另一代精神上的遗训,这是行将就木的老人对刚刚开始生活的年轻人的忠告,这是行将去休息的站岗人对接替他岗位的站岗人的命令。"之所以在这里不厌其烦地转述高洁对豫剧演唱的体会,原因在于:高洁的演唱技巧是经过科学的训练而总结出来的,对于那些在艺术的道路上孜孜以求的人来说,这无疑是一笔宝贵的财富,也是"遗训"、"忠告"和"命令";更为重要的是,高洁是一个只读完初中一年级的人,但她凭着对艺术的热爱和对人生价值的追求,勤勉一生,阅卷无数,不仅在表演艺术上达到了极高的境界,而且还登上了大学讲坛,并能用准确的文字将一生的心血结晶系统地进行整理和表述,这不正应了那句古语"非学无以广才,非志无以成学"吗!这对于当今那些拿着文凭、职称作头衔,而到处去找枪手写文章的年轻演员来说,不应该把高洁当作榜样吗?

第十二章　孤叶浮萍——高洁在"文化大革命"中的沉寂

1966年,中国开始了史无前例的"文化大革命"。中国陷入了一个可怕的漩涡,在这个漩涡里,残渣败叶一起泛起,历史的理性沉入了无底的深渊。在这种境况下,那些有着远大目标、清醒头脑和炽热心灵的人,必然要遭受打击和磨难,因为时代给他们划定的圈子太过于狭小。像高洁这种思想简单而又性格执拗的人,注定不会幸免,她先是被划为"三名三高"(三名即指名演员、名导演、名编剧;三高指高工资、高待遇、高稿酬)分子,接着母亲又被说成"反动军官太太",之后被迫离她而去,最后她被拉出去接受批判要她承认问题……面对这一系列的指控和刁难,高洁最终艰难地挺了过来,而且她面对真情时容易落泪,面对邪恶时也敢于怒目。

"文化大革命"前夕,林彪发了一个指示,要求进一步纯洁革命队伍,清理部队内部不可靠的人。尹涛首先被当作"地主阶级的孝子贤孙,国民党的残渣余孽"列入被清理的对象。1966年5月,尹涛被强行从郑州市军分区转业到河南省文化局戏曲工作室。可他没想到的是,他的档案里竟装着关于他的许多"罪名",如尹涛在1957年曾经回到家乡,站在自家门前久久不愿离去,并到城南看望当年家里的一个佃户,想为家里"反攻倒算"……因此,郑州市军分区在尹涛转业时就取消了他的预备党员资格。

1966年8月,河南省委派工作组进驻三团,"文革"正式在三团拉开序幕。一开始,这个工作组在三团工作开展得还比较顺利,但不久就被扣上了"修正主义"的帽子,被迫撤走了。这时,河南省"国防办"组织文艺慰问团到"三线"(工人为一线,农民为二线,解放军为三线)进行慰问演出,可造反派坚决不让去。高洁认为为工农兵服务本是文艺工作者应有的责任,"三线"的工人战士在为社会主义辛勤劳动,对他们进行慰问没有什么错误,于是她就偷偷地报了名。慰问团早上起来都把东西放在一边,因为他们听说造反派要拦车。慰问团先后到洛阳、南阳深山里的解放军驻地和军工厂进行慰问,驻地官兵给了他们最好的礼遇,不仅让他们住最好的房子,还给他们提供最好的伙食。刚到洛阳那天,高洁因感冒没有去吃午饭,同事们回来告诉她说,中午他们吃到了"猴头"(一种野生菌类,味道极佳)。当时,解放军驻地的条件非常艰苦,没有广场,所谓的舞台就是找一块六、七平方米的平地,再用土垫垫;他们住的虽是最好的"房子",但也都是用夯土做成的。演出时天一直下大雪,工人们头顶着小毡片或站或坐在山坡上看演出,场景十分感人,高洁唱了《老两口学毛选》的唱段(那时已不敢唱《朝阳沟》了)。

慰问结束回到郑州后,造反派成立了"河南二七公社",后来郑州各大学校又成立了一个"河南造反派总部",简称"河造总",以郑州国棉三厂的工人为核心成立了"十大总部"。造反派整天什么也不干,专做打打砸砸的事情,今天打倒这个,明天打倒那个。高洁一直不明白,昔日团结合作的同事,怎么一夜间都成了阶级敌人呢?打砸抢难道就是为人民服务吗?高洁一开始就反对造反派的大砸大打,她认为整顿提高不是靠对他人的人身攻击所能完成的,更不是靠对他人的生命和财产损害所能完成的。因此,高洁就被划入了"保守派"的行列,并给她后来的生活带来了巨大的灾难。

不久,高洁加入了隶属于"十大总部"的河南省文化局"红卫战斗团"。那时高洁身上天天装着刘少奇的《论共产党员的修养》,一有空就掏出来学习。有一天,三团的"红卫战斗团"召开全体会议,讨论是否要站到"河造总"的一边,当天开会开到两点,高洁是最激烈的反对者之一,她说她始终相信工人阶级是自己的力量,坚决留在"十大总部"。很快,中央明确表示支持"二七公社",这实际上宣告了"十大总部"的失败。当时高洁在国棉三厂演出,从那里步行回三团住地,看到"二七公社"的成员开着大卡车,戴着安全帽,在大街上耀武扬威地走着,高洁心里就做好了最坏的打算。她亲眼看到许多人因坚持原则、反对制造混乱而被打倒,甚至遭受精神和肉体上的双重折磨,自己受点委屈又算什么呢?

1966年年底,三团的造反派已经羽翼丰满。此时,文艺界掀起了大鸣大放、批判文艺黑线运动,高洁首先被划为"三名三高"分子。不久,有人开始贴高洁的大字报,说高洁的父亲是国民党的军官,高洁的母亲是国民党的"官太太",要把这种人赶出城市。高洁的母亲实在不明白,一生从没有和国民党沾过边的她怎么会成了国民党的"官太太"?但历史有时候会以假乱真,而且这一"乱"就是很久,直到1970年之后高洁才弄明白母亲被说成"官太太"的历史来由。

事情是这样的:1952年"三反"、"五反"期间,高洁所在的淮阳文工团有一位同事,负责去沈丘大代营调查一份材料,之后他顺便到临泉走了一圈。他在临泉听到一个意外的消息,说高洁的父亲高寿椿是服毒"畏罪自杀"的。这位同事本来对高洁很好,可他听说这个情况后一改往日的态度,对高洁变得非常严肃,在一次会议上,他甚至当面对高洁说:"你这个小妮可有点不老实呀。"高洁刚开始不明白同事为何会说她不老实,经过了解才知道家乡关于父亲的传言。当她了解这个情况之后,就立即给临泉县政府写了一封信,在信中她以十分恳切的语气说,如果父亲是"畏罪自杀",自己会正确地认识这一问题;如果不是这样,请求临泉县政府澄清事实并给她一个证明。临泉县政府很快给高洁回了信,信中说,高寿椿去世时,确有这种说法,临泉县政府经过详细调查,确认高寿椿的真正死因是急性脑溢血,传言并不属实,现特此予以证明,信的末尾还盖着临泉县政府的印章。可惜的是,当时全省文工团被撤销,高洁正等待着重新分配工作,因此她并没有把这封信交给组织部门,而是一直拿在自己的手里。后来,高洁给组织部门写了一封长信,希望组织上能彻底调查父亲的死因,她会坦然接受调查的结果。20世纪60年代初,河南豫剧院党委书记苑斌与高洁谈话,并出示了组织上关于她父亲死因的调查结果,里面有高寿椿去世时抢救他的胡大夫及高寿椿所在的居委会提供的证言材料,证明了高寿椿去世的真正原因。直到此时,高洁才完全丢掉背了10年的思想包袱。可让高洁万万没有想到的是,"文化大革命"一开始,这个包袱又重新压在了她的心上。

高洁的母亲任艳秋1956年从安徽临泉老家来到郑州,她虽然年过花甲,但身体结实,为人热情,三团的年轻人都尊称她为"高娘"。当时高洁无论在家不在家,都会有三团的年轻人到高洁的家里去看望任艳秋。任艳秋对高洁的同事非常关心,特别是在生活上,当时那批年轻演员的父母都不在身边,任艳秋就像对待自己的孩子一样对待他们。每到星期天,任艳秋总是给这些年轻人做最好吃的饭菜,这批年轻人也就把任艳秋当成了自己的母亲而没有丝毫的拘束。1959年,任艳秋还当上了郑州市太康路市场辖区的居委会主任,由于她工作积极,又有文化,还成为党组织的培养对象。那时,政府每个月发给她10元工资,但任艳秋从来没有用过,她把钱都攒了起来。

1962年,高洁的儿子尹兵出生后,任艳秋为了照顾外孙,就主动放弃了居委会的工作,在她辞职之前,她把攒下来的工资全部交给了政府。尹兵小的时候,大部分时间都由任艳秋照管。高洁清楚地记得,尹兵3岁时,他们家搬离了太康路市场,有一个星期天,任艳秋把尹兵交给高洁和尹涛,说自己要到太康路市场看望老邻居。晚上,尹兵不睡觉一直在哭闹,原来是任艳秋不在家时,高洁和尹涛让尹兵吃太多了,为了不影响高洁和尹涛第二天工作,任艳秋夜里起来还拉着尹兵到院子里去"散步"。后来高洁回忆说:"自从母亲来到我们身边,我感到家中很有安全感,不论事大事小,母亲都是我最坚强的后盾。"

1966年年底,社会上"武斗"的风气越演越烈,只要一个人被别人随便说一项所谓的"罪名",就可能立马被拉出去游街,不需要经过任何的调查。任艳秋整天提心吊胆,高洁不住地安慰她说:"娘,你不要怕,你的户口本上明明写着你是城市贫民,他们不信可以到老家去搞外调。"任艳秋对高洁说:"他们要是把我拉出去游街,我还怎么活呀,你还是让我回老家去吧,我是不是'国民党太太',咱老家的邻居是最了解的,他们都可以为我作证。"最后,任艳秋在和高洁一起生活了10年之后,又孤独地回到了临泉老家,与高洁的姐姐高霞龄住在一起。高霞龄虽然是任艳秋的养女,但她们的感情胜过亲生母女,她出嫁时高寿椿和任艳秋像待亲闺女一样,为她举办了隆重的婚礼,还特地卖掉家里几亩地为她购置嫁妆。高霞龄嫁给了一个家境不错的独生子,本期望着从此能过上好日子,但命运并没有垂青她,她成家后还没来得及体会做母亲的幸福,就迎来了家破人亡的结局。结婚后丈夫当上了临泉县一个乡的乡长,不久临泉县解放,他作为反革命分子被处决,之后她就一个人生活。1951年,高寿椿因突发性脑溢血去世后,高霞龄就搬回娘家和任艳秋住在一起。在此后的五年时间里,高霞龄一直与任艳秋相依为命,直到1956年任艳秋到郑州跟高洁一起生活。高霞龄曾经对高洁说:"咱娘有福啊,咱爹走后我刚好考上了教师,有了工资,使我俩的生活没有遇到太大的困难。"任艳秋在郑州生活时,每到放寒假高霞龄就会来高洁的家里过年,十年间从未间断,她们之间的母女情、姐妹情可见一斑。这次任艳秋回临泉后,又和高霞龄在一起生活了四年多,直到1970年她第二次到郑州去住。这期间,高霞龄一边工作,一边照顾任艳秋,而且每月发工资后如数交给任艳秋保管。这给任艳秋的晚年带来了莫大的幸福,虽然"时运不齐,命途多舛",但浓浓的亲情抚慰了她心灵上的创伤。

1966年11月,尹涛把高洁和任艳秋送到周口,高洁陪着母亲回到临泉。这是高洁自1951年参加文工团后第一次回家乡。当时临泉县教育部门正在组织全县的老师集中学习,高洁的许多同学都当了老师,听说她回去了就举行了一个聚会。在会上,大家一致要求高洁唱一段《朝阳沟》或者其他唱段,高洁说什么也不唱,可盛情难却,最后高洁在不得已的情况下唱了一首《红梅赞歌》。可还是有人说她回家乡"到处放毒",因为当时《朝阳沟》已被定为"大毒草"。1982年,高洁随三团到安徽亳州演出时,高洁一位在当地任文化局长的同学请她吃饭,一个叫刘士发的同学告诉她说:"那次你回临泉,一个晚上让你唱豫剧你就不唱,同学们对你的意见可大。"高洁对在场的三团领导说:"你们听见没有,我的同学都可以作证,我那次回临泉确实没有'放毒'。"听罢大家都哈哈大笑,可谁会知道高洁为此付出了多少伤痛。

高洁送走母亲后不久,河南豫剧院三个团在河南人民剧院联合起来批判"文艺黑线"。豫剧院党委副书记周奇之、副院长马达也被揪到台上接受批判。临近结束时,三团一个造反派的小头目突然高呼"把高洁也揪上来",但没有人响应。接着她又高呼:"高洁你在哪里?""我在这里。"高洁大声地回答着,然后自己走上台去。站在台上,高洁没有说话,只是直视着会场,脸上显露出一种略带轻蔑的微笑。造反派气急败坏,指着高洁问她笑什么,高洁理直气壮地回答:"我就是这个样子。"批判大会结束后,造反派头头又去威胁时任河南豫剧院党委副书记的赵华亭,说像高洁这样的人不能留在党内,要求赵华亭开除高洁的党籍。赵华亭坚决地拒绝了造反派的要求,他说:"是否要开除高洁的党籍,不是我说了算,那是组织上要考虑的问题,个人是不能代替组织行使职权的。"造反派急得"哇哇"大叫,说赵华亭立场不坚定,即便如此,赵华亭最终也没有屈服造反派的压力。在回团部的路上,马达轻轻地告诉高洁:"小高,一定要想开点。"三团的演员孙西方等几个人偷偷地跟在高洁的后面,他们怕高洁想不开寻短见。

一进三团大门,高洁看到一群人正在同揪她的那个造反派头目争吵,三团著名音乐设计姜宏轩甚至指着她说:"你是个典型的政治扒手。"高洁一言不发,径直回到了自己的屋里。她刚躺在床上,就听见三团的演员冯文景叫她:"你在屋里干什么,怎么连灯也不开?"高洁隔着门对他说在睡觉,没什么事的。不一会又有几个人敲高洁的门,高洁听见有领导,也有同事,她仍没有开门,只是隔着门缝告诉大家,她没事,请大家放心。可是不久,又有一群青年人来敲高洁的门,而且高洁在屋里清楚地听到有人在抽泣。这次高洁把门打开了,看到乐队的张润身,演员贾爱萍、何艾芝、孙西方、高颂喜、左奇伟等站在门前,大家都流着眼泪,高洁这时再也抑制不住自己的情感,同大家一起哭了起来。后来高洁说:"在那个人人不能自保的情况下,他们不怕连累自己能站出来为我说话,这需要多大的勇气啊!"

1967年年初,高洁受到的冲击越来越厉害。有一天,三团的造反派在三团院里开批判大会,高洁又一次被揪到台上,他们让高洁站在板凳上,把写有"反革命修正主义分子"的纸牌子交给高洁,让她用双手举起来。高洁不仅没有举牌子,还把牌子撕得粉碎,而且造反派递一个她撕一个。最后造反派就用三合板做了一个牌子,挂在高洁的脖子上,把高洁的两只手拉到背后,让高洁把头低下,但高洁就是挺着胸膛不肯低头,造反派就拽着高洁的头发按着她的头,高洁使劲抬头,结果造反派把她从板凳上硬拉下来,摔得她鲜血顺脸直流。造反派仍然没有达到目的,他们叫嚷着要去联系卡车,要拉着高洁游街,并当场宣布以后要对高洁进行"专政",不许她出去活动。

自此之后,造反派往高洁家的门上贴白对联,贴大字报,以致高洁把儿子放在幼儿园几周都不往家里接。高洁后来说,那白对联贴得简直跟死了人一样,她怕在孩子幼小的心灵上留下阴影。那时候,每到周六,家长们都到幼儿园去接孩子,孩子们也都会换上干净的衣服,把手洗得干干净净,坐在自己的位置上等待父母的到来。可尹兵从来没有享受过这种待遇,因为他的父母都是有"问题"的人,他只能等到所有的孩子都走了,老师把他带到自己的家里。当尹兵回忆起那段日子时说:"那时我最想的就是妈妈能把我接回自己的家里,然后多陪陪我,让我能和她多待上一会儿。"

面对造反派对她"三名三高"的"指控",高洁在1967年至1975年长达8年的时间里,总是每个月领了工资后,只留下60元(含10元保姆的工资)作生活费,其余的全部作为特殊党费交给组织。事实上,50元生活费根本不够她一家人的开支,她常常月初给保姆发工资,月末向保姆借钱。为此,党小组组长韩登庆多次劝她每个月多留一些,但她一直每个月留60元,因为当时三团最低的工资标准是60元。尽管高洁想借此去赌一口气,但她的命运并没有因此而发生丝毫的改变。

1968年11月,"工宣队"、"军宣队"进驻河南省文化局及各个文艺团体,并集中文化系统所有人员到河南省委党校学习,进行"清理阶级队伍"。造反派整天贴尹涛的大字报,"尹涛是何许人也"、"尹涛是地主阶级的孝子贤孙"、"尹涛是国民党的残渣余孽"等诸如此类的大字报可谓铺天盖地。不久,尹涛被隔离审查,天天拿着"红宝书"作汇报、写检讨,被迫交代问题。特别是关于他的"国民党军官"、"三青团骨干"等历史问题,造反派更是抓住不放,仿佛要从石头里挤出油来。尹涛在河南省戏校一住就是几个月,不能回家,不能与外界来往,完全失去了行动自由。接着发生了一件几乎要了高洁命的事情。

1968年12月的一天,高洁一到省委党校的学习室,她的同事高颂喜、马小宁就告诉她,党校大礼堂东墙上贴了她一张大字报,让她去看看。高洁急忙跑向大礼堂,她看到大字报上写着:有一天,高洁拿着一张国民党军官的照片去找三团的一位领导,她对领导说,我不给尹涛结婚吧,我等他等了那么多年,给他结婚吧,你看(指着照片)多膈应(河南方言,即讨厌)人。高洁看了大字报虽然很震惊,但她没有做任何过激行为,而是一言不发地回到了学习班。当时学习班里还有其他几个人,高颂喜问她大字报到底是怎么回事,高洁只好无可奈何地苦笑了一下,不知道该如何回答。最后她只说了一句话:"如果叫我说,我会很负责任地告诉大家,这事完全是不存在的。"谁知道第二天,关于高洁和一个国民党军官结婚的大字报贴得到处都是,并且说高洁看了大字报后拍案大叫,还威胁知情人。工宣队把高洁叫到学习班,像审问犯人一样问她大字报是怎么回事,高洁坚定地说大字报上的内容是不存在的。后来工宣队把"知情人"叫来和高洁当场对质,当高洁看到所谓的"知情人"竟然是她多年来一直尊重的领导和老师时,她什么也没有说,脑子里顿时一片空白。当时站在一旁的高颂喜问"知情人"是不是记错了,"知情人"一口咬定是高洁曾拿着一张尹涛戴着大檐帽子(帽徽是青天白日),身穿披着武装带的国民党军装的照片给他看。历史有时会开无情的玩笑,"知情人"说的时间正是高洁作为党的培养对象的时间,而且那个"知情人"还是高洁的入党介绍人。但面对"知情人"铁一般的证词,高洁没有发表任何评论,只是两腿颤抖得几欲晕倒,她感到自己一下子掉进了地狱。地狱和天堂,由于一瞬间而有了质的区别,那是何等炫目的一瞬间啊。

鲁迅说过:"死于敌人的锋刃不足悲苦,死于不知何来的暗器,却是悲苦,但最悲苦的是死于慈母或爱人误进的毒药,战友乱发的流弹,细菌并无恶意的侵入。"几十年后高洁回忆起那个情景时,她还十分痛惜地说:"那是一个特殊的年代,很多人都失去了理智,没有了判断是非的能力。"回到家后,高洁仍然一句话不说,只是脸变得通红,吓得她家的保姆不知如何是好(尹涛失去自由之后,为了照顾孩子,高洁请了一个保姆)。刚刚发生的事情就像梦魇一样在高洁的脑子里不停地绕来绕去,高洁陷入了巨大的痛苦之中,她怀抱着刚刚两个月的女儿,几乎七天七夜没有合眼。她不知道自己一心一意接受党的教育,遵照党的要求,勤学苦练,锐意进取,最后怎么就成了一个有严重问题的人?她更不明白的是,昔日的老师、朋友转眼间就能反目成仇,而且还给她罗织了一大堆她简直从来不敢想象的"罪名"。

1968年年底,组织上为了落实尹涛的情况,派河南省剧目工作委员会的高嘉麟亲自到临泉县进行调查。高嘉麟首先调查尹涛的"反攻倒算"问题,经过了解才知道,1957年尹涛和高洁举行婚礼后,他回到了阔别10年的家乡探亲。当时他的老宅院已改做临泉县中医院,和高洁的姐姐高霞龄正好是对门。尹涛从高霞龄家里出来,正好遇上他在中医院工作的一个远房亲戚高学俭,高学俭盛情邀请尹涛到屋里坐坐。尹涛就和高霞龄一起进了中医院高学俭的办公室。巧合的是,他的办公室正是尹涛小时候住的西厢房。尹涛随口说了一句:"这间房子就是我从小睡觉的地方!"没想到,这句话后来就成了他"反攻倒算"的证据。为了落实尹涛"三青团骨干"问题,高嘉麟很是费了一番周折。当年说尹涛是"三青团骨干"的任山正在监狱里,为了弄清历史的真相,高嘉麟到监狱里找任山取证,可能是出于良心的不安,任山终于说出了事情的缘由。原来,1941年在临泉县读初中时,尹涛和任山是同学,当时学校设有"三青团"办公室。有一天,学校给每个学生发了一张表,要求他们全班集体加入"三青团",尹涛就服从学校的安排填了表,就算加入了"三青团",其实当时尹涛连"三青团"是个什么样的组织都不知道。后来,任山确实成了"三青团"的组织骨干,尹涛只是一个形式上的团员,关于"三青团"的事务,他从来没有参与过,对于"三青团"都干了些什么他也一概不知。1952年"镇压反革命"时,任山被公安部门收压,公安人员用枪顶着他的胸口,让他说出当时"三青团"的骨干人员,任山在被逼无奈的情况下,把当时他能想起来的同学名字都说了出来,其中就有尹涛。高嘉麟从临泉回到郑州后,把关于尹涛的情况立即向组织作了汇报,从此,尹涛的处境才有所好转。

那么,高学俭和任山对尹涛的不实指控,又是如何跑到他的档案里的呢?这个事情直到1974年,尹涛从襄城县下放回到郑州后，他找到当年郑州军分区的领导重新确立他的党籍问题时，才知道他"罪名"的由来。原来尹涛调到郑州军分区工作后，由于他本是大学教师，有文化又肯干，所以很受领导重视，但这却引起了个别同事的嫉恨。在尹涛预备党员期间，郑州市军分区政工科的一名干事到临泉县调查尹涛的情况，他正好得到了这些不实之词，也就成了他打击尹涛的手段。这个人回到郑州后，把他在临泉得到的关于尹涛的反面之词，向组织作了汇报，并以此认定尹涛是个有历史问题的人。当时政工科的科长郭金保详细地问了尹涛关于当时的情况，尹涛都如实地作了回答。郭金保说这不能算是"反攻倒算"，并说他曾告诉那位外调尹涛的干事，没有查清楚的事情不要装进个人档案。但那位干事为了达到打击尹涛的目的，在尹涛转业前夕，还是偷偷地把这些东西放进了尹涛的档案里，让尹涛和高洁为此付出了沉重的代价。

第十三章　为爱而活——世上有一种东西越分越多

"夫妻反目,成为对立的两派,枕边话也要过阶级斗争之筛。"这是诗人纪宇对"文化大革命"中夫妻情感的真实描述,多少个原本和睦的家庭,因为"阶级立场"的不同最后弄得妻离子散。可高洁和尹涛却不是如此,他们愈是面对艰难险境,他们愈加相信和爱护对方。可以说,是爱让他们感觉到了荒凉土地下那涌动的生机,是爱让他们听到了酷热沙漠中那回响的清泉,是爱让他们看到了黑暗夜空中那闪烁的星光。在尹涛处境最艰难的时候,高洁也始终坚信自己的丈夫是可靠的人,是清白的人,是真诚的人。正是这种情感,才让高洁和尹涛一起携手走过了那段风雨岁月。

1967年1月18日,是高洁和尹涛结婚10周年的日子。虽然高洁的处境非常艰难,但她还是想庆贺一下这个日子。她和尹涛原本都在单位食堂吃饭,这一天高洁提前告诉尹涛让他中午回家吃饭,并早早地回到家里。她买了一点小米和几个红枣,准备做一顿小米红枣粥,算作对他们结婚10周年的纪念。当时天天都有人在注视着他们的一举一动,为了不引起别人的注意,高洁一回到家里就赶快把门关上。尹涛下班回家后,高洁迎上去问:"尹涛,今天是个啥日子呀?"尹涛睁大眼睛,迟疑了半天却说不上来,在高洁的提醒下,他才想起是他们结婚10周年的日子。尹涛非常抱歉地对高洁说:"对不起,对不起,是我事多把它忘了。"高洁心里明白,在那种处境下,尹涛的心里是多么的紧张,他怎么还有心思记着这些事情呢。由于高洁平时很少做饭,她根本不知道两个人吃多少米,加多少水,到吃饭时掀开锅一看,水几乎全没了,米也成了一块。高洁感到非常内疚,尹涛看了,却会心地笑了,还很幽默地对高洁说:"做得好,做得好,'稀'饭都做成'干'饭了。"高洁赶快把锅里的米弄出来一半,再加上水继续熬煮,最后总算把粥熬成了。就这样,结婚10周年时,没有玫瑰的花香,没有特殊的礼物,只有两碗红枣小米稀饭而已。但两个人相视一笑,各自端起自己的碗,津津有味地吃了起来。

进入1968年之后,时局变得更加混乱,有一段时间几乎每天都能听到枪响,甚至有时正在办公室里工作,就会有一颗飞弹突然打到办公室的墙上,这让人们的神经几乎都绷到了极限。每天下午,高洁总是盼着尹涛早点回来,直到看到他,那颗悬着的心才能落地。幸福不在远方,幸福就在心里,比起那些天各一方的夫妻,他们能够每天守在一起,该是一种多大的幸福。可是有一天晚上6点多了,尹涛还没有回家,急得高洁在门口不停地张望,她的脑海中不停地闪现出种种可怕的场景。直到7点多,尹涛终于回来了,可他没有像往常一样骑车回来,而是步行回来的。高洁一看立马吓出了一身冷汗,她以为是尹涛遭受了批斗,自行车被没收了。当她看到尹涛安然无恙的样子,便焦急地追问自行车哪里去了,尹涛半开玩笑地告诉她,自行车在他衣服的口袋里。原来尹涛下班后,去旧货市场把自行车卖掉了。

1968年9月23日,女儿尹红出生。高洁由于情绪所致,在很短的时间里就没有母乳了,当时又处于特殊时期,奶粉很难买到,尹红经常饿得"哇哇"大哭。有一次,尹涛抱着尹红说:"闺女啊闺女,你哭得还怪好听哩,我一点也不烦!"后来,高洁就把尹红抱到一个同事家里,人家有一个半岁的孩子,母乳好,尹红一下子吃了好长时间,吃完一觉睡了几个小时都没有醒。

  1968年年底,河南省直文艺团体开始相继到河南西华县搞"斗批改",12月31日,高洁接到通知,要她到西华县红花集镇接受贫下中农"再教育"。高洁把两个孩子托付给保姆,准备第二天出发。晚上吃饭时,高洁突然昏倒,三团的同事们都赶过去帮忙,三团秘书俞志的妻子还上前不停地给高洁按胸。可等高洁苏醒过来后,便开始大口大口地呕吐,头像裂了一样痛,眼睛也看不见东西了,她只听到床前站着很多人,尹兵在一个角落里不停地"妈呀,妈呀"地哭喊。医生诊断的结果是突发性高血压(这一年高洁才34岁,从此高血压一直伴随着她),压迫视神经引起的暂时性失明。鉴于此,组织上就同意高洁取消去西华的行程,准许她在家治病。第二天,尹涛用一辆三轮车把高洁送到黄河医院(即黄委会直属医院),进门正好碰上黄河医院院长寿华山在打扫卫生,他就马上把高洁带进病房。由于高洁和尹涛当时都是"分子",在黄河医院掌权的"工宣队"不准高洁住院,只许医生对她进行观察。寿华山非常了解高洁,可他与高洁面临同样的命运,此时已没有了院长的权力,无权安排高洁住院,他只能在没有人的时候,趴在高洁的耳朵上,问她想吃什么,说他家就在医院里,做饭方便。高洁在黄河医院观察了两天,经过医生全面检查,发现她的高血压已发展到相当严重的程度,不仅出现了尿血,而且尿蛋白急剧减少,需要抓紧住院治疗。由于"工宣队"的阻拦,万般无奈之下,尹涛只好又把高洁转到河南建筑医院(地址就在今天三团的前院),在那里多亏遇上了魏云(电影《朝阳沟》中银环的扮演者)的一个同学,医院才把高洁收下,并被医院安排到内科病房。

高洁住院后，尹涛对她百般照料。由于高洁双目失明，大小便不能自理，尹涛一把屎一把尿地伺候她。病房里没有多余的床，尹涛每天晚上就坐在椅子上，趴在高洁的床头睡，后来三团副团长马鸣昆给他搬去了一个躺椅，尹涛晚上就睡在躺椅上。高洁每天输液时，尹涛就坐在床边看着她，有时还带着针线包缝补破旧的衣服。高洁回忆起当时的情景时，她还非常激动地说："那时我们都才三十多岁，我在病房里大小便，实在是臭气熏天，可尹涛从来没有一句怨言，连我自己都觉得不好意思。"每当夜深人静的时候，尹涛总是趴在高洁的耳朵上，悄悄地对她说："高洁，你放心吧，我自己的事情我最清楚，在政治上我没有任何问题，最后一切会真相大白的。"其实，高洁从来没有怀疑过尹涛会有什么历史问题，她始终坚信心爱的丈夫是无辜的，更坚信丈夫那魁伟的身躯一定能挺过那艰难的岁月。躺在病床上，高洁心中不停地想："为了我最热爱的事业，为了我最亲爱的丈夫和孩子，我一定要活下去！"正是这样一种信念，犹如一颗硕大炽热的太阳，照亮了高洁心灵中的一块块寒荒地带。当黑夜吞噬了一个人的光明，他决不能再为黑夜送上生命。高洁没有因为自己的病情而怨天尤人，她知道在那场灾难中，受屈辱和磨难的不只是她一个人。她一想到那些残疾人顽强生活的情景，她心中就有了无限的勇气，她想，如果她的双眼真的不能复明，别人可以把她领到麦克风前去清唱，总之她还要为她心爱的戏曲事业而奋斗。就这样，高洁有时想着想着，就不知不觉地在病床上唱了起来。

在医生的精心治疗和尹涛的细心照料下，高洁的眼睛很快有了好转，先是对光线有了感知，不久就能模模糊糊地看到物体的基本轮廓，这让高洁喜出望外，这意味着她可以重新登上自己心爱的舞台了。高洁入院一个月后，视力逐渐恢复到正常水平，血压也趋于稳定,终于在 1969 年 2 月初出院回家。可就在她出院回家的第二天,河南省剧目工作委员会、河南省艺术馆、河南省文化物资供应站三个单位联合起来,到西华县红花集刘槐庄进行"斗批改"。虽然此时已临近春节,家中又有刚刚出院的病人,但尹涛却不得不服从组织的决定收拾行李离开家门。这是高洁和尹涛结婚以来,两人最痛苦的一次分离。高洁拖着大病刚愈的身体,带着两个年幼的孩子在家过年,尹涛一人去了红花集。当高洁回忆起那个春节时还禁不住老泪纵横,她说:"过年我们家就包了点饺子,也完全是为了孩子,其他什么东西都没有,连鞭炮都没有放,听着外面噼噼啪啪的鞭炮声,我的心就揪着一样疼痛,母亲远在安徽老家,尹涛又到下面接受'再教育',那是我有生之年最冷清的一个春节。"

1969 年 2 月 20 日,春节过后的第四天,"工宣队"一个姓王的人到高洁的家里,说是听说高洁出院了,特地来看看她恢复得怎么样。临走时,他对高洁说:"我刚从西华县红花集回来,下面正在整党,群众的热情非常高,不知你的身体怎么样,作为一名共产党员,你应该到下面听听群众的意见。"高洁一听便知道是什么意思,她就一口答应:"可以,没有任何问题!"第二天,高洁丢下两个年幼的孩子就去了西华县红花集。当时,三团多数人都在那里参加"斗批改",住的条件比较差,都是睡在地铺上,每天吃完饭就用被子盖着脚坐在地铺上开会。考虑到高洁是大病初愈之人,没有让她睡地铺,给她特地安排了一个用绳网的单人床。其间,时任三团副团长的许欣多次去劝她:"高洁,你要想开点,没有的事情终究是没有的。"许欣当时是专案组专干,而高洁是被整治的"分子",没有人敢去接近高洁,更没有人敢去为高洁辩护,可许欣却这样做了,这让高洁万分感动,多少年后她还说:"许欣当时敢主动同我接近,那是需要一定胆量的,他是一个敢说真话的人。"

第十三章 为爱而活——世上有一种东西越分越多

尹涛得知高洁到了红花集,半个月后才请下来假,从自己的住地去看望她。夫妻见面后,高洁多想扑到尹涛怀里大哭一场,她甚至感觉到这个世上除了哭,再没有其他可以倾诉的方式了。可高洁没有那样做,她看到尹涛昔日魁梧的身体已变得又黑又瘦,两只眼睛虽然依旧明亮,但无法掩饰心中的无望。他们相顾无言,接着问了一些无关紧要的事情,彼此心里都明白,决不能把自己的痛苦再带给对方。尹涛告诉高洁,他的"国民党军官"问题已得到落实,纯属子虚乌有。这使高洁的心里稍稍得到了一丝安慰,但多难的命运并没有使她兴奋起来,而且她预感到更大的事情可能还在后面。傍晚时分,尹涛要回自己的住地,高洁把尹涛送到村外,他们沿着一条崎岖不平的土路边走边说,初春的寒风吹得枯枝败叶漫天飞舞,天空中弥漫着黄色的尘埃。突然,尹涛对她说:"高洁,我可能会去农场劳动改造,因历史不清可能要被处理掉。替我照顾好孩子和母亲,真的委屈你了。"高洁当时并不知道,尹涛的"国民党军官"问题虽然被否定了,但又给他扣了一顶"三青团骨干分子"的帽子。高洁听了尹涛的话后心头猛地一震,她知道去农场意味着什么,她用牙齿使劲咬着自己的嘴唇,微微地点了点头。他们走了好长一段距离,直到尹涛提醒她该回去时,高洁才止住脚步。临别时,尹涛一只手握着高洁的手,一只手拍着高洁的肩膀说:"你一定要多保重,要好好地照顾自己。"高洁望着尹涛渐渐远去的背影,倍感茫然无助,当尹涛的背影消失在黄色地平线上时,她再也无法抑制自己的感情,在那空旷的原野里,她一个人站在那里号啕大哭,直到无力的夕阳把她拉出了一个长长的影子,她才回到村里。

1969年农历正月十五,尹涛所在的工作队放了假,正好单位有车要回郑州,尹涛就搭车从西华回郑州看望两个孩子。由于连降大雪,高洁家的小灶棚也被大雪压塌了,保姆只好领着两个孩子在屋里做饭。7岁的尹兵两只小手被冻得青一块紫一块,身上长满了虱子,不到半岁的尹红用被子包着整天围放在墙角里。尹涛简单地整理了一下家务,领着尹兵洗了一个澡,就赶快回到了西华。别人还问高洁:"你怎么不回去呢?"高洁说她身体不行,经受不住来回的颠簸,可她说话时却红了眼眶,她太惦记家中的两个孩子了,特别是听尹涛说了家里的情况后,她更是百感交集,痛楚万分,她不敢想象两个孩子面对那漫漫的长夜,眼睛里会闪烁着怎么的目光。

1969年3月底,为迎接中共九大召开,河南豫剧院准备排演一台节目,高洁随三团回郑州参加排练。此时已是晚春时节,阳光已让人感到了浓浓的暖意。高洁拖着疲惫的身子回到家里,尹兵蓬头垢面地跑出来接她,尹红坐在墙角被窝里啼哭不止,高洁环视着家中的一切,真有点恍若隔世之感。她看到儿子的毛衣被挂在倒塌的灶棚上,上面布满了虱子,她抱起儿子,看着还不会说话的女儿,心中突然有一种负罪的感觉,孩子们那渴望的目光更好像利箭一样刺着她的心。

在所排的节目中,高洁被安排了一段20多句的独唱,可高洁无论如何也记不住唱词,只好把独唱改为合唱,等于是让别人帮助高洁唱,以免出现忘词的现象。这件事让高洁感到非常惭愧,在这么关键的时刻,自己竟然完不成组织交给的任务。同时,她对自己更是十分失望,记不住戏词在她的艺术生涯中是从未有过的事情,20多句唱词也不是她演唱的最长的唱段,可为什么偏偏记不住呢?高洁感到自己的脑子肯定是出了问题,她一直在想,自己对组织一直有一种慈母般的依恋,当一个婴儿哭喊着向母亲伸开双臂,没有哪一个母亲会选择拒绝,可自己却一直被拒绝,成为被抛弃在荒野上哭喊的婴儿,这到底是为什么……

1969年4月底,尹涛结束在西华的"斗批改"回到郑州。这时,全国掀起"清理阶级队伍"风潮。尹涛没能回到家里,而是被集中到河南省艺术学校,一方面等待组织对自己的鉴定,一方面继续反省认识。每天都要学习文件,写交代材料,只有到周末才准许回家看看。尹涛周末回到家里也只是吃顿饭而已,从来没有在家住过一个晚上。

这年夏天,不满一岁的尹红经常生病发烧,夜里总是"哇哇"大哭,严重时还会出现休克。高洁几次给尹涛打电话让他回家,可尹涛每次都是含含糊糊,总是说自己有事情回不成家。一开始,高洁对尹涛不回家意见很大,但她并不知道,当时的尹涛正在蹲"牛棚",他已没有了行动自由,他的一切行动都必须得到组织的批准才行。尹涛对自己的处境一直瞒着高洁,直到有一天,尹红病得实在厉害,高洁又一次给尹涛打电话,尹涛才请了一个晚上的假回到家里住了一夜。第二天一大早,望着熟睡中的妻子和生病的孩子,尹涛悄悄地离开家门回到了艺术学校。尹涛的这一举动,让高洁隐约感到他当时的处境不好,可她不知道尹涛到底出了什么事。有一次,尹涛回到家里,高洁问他到底发生了什么事,尹涛却非常乐观地对她说:"能发生什么事,我已拒绝在我的结论上签字。我是学哲学的,我也学过哲学史,辩证法不是阶级斗争,辩证哲学和斗争哲学完全是两个不同的概念,我坚信我的问题是会弄清楚的。"看着尹涛消瘦不堪的身体,高洁分外心疼,从尹涛那乐观的表情中,她看到了军人的铮铮傲骨,她感到自己深爱的丈夫依然坚强如故。高洁亲自下厨,一下打了十几个鸡蛋,给尹涛做了一碗荷包蛋。尹涛端起碗一看,禁不住笑了:"我能吃这么多嘛!"高洁深情地望着尹涛,她在心里默默地说道:"我的心要是荷包蛋就好了,我一想你，你就可以吃了！"尹涛在艺术学校一待就是9个月，直到国庆节之后，尹涛才从艺术学校回到家里，并重新回单位上班。虽然没有正式下文，但他的历史问题已经过调查，证明都是不存在的。

1969年6月，任艳秋从临泉来到郑州看望高洁一家，主要是她太思念自己亲手带大的外孙子。自从两年前她作为"地富反坏"被赶出郑州后，她一次也没有见过尹兵。其实，当时组织上正在纠正两年前驱赶"地富反坏"的错误，很多当年被赶走的人重新又回来了，组织上也承认把任艳秋赶走是错误的。高洁就向当时造反派的领导写了一个申请，说明她的母亲没有什么问题，希望组织上能考虑到她家庭的实际困难，让母亲重新回到自己的身边。但造反派态度强硬，一个姓贾的造反派头目一口回绝了高洁的请求，并对她说："你母亲的事就那样定了，不要再提回来的事了。"在这种情况下，任艳秋小住了几天，就又回老家去了。

1969年7月，河南豫剧院将三个院团的人员集中到河南电校学习，继续搞"斗批改"，并要求所有的人员都住在学校。虽然那种重复的学习不会让人感到有什么新鲜，但和同事们在一起，高洁感到日子还能勉强打发，星期天一回到家里，她就会感到空空的房间是那样的陌生。高洁当时的体重不到八十斤，走起路来总是上气不接下气，本来就瘦小的她这时更显得弱不禁风。尽管如此，她还必须和常人一样每天坚持开会、学习，写思想汇报，像那个时代众多的人一样，心里流着泪水，还要向组织表示自己要求进步的决心。令高洁难以忍受的是，学校周六放假时要轮流值班。十几人住在一个大房间里，每次留一个人，轮到别的女同志时，都有丈夫陪同，可轮到高洁时，她只能心里装着对尹涛的思念而独自一人。

当时，电校的位置已是郑州的东郊了（现在的郑州纬五路花园路以东），四周基本没有什么建筑物，显得非常的空旷。由于常年不招收学生,学校已是破旧不堪,又正值盛夏,院子里草木茂盛,不时传出虫子的鸣叫,使夜晚显得更加寂静;高大的白杨树在夜风的吹动下,"哗啦啦"地作响,在月光的照耀下,地面上晃动着摇曳的影子,使那寂静的夜晚不免增加了几分凄凉。高洁用桌子把门顶上,她拉一张桌子再拉一张桌子,生怕门顶不牢固,半夜里会有一个幽灵突然窜进屋里。高洁把所有的窗户都关上,把所有的窗帘都放下来,虽然她也奢望享受一丝夏日夜半的凉风,但她怕听见夜风掠过树梢那"沙沙"的声响,她感到那不是风声,而是谁在轻轻地抽泣。即使这样,高洁还要开着灯,然后再钻进帐子里。这时候,高洁多么希望尹涛能够出现在窗外,哪怕是让她听一听那熟悉的脚步声,哪怕只给她说上一句话,也会增加她战胜长夜的勇气。可高洁心里清楚,奢望尹涛来到自己身边,就像是奢望眼前无边的黑夜立即退去一样,那只能是一种幻想。就这样,高洁一个人硬撑着,在电校整整过了一个夏天。

1970年1月1日,河南省革委会决定把河南省"革命戏曲工作室"的全体人员(除病号外)下放襄城县程庄公社程庄大队,与当地的农民同吃同住同劳动。高洁没有想到,尹涛这一走就是4年多,直到1974年河南省文化局副局长于黑丁主持全省曲艺调研时,尹涛才被调回郑州,重新到戏曲工作室上班。1月17日,是尹涛离家的日子。头一天尹涛就把行李送到了单位,他走出家门后,高洁就趴在窗户上,一直看着尹涛走远。直到这一年的8月,尹涛才第一次回郑州探家。他环视着屋里的一切,看到床还是那样铺着,自己亲手改造的书柜还在那里站着,唯独高洁消瘦了许多,尹涛上前拉着高洁的手说:"你瘦了!"高洁说:"这个时候能过下去就不错了。"然后高洁问起尹涛在襄城的生活情况,吃的怎么样,住的怎么样,饭是如何做的。高洁听完尹涛的讲述,轻轻地叹了一口气,然后问尹涛:"这日子到底什么时候是个头呀?"尹涛说:"我心里也没底,两个孩子还小,我不在身边你辛苦了。"为了安慰尹涛,高洁强打起精神,对尹涛说:"没事,你就放心吧,到那里好好照顾自己就行了,家里一切事都不要操心。"在以后的日子里,高洁兑现了对尹涛的承诺,生活越是艰苦,她越是咬紧牙关,她从不在别人面前掉一滴泪,从不在别人面前诉一声苦,从不在别人面前流露一点心中的情绪。

尹涛走后,郑州接连出现所谓的"反革命信件"、"反革命标语"等事件。半夜经常有人突然上门查户口、对笔迹,每到这时高洁的手总是抖得几乎写不成字。后来,组织上要求每个人每天都要写自己的行程,高洁就认真地写自己每天所做的事情,以备突如其来的询问。而且,高洁给尹兵规定,放学后不许拐弯,要直接回家,晚上八点准时睡觉,就是同一个院里也不能串门。高洁之所以这样做,就是为了和孩子好好地生活下去,等着尹涛回来的那一天。

在襄城县下放的几年里,尹涛只能偶尔回郑州看看,从没有回郑州过一个春节。尹涛每次走后,他随手放的每一件东西,高洁都不会挪动,即便放的不是最合适的位置,她也要一直让其保持原状。多少年后,高洁还流着泪说:"看到他随手放的东西,我就感觉到他好像还在家里没走一样,尽管那是一件冰凉的东西,但我却感觉它在散发着热量。"

有一次,高洁送尹涛去襄城县,当时天还没有大亮,街上的路灯闪耀着微弱的光芒,路边的杨柳摆动着刚刚发绿的枝条。高洁和尹涛并排向前走着,从郑州的经八路一直走到文化路6路公交站点,听着那轻轻的脚步声,他们感觉到两颗心在急促地跳荡,高洁多么希望这条路此时变得更长一些。当公交车来的时候,高洁暗自埋怨这车为什么会来得这么快,在尹涛上车的那一瞬间,高洁上前拉住尹涛的手使劲地握了一下,她感到那只手是那样的温暖,那样的有力。"雁来音信无凭,路遥归梦难成。离恨恰如春草,更行更远还生。"望着公共汽车站外空旷的田地和碧绿的野草,她在心里暗自告诉自己:"尹涛,你不在的时候,我会更加坚强!"

第十四章　时穷节见——责任与艺术同行

1969年4月,高洁参加完河南豫剧院为迎接"九大"召开而举办的专场演出后,就基本上被排斥在了舞台之外,在之后长达10年的时间里,她再没有以主角的身份登上舞台,只是偶尔以"戏补丁"的角色填填空而已。但高洁没有因此放弃对艺术事业的追求,更没有放弃对艺术事业的责任。在她眼里,艺术是要"为天地立心,为生民立命"的,艺术是她生活下去的理由,也是她坚守理想的基石。在那动荡不安的岁月里,她一手举着艺术,一手举着责任,无所畏惧地向前走着。高洁是那种可以被批判,可以被打倒,但绝对不能被收买、不能被污辱的人。

1969年5月,经河南省革命委员会批准,撤销河南豫剧院及其所属的一、二、三团,成立河南省豫剧团,后来又分设《海港》和《沙家浜》两个剧组,高洁被分到了第二组。1969年7月,根据国务院文化组的指示,河南省革命委员会成立了以杨兰春为首的《朝阳沟》剧组,着手修改《朝阳沟》。当时江青的指示是:《朝阳沟》是写中间人物的,没有突出主要人物,银环只是一个小知识分子,要把拴保写成一号人物,要突出劳动人民的精神面貌。重排修改后的《朝阳沟》时,有人提出高洁太瘦,没有劳动人民的气质,不适合演拴保娘这一角色。就这样,高洁被取消了演了10年的拴保娘的资格,只让她演了一个B角。第一稿的拴保娘由袁秀荣饰演,第二稿的拴保娘由王素君饰演。《朝阳沟》修改到第三稿时,三团从外地重新调了一个演员演拴保娘这一角色。高洁并没有因为拴保娘是自己演了10年的"专利"而对演B角心灰意冷,相反,她还是一丝不苟地按要求完成角色任务。后来,《朝阳沟》修改了七八次,可谓是五花八门,有一稿加上一个地主分子,从中进行破坏,突出阶级斗争;有一稿把拴保娘写成一个支部书记,强调拴保的根正苗红。但不论如何修改,和原稿相比,总是显得不协调。后来时任河南省委书记的刘建勋要求拿广西《刘三姐》的经验,发动全省都写《朝阳沟》,然后进行会演,结果仍然没有获得成功。历史证明,新版《朝阳沟》即使把高洁这种没有劳动人民气质的人排除在外,它也没能重新创造真正的辉煌,没能得到劳动人民的真正认可,最后只不过是落了一个难以收场的尴尬局面。

当时,高洁的工作基本上都是做杂活。先是坐在观众席中打字幕,那时其他的剧团也有名演员做打字幕的工作,有的感到打字幕很丢人,工作的时候总是戴着口罩,或者用帽子遮着脸,在中场休息时也不敢抬头,不敢和观众交流。可高洁从不这样,她认为打字幕同样也是工作,当时她心里想,尽管造反派千方百计地压制我,我不是还在工作吗!因此,高洁总是大大方方地坐在字幕机前工作,当中场休息观众认出她,主动去和她搭话时,高洁也从不避讳,总是热情地去和观众交流,当观众问她你为什么不演戏,你的拴保娘演得多好呀,你还去演呗,她还非常乐观地说要服从组织的安排和工作的需要。

高洁打字幕很认真,而且还非常准确,她从来没有敷衍塞责。为了完成这项看来十分简单的工作,高洁也是下了一番功夫的。自从高洁得了那场大病以后,她的肾功能非常不好,为了能够胜任工作,只要晚上有演出,她从下午四点钟开始就不喝水了,她怕去厕所耽误打字幕的时间,如果耽误了演出那一定会是"大罪"一项。后来,造反派为了阻止高洁与观众交流,就把她调到天幕后面去插幻灯片。在那里插幻灯片的还有阎立品、赵义庭等知名的老艺术家。刚开始高洁不会插,就让管灯光的人给她标明哪个该上、哪个该下,高洁很快就熟悉了自己的工作,后来她只要一看下面的聚光灯,就知道哪个该上哪个该下了。

　　高洁虽然是演拴保娘的 B 角,但《朝阳沟》在重要场合的演出,她从没有登过舞台,或是在幕后伴唱,或是插幻灯片,或是搬景片,只有在不重要的场合,或是到农村演出时,才让她演上一场,在长达10年的时间里,她一共演的戏也不到10场。那时候,最让高洁为难的是她被临时叫去当戏补丁,她经常遇到这种情况,天黑了突然通知她:"高洁,今晚你演出。"有时甚至是半夜叫醒她:"高洁,明天你有演出任务。"根本不给她准备时间,更没有排练和走台的机会,高洁凭着深厚的艺术功底和她对艺术责任的坚守,一次次"化险为夷"。

　　1971年春节前,高洁跟随《海港》剧组到开封慰问演出。临走时,她专门带上刚改过的《朝阳沟》谱子,到开封后,一有空她就去熟悉谱子。慰问演出开始不久,河南豫剧院突然打电话要高洁马上回郑州,说是有重要的演出任务。高洁当时非常不解,像她这种有"问题"的人,怎么能参加重要的演出呢?回到郑州后,《朝阳沟》剧组负责演出的领导告诉她,新版《朝阳沟》马上要给省委书记刘建勋汇报演出,为了让演拴保娘 A 角的演员能得到较好的休息,保证汇报演出时嗓子不出现问题,要求高洁在给省委领导汇报演出前,《朝阳沟》的排练由她在幕后伴唱,由 A 角在舞台上表演。高洁明白这项"重要的任务"后,当然是完全服从领导的安排,她就站在乐队旁边一连唱了几天。

第十四章 时穷节见——责任与艺术同行

有一次,三团到卢氏县慰问解放军,在一个露天广场上演出。高洁的工作仍然是打字幕,在观众中间放了一个大方桌,上面再放一个小课桌和一把椅子,字幕机就放在小课桌上,高洁坐在椅子上。由于夜里山风比较大,高洁又坐得高,虽然有一位解放军战士送给她一件军大衣,但高洁还是感冒了。第二天,高洁的嗓子沙哑得几乎说不出话来。可一个负责演出的人还通知她说:"高洁,今晚你演出。"高洁说:"我连话都说不出来,我怎么能演出呢?"负责演出的那个人说:"主演这几天太累了,她得休息一下。"魏云这时看不惯了,就和那个人吵了起来:"一个没有病你却让她休息,一个病得话都说不上来,你却要她上台演出,这到底是什么道理?"最后,由于大家的一致反对,那个人也就没有再去为难高洁。

由于长时间不登舞台,高洁有段时间对舞台非常生疏,她一站在舞台上就紧张,两只手抖得不敢伸出来只能紧握拳头,两条腿不停地发抖,有人曾对高洁说,坐在第10排还能清楚地看到她的腿在发抖。为了弥补荒废的艺术,有一次高洁找到团里那个负责演出的人,希望在她演出的时候,能让她一次演两场,也好给她一个熟悉的机会。可就这个要求,也被断然拒绝,更让她意想不到的是,当她向那个人提出这个想法时,那个人竟然坐在椅子上头也没抬,只是冷冷地回了一句:"这是不可能的。"于是,高洁就暗下决心,你不给我机会我就自己去刻苦练习,一旦重新获得演戏的机会,一定要能胜任角色。正如尼克·胡哲所说:"认为自己不够好,这是最大的谎言;认为自己没价值,这是最大的欺骗;虽然我无法跟上命运的脚步;但时候到了,我会用手抓住她。"就这样,高洁常常在没有演出任务时,独自一人去练功,去琢磨人物,琢磨唱腔,即便她知道自己根本没有演出的可能,她也始终认为学习艺术是自己的义务和责任,艺术成了高洁生活下去的最大理由。

1974年的一天晚上,高洁已经休息了,还是团里负责演出的那个人突然通知她,说是演拴保娘的A角临时不能参加演出,要她第二天参加《朝阳沟》的排练。高洁说,这一稿她从没有参加过排练,时间又这么紧,恐怕排练不好。但那个人告诉她,是内部排练,不行就停下。高洁对他的话深信不疑,第二天晚上7点连排,高洁6点就早早地到了河南省军区礼堂。可她到那里后,看到别的演员都在后台化妆,高洁一下子懵了,明明说是连排,为什么还要化妆呢?她就去找负责演出的那个人,得到的答复是,这是临时决定的,趁着连排,化妆试试效果。由于常年不演出,高洁几乎连妆也不会化了,化妆师沈玉珍同情高洁,主动站出来帮助她化妆。就在这时,高洁听见有很多观众走进了剧场,她不禁心头一震,连排怎么还有这么多观众呢?经过询问,高洁才知道,这是发了票的正式演出,而且还有领导来观看。这一下,高洁彻底没有了信心,她对那个人说:"我要对观众负责,请赶快换人吧。"可那个人却说,离演出还有十分钟,换人已经不可能了。这时豫剧院党委副书记赵华亭走了过来,他用力地握着高洁的手,声音不高却十分有力地说:"高洁同志,争口气!"赵说话的声音不大,但从他那有力的大手中,高洁感觉到了其中的力量。这时,其他演员也都围了上来,鼓励高洁说:"高洁,你放心吧,你没排练过,找不准位置,我们给你配合,你走到哪里,我们就跟到哪里。"一种极其复杂的感情掠过高洁的心头,她有一种欲哭的冲动,但她马上就镇静下来,她意识到这不是悲伤的时候。于是,她就全心地投入到演出的准备工作之中。这时候,她听到赵华亭对河南省文化局的军代表说:"你们怎么这样安排,这是很不负责任的行为。"当时高洁只会唱词,还不会对白,好在她的戏是二、四、六场,在别人演第一场时,高洁就拿着剧本去熟悉第二场,别人演第三场时,她就去熟悉第四场。由于高洁不知道位置,她在后台跑了几个来回,甚至还把一段对唱的戏词写在自己的手上,在别人念对白时,她就看着手上的字,当别人念完后,她靠适时记忆也就可以背出来了。就这样,高洁边学边演,边演边学,总算把这晚上的戏演完了。由于高洁的脑子高度紧张,回到家里她无论如何也睡不着,她的心还仍然留在舞台上,尹涛几次催她休息,可她总是无法控制自己的思绪,她把当晚演过的戏词在脑子里一遍又一遍地背诵,似乎要以此来弥补晚上留在舞台上的诸多缺憾。

事业的坎坷,生活的重负,使高洁本来就羸弱的身子一天天地消瘦下去。到1974年,高洁已经瘦得不成样子,走路时两个胳膊抱着肚子,一直起腰就接不上气。一到晚上她带着两个孩子总是提心吊胆,那时经常出现"反革命"案件,警察有时突然挨门查户口。高洁最痛苦的就是晚上睡觉,虽然每天都服用安眠药,但她还是彻夜彻夜地失眠。有一天晚上,高洁吃了几次安眠药,到半夜还是无法入睡,她就把剩下的大半瓶安眠药一口吞了下去,想以此了结这种痛苦的生活。尹涛急忙把高洁送到医院,高洁昏迷了3天才苏醒过来。

医生诊断高洁患有严重的神经官能症,而且具备这种病人的一切特征,爱发脾气,怀疑一切,整天没有一副好脸。尹红说,她小时候回到家里,几乎都是躲着走,不敢和母亲四目相视。那时候,高洁的思想紧张到几乎崩溃的程度,她整天交代孩子们不要在家里大声说话,她总是怀疑屋里有人安了窃听器,屋子外面有人在听墙根。有一次,电工到高洁家里检查电路,高洁还非常热情地招待人家,可等人家走后,她却紧张起来,感觉电工不是在检查电路,而是在安窃听器,甚至尹涛回到家时,高洁还摆手示意尹涛千万不要发出声音。

除了精神的紧张,高洁的思维也偏执得让人无法理解,有时竟然到了不明事理的地步。有一次,一位朋友送给高洁一盆桂花,当时她家里没有阳台,可又舍不得把它扔掉,于是就把它送给了一位关系非常好的战友,人家有阳台,又爱养花。等到高洁搬进新家时,屋里有阳台了,她就让尹涛把那盆桂花搬了回来。高洁从外面回到家后,本想着桂花一定长得枝繁叶茂,谁知一看净是干枯的老枝,顿时就冲着尹涛大发脾气:"这样子你就往家搬呀?"原来,高洁的战友经常出差,他就把桂花搬到了儿子家里,由于那盆桂花长得很茂盛,很多人去剪新发的枝条重新嫁接,最后就只剩下老枝了。

　　虽然此时高洁的身体到了不堪一击的地步,可她心里还装着艺术。1974年8月,经中共河南省委宣传部批准,撤销河南省豫剧团,原河南省豫剧团第一剧组改名为河南省豫剧一团,第二剧组改名为河南省豫剧二团,均属省革委会文化局领导。这时有人提出也要恢复三团,作为三团培养起来的演员,高洁当然也希望恢复三团。于是,高洁和几个同事约定去省委找主管领导,希望问清没有恢复三团的原因,并表达要求恢复三团的意愿。几个人在三团的家属院约好之后,高洁到二楼家里喝了一包药,但让她没有想到的是,不到三分钟她下楼时却找不到人了,当她骑着车子跑到省委门前时也没看到一个人影,她一直等到中午也没有见人去。高洁感到莫名其妙,不知道约好的几个同事为什么突然会把她甩了,后来她才知道当天中午,约好的几个同事被一个不喜欢高洁的人请去吃饭了,直到天黑才回到家里。这时她才弄明白,那几个同事是在外界的压力下才把自己甩掉的。当高洁回忆起这件事时,她说:"这些同事都是我的好姐妹,她们当时的压力也很大,因为我是一个有'问题'的人,在那种情况下她们离开我也是迫不得已的。"

　　这件事发生之后,高洁出于对三团的感情,就写了一张大字报

《恢复豫剧三团的背后是什么》,贴到了豫剧院的大厅里。高洁的举动得到了一大部分人的支持,但也遭到了一部分人的反对。当时豫剧院的造反派分两派,其中支持高洁的一派鼓动高洁去找当时的省委宣传部副部长杨子仁问明情况,高洁和杨子仁的爱人陈杰民在淮阳地区文工团时是同事。高洁一心想着尽早恢复三团,她什么也没有考虑就去了杨子仁的家里。当时杨子仁并不在家,家里还有客人,高洁只见了杨的爱人,什么也没有说就知趣地走了。可就是这个"热心"的举动,后来却给高洁带来了不小的麻烦。粉碎"四人帮"之后,杨子仁被免职,被定为"四人帮路线"。这时有人大肆宣扬高洁是杨子仁的同伙,是"四人帮路线"上的人。接着,河南省文化局就在河南省电影学校专门给高洁办了一个学习班,目的是对其进行"帮助"。省文化局的一位领导对高洁说:"高洁,你有多少问题就掂着布袋口往外倒吧。"高洁说她什么也不知道,也就没有什么可往外倒的,并且请求组织去一查到底,如有问题她完全承担。学习班办了几天,最后,这个事也就不了了之。

可在此后的一段时间里,高洁一直被说成是三团"文艺黑线"的代表,更有人站出来说要坚决与"高洁之流"划清界限。就这样,昔日一起工作、学习、生活的同事、朋友不仅对她疏而远之,而且还把她视为"阶级敌人",他们不仅把高洁排斥在集体之外,有的人还时时处处百般刁难她。可有一个人不是这样,别人愈是疏远高洁,他愈是主动去接近高洁,他就是河南省豫剧二团的唢呐专家许敬之。许敬之和高洁住在一个门洞里,他住一楼,高洁住二楼,平时他一家人对高洁就非常照顾,特别是尹涛被下放到襄城县后,他就经常帮助高洁做一些体力活,他不仅自己经常给高洁往二楼搬煤球,还常常带动一帮小朋友来帮助高洁干活,他还乐呵呵地对别人说:"可不是谁家的煤球我都搬,我只给高洁搬。"就在河南省文化局给高洁办"学习"班期间,许敬之更是到了"胆大妄为"的程度,他不仅不怕受高洁的牵连,还每天骑着自行车送高洁到"学习"班,完了再骑车把她接回来。高洁谈到此事时说:"在我最困难无助的情况下,许敬之不仅关照我们一家人的生活,更没有把我当成'另类'的人来看待,我内心对他充满了无限的感激与敬重,我真的是非常地'敬之'。"

1975年8月的一天,造反派突然通知高洁到省文化局开会,高洁感到很是意外,她觉得到省文化局开会无论如何也轮不到她这种人去。到文化局后高洁才知道,由于河南驻马店地区数个县遭受严重水灾,省文化局要组织一个调查组,到灾区调查文化设施的损失情况。时任河南省文化局副局长的张北辰亲自和高洁谈话,这让高洁非常感动,至少说明张北辰没有把她看成是"另类"人物。高洁到灾区后,被眼前的景象惊呆了,广阔的平原上,村庄全部被洪水毁掉,路的两旁一个个白色的小棚子横卧在稀软的泥巴地上,那是幸存者用塑料薄膜临时搭起的房屋;河里漂浮着腐烂的动物尸体,到处弥漫着刺鼻的腐臭味,成群的苍蝇趴在被洪水冲得东倒西歪的树上,树枝被压得垂到了地面。调查组回到郑州后,立即向省文化局汇报了灾区的情况,文化局马上又组织一个慰问团准备到灾区慰问。高洁听说后,没有片刻的犹豫,马上找到副局长张北辰,她希望能参加慰问团去灾区慰问,她仍然牵挂着那些家毁人亡的父老乡亲。当时高洁是被视为有"问题"的人,根本没有提出要求的资格,但高洁此时此刻唯一的想法是,她是新中国培养起来的演员,在人民遭受如此重大灾难的时候,她没有理由退却,她只能和人民站在一起,哪怕回来造反派再给她添一项罪名也要去。第二次去驻马店时,高洁跟随慰问团到了受灾最严重的西平、遂平、汝南等地,她每到一个家庭,不仅给受灾群众送去了最急需的物品,更给他们送去了战胜灾难的信心和勇气。在群众中,只要有人叫高洁唱戏,她决不推辞,张口就来。有一次,他们到一个村口,热情的群众一见到高洁就把她围了起来,并要求她给大家现场唱一段,高洁就唱了"拴保娘"教育儿子的那一段,大家听后都激动得流下了眼泪。

1977年1月,原版《朝阳沟》在郑州恢复上演,由于高洁被指控是"四人帮路线"上的人,她仍然不能担任拴保娘的角色,一直在天幕旁插幻灯片。有一天,《朝阳沟》在郑州工人文化宫演出,高洁突然接到通知,说主要演员生病了,要她第二天去演拴保娘。这是"文化大革命"结束后高洁第一次正式登台演出,高洁说她不行,但推脱不掉。这时三团的乐队告诉高洁说:"你不要怕,我们会全力配合你,你不张嘴我们就填过门,你一张嘴我们就跟着你走,你就大胆地唱吧。"那天的观众特别热情,几乎高洁一张嘴就是一个满堂好,尤其是拴保娘给媳妇倒茶的那个细节,由于婆婆想媳妇,盼媳妇,看到媳妇不愿把目光移开,竟然把开水倒在了自己的手上,疼得她直甩手,观众对这个动作特别叫好,可谓是掌声雷动。演出结束后,高洁坐在一个不起眼的地方默默地流泪,欣慰、酸楚、激动……多种情感交织在一起,这次演出的效果是她无论如何都想象不到的。高洁心里明白,观众的掌声并不是说明自己演得有多好,而是说明10年了观众没有把她忘记,依然对她如此地偏爱。

接着,中央电台到河南对《朝阳沟》进行录音,点名要录高洁的。这时又有人提出,说高洁的问题还没有说清楚,她不能担当这项光荣的任务。中央电台不顾这些人的反对,坚持一定要让高洁试试。尽管中央电台极力为高洁排除一切阻碍,但高洁以自己长时间不登台不能胜任为由主动放弃了这个机会。高洁当时只有一个考虑,她要为艺术负责,要为观众负责,长时间不演出自己就没有信心,那肯定就唱不好,录出来的唱段也肯定会对不起观众。

第十五章　润泽无声——母爱是条静静的河

　　一切远行者的出发点总是与母亲告别，所有暮年的老者最渴望的就是能听到母亲的呼唤。有这样一个故事：一个猎人去非洲的大草原上打猎，他射杀了一头母狮，然后去追逐其他猎物。可是，当他返回来时却发现母狮的尸体不见了。他循着血迹找去，最后在一个干枯的大树洞里，看到母狮躺在地上一动不动，它身边有4个没有睁眼的幼狮正在吮吸母狮的乳汁。猎人一下子惊呆了，就在那一刹那间，他发现母爱不仅给了这个世界一个生命，还给了这个生命一个世界！对于母亲来说，对于她应该付出的一切代价，她都会说"我愿意！"

　　高洁两个孩子的幼年时期，正是她人生中最困顿的时刻，他们从小亲眼目睹了母亲的艰辛，也体味到了母爱的沉重。高洁对孩子们的那份爱，少了几分亲昵，多了几分严厉；少了几分娇儿绕膝的惬意，多了几分唠叨和叮咛。苏霍姆林斯基说过："人类的精神与动物的本能区别在于，我们在繁衍后代的同时，在下一代身上留下自己的美、理想和对于崇高而美好的事物的信念。"尽管高洁没能让两个孩子得到他们本来可以得到的爱，享受他们本来可以享受的家庭温暖，但她把面对困难时的不屈意志传给了他们，把面对社会责任时敢去担当的勇气传给了他们，把面对纷繁的世界敢去走自己路的理想传给了他们，这让他们一生都很受益。

1970年秋末冬初,河南豫剧院收了一批学生,采取以团代校的形式,高洁和另外两个人担任辅导老师。为了便于学生学习,高洁就干脆搬到团部与学生吃住在一起(此时三团已从郑州市文化路搬到红旗路)。当时团里条件还比较差,床少人多,高洁就和几个女学生一起睡在地铺上,只在周末才回家去看看两个孩子。(1970年1月,尹涛下放到襄城县后,高洁带着两个孩子在郑州生活。不久,保姆因事回家,高洁就让母亲到郑州给她帮忙。)星期天,高洁也会把两个孩子带到团里,和新招的学生一起玩。每到回家时,两岁的女儿总是拦着高洁说:"妈妈抱,妈妈抱。"每到这时,尹兵总是上前拉住尹红说:"妹妹,妈妈身体不好,来,让哥哥背着你。"看着一个孩子背着一个比他更小的孩子,高洁心里既高兴又心酸,每到这时她总会不自觉地想起下放在外的尹涛,她感觉眼前的不仅仅是两个孩子,更是她和尹涛一生的希望,是他们生命的全部寄托。更让高洁感动的是,有一次尹兵竟然趴在她的耳边悄悄地对她说:"妈妈,我长大了一定给你和爸爸争气!"

　　有一次尹涛从襄城回到郑州,尹红看见他后,感觉家里突然多了一个人非常新鲜。她心里虽然知道眼前的这个人是自己的爸爸,却又不敢上前去认。尹涛坐在里屋的床上,尹红不停地跑进去看一下,然后又飞快地跑出来,显得十分害羞。这种既亲昵又疏离的感觉让高洁特别的刻骨铭心,许多年后,她看到著名电影表演艺术家许还山主演的一部电影,其中有一个情节是一个右派下放许多年,回家后女儿不认识他,当时看到这里,高洁就禁不住热泪盈眶。从那时起,高洁就常常想,不管尹涛何时结束下放的岁月,等尹涛回到家时她必须交给他两个健康健全的孩子,不管今后的生活有多么艰难,一定要把两个孩子教育好。

　　为了培养孩子们的自立自强意识,高洁从来没有到学校接送过孩子,下雨时她也从来没有往学校送过雨伞。1970年夏天的一天,刚满8岁的尹兵放学后顶着暴雨回到家里,由于雨下得太大,尹兵出现了雨水过敏,脸肿得看不出模样来。高洁天天带着他去医院打针,每当高洁忙于其他事情时,尹兵还总是提醒她:"妈妈,该去打针了。"每次打针时,尹兵都是咬着牙一声不吭。后来高洁问尹兵:"孩子,打针疼不疼呀,你为什么总是不吭声呀?"尹兵极其认真地对高洁说:"因为我自己的事情给妈妈找了许多麻烦,我感到很对不起妈妈,我一定要坚强,让妈妈对我放心。"

1971年冬天,天气非常寒冷,尹兵在文化路二小上学。教室里没有暖气,只烧了一个煤炉。有一次,老师在炉子上放了一茶缸开水,尹兵的一个同学不小心把他推倒在火炉旁,茶缸里的热水刚好浇到尹兵的脖子上,肉皮被烫掉了一大块。在治疗的日子里,高洁每天都要用酒精为尹兵擦洗烫伤的皮肤,尹兵坐在床上一动不动、一声不吭,但高洁能看到尹兵在下面用手使劲地拽自己的衣角。高洁看在眼里,疼在心里,她眼里含着泪水,不让孩子看出她心中的悲痛,相反,她还非常乐观地告诉尹兵,只要自己坚强,就能战胜一切困难。

生活的磨砺,会使一个人及早地离开墙根去寻找出路,尽管尹兵还小,但他是家里唯一的男子汉,他超乎同龄人的自信就来自这种角色意识。有一次,高洁的母亲得了心绞痛,而且到了非常严重的程度,高洁把她送到郑州黄河医院,医生诊断为心肌梗死让立马住院。这时,高洁正在团里排戏,她当时艰难的处境又使她不敢耽误半点时间。无奈之下,高洁只好到学校把尹兵接到医院去陪自己的母亲。临走时,尹兵告诉母亲,让她安心排戏,姥姥全交给他了,那自信的样子,让高洁得到了莫大的安慰,更给了她无穷的力量。当时尹兵虽然还不满10岁,可他不仅会帮助姥姥煮稀饭,还会给姥姥端水喂药,搀扶姥姥去卫生间。

　　高洁不娇惯孩子,特别是在吃穿上从来没有溺爱孩子,在这种环境中,孩子们都养成了平实朴素的习惯,在物质享乐上从来不会向大人提出过分的要求。尹兵上小学一年级时,有一次学校举办一个活动,要求学生一律穿白色上衣,蓝色裤子。高洁就把自己的一个白上衣让尹兵穿上,但看上去很不协调,不仅样式是女的,而且尺寸也不合尹兵的身材,到学校站好队后,老师一眼就认了出来。活动结束后,老师问尹兵:"你的白上衣是你妈妈的吗?"尹兵很爽快地回答:"是的!"尹兵小的时候,很少买新衣服,都是穿大人的衣服,短了放放,再短了再放放,有时干脆是在旧裤子上接上一截。有一次高洁外出演出,尹兵穿着尹涛给他接的裤子去上学,老师还风趣地对尹兵说:"这肯定是你爸爸接的裤子,要不然针脚不会这么大吧。"

　　尹兵8岁时的暑假,高洁把他送到洛阳一个农村朋友的家里,让他置身于一个完全陌生的环境之中,目的是让尹兵到农村体验一下生活,培养他适应环境的能力。一开始尹兵还表现出几分兴奋,可在去洛阳的车上,他却哭得泪人一样,把眼睛都哭肿了。在高洁离开的那几分钟,尹兵站在那里深情地望着母亲,从他的眼神中可以感觉到他内心的悲伤,但他还是强忍着不让眼泪流出来。

　　高洁对子女们的要求非常严格,从为人处世、礼貌待客,到生活习惯、衣着打扮,都有明确的标准。尤其是道德品质上,她对子女的要求更高。而且,高洁对子女的这种要求,绝对不是为了让别人去看,而是要求孩子们必须做到表里如一,不仅在公共场所要这样做,在家里也必须这样做。平时在家里,不管孩子们在椅子上怎样坐着,只要高洁一过去,孩子们必须立马坐端正,表示对长辈的尊重。尹红回忆说:"小时候非常害怕母亲,她是那种不怒自威的人,只要她脸一黑,我就被吓哭了。"在郑州经八路11号院住时,高洁家住在二楼。有一天,不到4岁的尹红在楼下玩,看到一双洗得发白的回力鞋,她以为是哥哥的,就拿到二楼放在自家门前的水池上。过了一会儿,就听见院子里有人吵吵闹闹,说是谁家的鞋丢了,最后他们在高洁家的门前发现了鞋子,丢鞋的人就说是尹红偷的。高洁知道这件事后要打尹红,把尹红吓得"哇哇"大哭,最后竟然在她怀里哭得睡着了。对此,居委会还特地开了一个会,说高洁不该那样对待孩子,因为孩子小不懂事,而且还是一个误会。

  高洁从不打孩子,当孩子惹她生气时,她总是耐心地给孩子讲道理。可有一次,高洁真的动气了,那是她一生中第一次也是唯一一次打孩子,对此她记忆犹新。1972年8月1日,在那缺乏文艺生活的日子里,为祝贺八一建军节,晚上广场上放电影,尹兵去看电影直到10点多还没回家。高洁实在等急了,就出去找他。碰巧的是,高洁出门没走多远就看到尹兵从远处走了过来,等尹兵看到她时,慌忙地叫了一声"妈妈",但高洁一扭头一声不吭地回家了。尹兵知道妈妈生气了,就跟在后面一语不发。回到家里,已是将近11点了,为了不影响左邻右舍,高洁把尹兵带到里间,然后把房门一关开始训斥他:"你爸爸不在家,你怎么这样不听话呢,这黑更半夜的你不回来,你知道妈妈有多担心吗……"高洁越说越气,就对尹兵说:"小兵,我生气,你趴在床上让我打两下吧。"尹兵没有丝毫的犹豫,就趴在了床上,高洁拿了一条绳双了几下去打尹兵的屁股。尹兵自知理亏,高洁打了好几下,他都不吭不动。打过之后,高洁继续给尹兵讲道理,讲了一会,她又对尹兵说:"小兵,我的气没有出完,我还想打,你趴在床上让我再打两下吧。"尹兵就又趴在床上让她打了几下。从那以后,尹兵再也没有惹高洁生过气,无论出去干什么,他总是按照高洁要求的时间准时回家。

曾问尹兵,母亲留给他最深的记忆是什么,他说是母亲的三轮车和电线杆下的身影。尹兵小时候被一根鱼刺卡住喉咙,半夜里,高洁用三轮车把他送到医院,尹兵说在他的脑海里一直想着母亲的三轮车。有一次,尹兵去看纪录片,到11点才回家,老远就看到高洁在大街上的电线杆下等他,尹兵说母亲的背影是他一直不能忘记的。当尹兵回忆起这些往事时,动情地说:"母亲的做人原则和对艺术的孜孜追求对我影响很大,艺术是母亲的生命,从年轻时她就开始执著地追求,一直在丰富强化自己,特别是母亲坚忍不拔的精神,深深地影响着我,直到今天。在母亲的引导下,我没有走人生的偏路,一直追求着自己的目标,我小时候总有一种信念,是高洁的儿子就一定不能是弱者。"

　　马克思的女儿劳拉·马克思和保尔·拉法格谈恋爱时,马克思曾给保尔·拉法格写过一封信,信中有这样一段话:"在最后肯定您同劳拉的关系以前,我必须弄清楚您的经济状况……您知道,我已经把我的全部财产献给了革命斗争。我对此一点不感到懊悔。相反地,要是我重新开始生命的历程,我仍然会这样做,只是我不想再结婚了。既然我力所能及,我就要保护我的女儿不触上毁灭她母亲一生的暗礁。"对于高洁来说,在她的心灵深处,有一片广阔的空间,在那里没有风雨,没有悲伤,它是高洁唯独留给子女的。可以说高洁对子女的爱十分深沉,因为这种爱融入了她人生的大悲大痛、大彻大悟。可由于当时特殊的境遇,高洁没能将这种爱很好地传达给自己的子女,以至于她的很多举动甚至子女都无法接受,这在她女儿身上表现得尤其强烈。

　　尹红从小就非常喜欢唱歌跳舞,上小学时还是学校文艺小组的成员。可有一天,老师突然宣布,说尹红以后不再参加文艺小组的活动了。尹红感觉受到了莫大的伤害,在背地里偷偷地哭了好几次,从那以后好长一段时间,她无论做什么事情都找不到一点自信。后来尹红才知道,老师所做的这一切,都是母亲安排的。当时,尹红非常生母亲的气,她实在不理解母亲为什么要这样做,以至于她后来做什么事都想和母亲反着来。高洁从来没有因为女儿和自己任性而怪罪她,也从没有对女儿解释过什么,她只把这种感情埋在了心底。

尹兵从小就爱听戏,在入学之前,就对艺术产生了很大的兴趣,八个样板戏唱得滚瓜烂熟。上小学二年级时,在学校里就演了《智取威虎山》。高洁对尹兵的兴趣既不支持也不反对,只是反复地要求尹兵多去读书。在她的引导下,尹兵看了许多书,甚至发黄的老书他都看。高洁曾买过一台小收音机,自买来后,它就成了尹兵的宝贝,每天放学回家,他就抱在怀里听个没完没了。那时候只要有一个新戏播出,不出一周,尹兵就能把戏词完完整整地背下来,而且还能唱得有滋有味。邻居们经常给高洁开玩笑说:"你家的收音机没白买呀。"后来,有人向高洁提议把尹兵送到剧团里去,可以为他学习戏曲提供一个较好的环境,高洁说什么也不同意,她说尹兵还小,等他上完学再做决定。

1973年,河南省戏曲学校恢复招生,很多家长都把孩子送到戏校学习,这时有人劝说高洁,尹兵对戏曲那么热爱,又有那么好的天赋,为什么不让孩子去学习戏曲呢,可高洁仍然坚持等尹兵把学上完再说。此时的尹兵已经上了中学,虽然功课很多,但他依然喜欢戏曲,而且在学校里已经小有名气,在校剧团里已演了几个角色。看着沉浸在戏曲中的儿子,高洁的心里既高兴又沉重,高兴的是孩子在艺术上有这么好的天赋,而且又是那么的热爱,她感到孺子可教,自己的事业后继有人;但她从心底里又不想让儿子重走自己的道路,不愿看到孩子再经历自己曾经的磨难。高洁没事的时候,常常在心里问自己:"我不是也同样喜爱艺术吗,可我对艺术的热爱与追求却成了别人不可饶恕的罪状,既然我现在能够保护孩子不再走上我的伤心之路,我应该帮他另做选择。"

到了1974年,尹兵对戏曲更加痴迷,他也长成了一个小帅哥,不论从他的形象、嗓子,还是他个人的兴趣爱好,都绝对是一个学戏曲的好料。这时,大家的意见更加强烈,认为高洁不让尹兵去学习戏曲,简直是在扼杀一棵艺术幼苗。在强大的舆论面前,高洁的思想开始动摇了,她终于开口了:"小兵,你要真是想去戏校,你自己去考吧,考上你就去上,考不上还继续上你的学。"尹兵得到高洁的允许后,心里非常高兴,没有人嘱托他,更没有人陪同他,他一个人跑到河南省戏曲学校参加了入学考试。结果当然是令人满意的,尹兵以优异的成绩考入了河南省戏曲学校。尹兵在学校学习非常刻苦,而且在艺术上也很有自己的追求。不久,学校排一个歌剧《兄妹开荒》,尹兵在戏里演主要角色。尹兵排戏非常认真,而且坚持自己的主张,为了一个动作,他能和导演争论半天。后来河南省戏曲学校校长兼导演的袁文娜见到高洁时还曾对她说:"尹兵在艺术上很有前途,你怎么不早一年给我送来呢,他很有个性,有一段戏我就争论不过他,最后我还是听他的。"

1979年,尹兵从河南省戏曲学校毕业,分配到河南省豫剧一团工作。上班的第一天,尹兵就对高洁说:"妈,我一定好好学习,我还要去上大学。"高洁对儿子的想法非常支持,并鼓励他不要放弃自己的追求。尹兵用上班发的第一个月工资,给家里买回了两袋米,而且还很自豪地对高洁说:"妈妈,从今天开始,我就可以孝敬您了。"尹兵到河南省豫剧一团后,并没有演什么戏,平时的工作也只是上上龙套把子而已。但他工作很积极,哪里需要就到哪里去,不论做什么工作都十分努力,从来不跟领导讨价还价。更令人称赞的是,尹兵还一如既往地刻苦学习,他常常把书本带到舞台上,一进后台抓起书就看。后来一团的领导和老同事们还对高洁说:"你的孩子是怎么教育的,这么懂事,这么用功!"

1979年,河南电视台拍摄《远方来的儿子》,高洁在剧中饰演田大娘。尹兵知道后就向一团的领导申请,得到同意后到剧组当了剧务。女一号是北京来的一个叫李鹃的女孩,由于工作上的合作,尹兵和李鹃很快就熟悉了。有一天早晨,尹兵突然站在高洁的床前非常兴奋地说:"妈妈,我第一次对女孩子产生了这种美好的感情,我非常喜欢李鹃。"高洁和尹涛互看一眼,沉默半天没有任何表示,尹兵就知趣地跑了出去。由于各种原因,《远方来的儿子》没有拍成,剧组也很快解散了,李鹃回到了北京,尹兵又回到一团继续工作。

1983年9月,尹兵考上解放军艺术学院。这时李鹃已到北京师范大学读书,他们很快又建立了联系。李鹃还把尹兵带到她家里吃饭,不久他们就正式确立了恋爱关系。李鹃的爸爸妈妈都是中央音乐学院的教授,家庭非常好,高洁感觉两个人没有在一起生活,仅凭一面之交还不能深入了解,就建议他们先相处一段再说。1984年春节,李鹃跟尹兵一起到郑州过春节。高洁非常热情地招待了李鹃,但她认为李鹃和尹兵只是一般的同学关系,所以李鹃过完春节走时,高洁并没有送李鹃礼物。1985年春节,李鹃又和尹兵一起回郑州过春节,高洁这次就接受了这个未来的儿媳妇,走的时候,她给李鹃买了一块手表,算作送儿媳的礼物。

尹兵在学校里表现非常出色,大二期间就排了一个戏《空中小姐》,演男一号。演出非常成功,有关单位还专门为这个戏开了研讨会,新闻媒体对尹兵做了专访,尹兵还给高洁寄回了一张专访他的报纸。在访谈中,尹兵说自己的很少,大部分内容都是讲自己的父母,他说,在父亲的支持和母亲的引导下,自己才走上了艺术道路。接下来,很多导演主动来找尹兵,一连排了好几个戏。

1986年春天,《凯旋在子夜》剧组找到尹兵,让他演男一号,由当时著名女演员朱琳演女一号。尹兵马上给高洁写信,告知她这一事情。高洁接到信后非常高兴,她鼓励尹兵一定要把戏演好,这是一个难得的学习和锻炼机会。不久,尹兵又写信告诉高洁学校以他在毕业班学习紧张为由不让他去演了。高洁认为这是尹兵在事业上错失的一次很好的机会,每当谈到这件事时,高洁仍然不无惋惜。

1987年,尹兵从解放军艺术学院毕业,当年就和李鹃结了婚。婚礼是在北京李鹃家举办的,比较简单,尹兵把他和李鹃结婚时的照片挂在屋里,把他们的结婚证放在桌子上,买了两只烤鸭,请李鹃的家人吃了一顿饭就算结婚了。高洁给尹兵寄去了1500元钱,给李鹃买了一个戒指。暑假里尹兵带着李鹃从北京回到郑州,一家人又在一起吃了个饭,算是圆满结束。

1990年,李鹃到了法国巴黎,两年后她希望尹兵也到巴黎去。作为母亲,高洁觉得两个年轻人不能长期两地分居;但尹兵作为一个演员,高洁又认为他不应该离开祖国。针对儿子的想法,高洁只说了一句话:"我只表达我的看法,最后还是由你们自己决定,我认为你的事业在国内。"尹兵给父母谈了自己的想法,他说:"我如果不离开中国,在艺术上可能也会大红大紫,但到法国也是实现我自己的理想。人的一生非常短暂,我能有机会到一个完全陌生的国家,我感到我生活了两次,两个国度实际上是给了我两次生命。"高洁没有再劝阻尹兵,尹兵最后就移民到了法国。高洁从来没有把家长的权威摆在前面,尽管尹兵在爱情和事业上,成全了爱情牺牲了事业,但高洁对儿子的选择没有丝毫的埋怨,更没有任何的责怪,她支持孩子的意愿,更尊重孩子的选择。

2009年尹兵回国时,当他被问及如何教育自己的孩子时,他说了这样一段话:"父母注意孩子的成长,应关心孩子的志向,尊重孩子的意志,而不是迁就孩子。当孩子有一种愿望时,父母支持他们实现自己的梦想,给他们应有的帮助和理解,这对他们的成长是非常有益的。在我成长的过程中,我的父母就一直在支持我、鼓励我,他们的所作所为一直在影响着我。我的老大已经15岁了,这个年龄正是心理上的逆反期,心理上想摆脱父母,在生活上又要依靠父母。我和三个孩子的关系都很好,正像当年父母和我的关系一样。在法国,我的一切,包括家里的装饰都具有中国的味道,中国的书法、水墨画,还有传统的家具,三个孩子在这种环境中成长,他们受到的影响是无形的。"

第十六章　历史阵痛——高洁何以渐离戏曲舞台

1976年10月,弥漫在神州大地上的阴霾终于被驱散,对于大多数中国人,尤其是广大知识分子来说,这是一个拨云见日、重见光明的时刻,他们抖落了身上的枷锁,重获思想的自由。1977年1月12日,原版《朝阳沟》在郑州恢复上演,一个月后,高洁被准许参加演出。这是高洁10年来第一次不是以替补的身份,而是以主角的身份登上舞台。为了等待这一天的到来,高洁经历了太多的磨难,那段时间,她感到一种从未有过的轻松和兴奋,她又能为自己心爱的戏曲艺术尽力了。可社会之风常常把那些优良的种子吹落在青石板上,却把那些干瘪的种子吹落在沃土之中,难怪屈原几千年前就曾经感慨"黄钟毁弃,瓦釜雷鸣"。"文化大革命"结束之后,现实并没有如高洁想象的那样,微笑着向她张开怀抱,她的处境并没有发生实质性的改变,她不仅时时处处受到来自各方面的挤压,她在艺术上也依然受到种种的限制。高洁虽然结束了10年噩梦般的生活,重新恢复为自由人,但她的生命轨迹从此被改写,最后她只能十分痛惜地和自己心爱的戏曲舞台说一声"再见",从此,她的人生进入到对艺术的守望时期。

1977年8月,河南省文化局组织慰问团到武汉军区慰问解放军官兵,常香玉、于黑丁(河南省文化局党组成员,分管文艺的副局长）任代表团的正副团长，高洁随代表团一同前往。到达武汉后，首先给武汉军区的首长们演出。由于此时三团的党政大权仍然掌控在造反派手中，因此演出时不仅没有给高洁安排角色，而且在介绍演职人员时也没有她的名字，军区首长接见代表团的演职人员时就更不会让高洁参加了。接着去看武汉歌剧团演出《洪湖赤卫队》，有关领导给高洁发了一张非常靠边的票。在那里，高洁见到了许多过去的朋友，包括她在上海声乐研究所学习时的同学。演出结束后，演员从两个台口下来送观众，高洁在台下为他们使劲地鼓掌，尽管他们走下台后，高洁主动上前向他们伸出热情的双手，但他们见了高洁不仅没有久别重逢的那种亲切，而且从高洁身边走过时还视而不见。这一切好像都是经过事先精心安排的一样，高洁在她昔日的朋友心中也成了一个不可接近的"另类人物"。这突如其来的一幕，对高洁刺激很大，但她并没有表现出任何的情绪，像什么也没有发生一样继续做好自己余下的工作。

接下来河南代表团为武汉军区的解放军战士演出，这次虽然让高洁上场了，但又发生了一件意想不到的事情。正当高洁准备上车时，刚上车的同事突然又退了回来，一脚踩在高洁的脚面上，高洁的脚当时就鲜血直流。这个人不是别人，正是那个总和她过不去的造反派头目，可他看着高洁受伤的脚竟然一句话没说直接坐在了座位上。回到住处后，高洁到卫生所进行了包扎，当时脚面已高高肿起，疼痛难忍，走路也受到了严重的影响。正式演出时，高洁为了在舞台上不出现脚跛的现象，她先在后台抱着被子（道具）来回走动，想以此先让自己的脚变得麻木，然后再上场演出。可当高洁上场后，下面一阵哄笑，大幕立马拉上了。高洁不知是什么原因，在别人的提醒下，她才发现是自己在后台走动时腰带头露了出来。第二天就召开了高洁的批判会，让她对舞台上的失误作检查。高洁对自己的脚伤一字未提，只检讨自己的责任心不强，工作疏忽。

慰问演出结束后，河南代表团又和武汉文艺界进行联欢。于黑丁感到有失对高洁的公平，在去会场的路上，他与三团的造反派头目发生了激烈的争执。于黑丁坚持联欢时必须介绍高洁，但三团的那个领导认为高洁和"四人帮"有联系而不接受这个建议。于黑丁坚持说："我就不信高洁与'四人帮'会有什么联系，今天你们必须介绍高洁，如果高洁有什么错误，我负全部责任。"迫于于黑丁的压力，在介绍河南代表团的成员时，高洁被排在了20名成员中的最后一个。尽管高洁被放在末尾，但毕竟还是介绍了她，这立即给她带来了意想不到的效果，她昔日的那些老朋友、老同学争相过去和她握手问好。

1978年4月，经中共河南省委批准，恢复河南豫剧院及所属艺术表演团体的名称和建制，除了个别人员作了调整之外，基本上是各归各团。当时河南省豫剧一团副团长、导演赵义庭主动找到三团的领导，想让高洁到他们团去，三团的领导说高洁身体不好，不能排戏，实际上是不想放人。但赵义庭却坚持说："高洁身体不好我们养着，她什么时候身体好我们就什么时候给她排戏。"其实，当时动员高洁离开三团的不只是河南省豫剧一团，但高洁最后都谢绝了。高洁当时只有一个念头，不管今后的处境怎样，不管今后的路是坎坷还是平坦，自己都不能离开三团。当高洁谈起这件事时，她说过这样一段话："河南省豫剧一团是常香玉大师所在的剧团，有全国义演、捐献飞机的惊天之举；河南省豫剧二团的前身是陈庚部队的娃娃剧团，有出生入死、浴血奋战的光荣历史。但这些荣誉都与我无关，因为我是三团培养的演员，我是和三团一起长大的，我只与三团的历史有关，只与豫剧现代戏的兴衰荣辱有关，我不能离开三团。"正如一位作家所说："只要母亲错打不死,还依然偎依在妈妈面前诉说衷肠！"坎坷更易激起人的斗志,灾难会使人变得更善良,在历史发生急剧变化的转折点上,高洁没有走向唾手可得的名利,而是选择了对大地母亲的守望！

1978年10月,三团排《于无声处》。这个戏是由同名话剧改编而成的,讲述了1976年夏,遭受"四人帮"残酷迫害的老干部梅林和她的儿子欧阳平到北京告状途经上海,来到9年未通音讯的老战友何是非家。何是非在"文化大革命"中,为了向上爬,屈从于造反派的压力,曾向"四人帮"写假旁证,把战争年代的救命恩人梅林诬陷为叛徒。他对梅林母子的到来极为不快,怕自己卑鄙的面目暴露,想方设法把他们赶走。何是非的女儿何芸是欧阳平的女朋友,她看到自己几年来深深思念的恋人十分高兴,但当她知道欧阳平因为收集整理悼念周总理的《天安门诗抄》,已成为全国搜捕的反革命分子时,身为公安人员的她内心极为痛苦。何是非却利用这一情况,急忙向"四人帮"告密,并通知武装民兵包围了梅林母子所住的房子。已是肝癌晚期的梅林,面对此种处境,不以疾病为念,鼓励欧阳平到监狱里、法庭上,去跟他们作坚决的斗争。何是非的爱人刘秀英曾因无意中发现丈夫把梅林诬陷为叛徒的假旁证,当她亲眼看到梅林母子受到残酷迫害,又见丈夫再次告密,便鼓起勇气,当众揭发了何是非。何芸在欧阳平遭逮捕的时刻,毅然和父亲决裂,勇敢地与欧阳平站在了一起。

这是"文化大革命"结束后高洁排的第一个大戏,她非常感谢导演刘凌起用她在这个戏中饰演一号人物梅林。由于这个戏反映的内容和当时的政治环境非常吻合,演出时引起极大轰动,特别是欧阳平说的"人民是不会永远沉默的",更成了那个时代的一声春雷。高洁对这次演出极为重视,这不仅是因为她的舞台生涯几乎中断了 10 年,更重要的是剧中人物的命运与她曾经的命运有相似之处。高洁从内心里喜欢这个人物、崇敬这个人物,从对词开始,她就下了很大的功夫,不光是体力的投入,更多的是感情的投入。特别是剧中梅林与儿子的一段对唱,唱的是陈毅的《梅岭三章》,每次唱到这里,高洁总是泪流满面。这种感情首先是出自对老一辈革命家的崇敬,在"文化大革命"中陈毅因为刚正不阿而受到种种迫害,前辈们无所畏惧的勇气和高风亮节的品质更容易引起高洁对刚刚过去的那段历史的回忆。这里还有一段小小的插曲,就在排这个戏的不久前,有一天高洁到河南人民医院看病,一个护士拿着一本手抄的《陈毅诗选》,她见后如获至宝,就借了护士的笔抄了许多。高洁一边抄一边哭,旁边的护士还悄悄地说:"高洁看上去也不像'四人帮'线上的人啊,要不然她为何看到陈毅的诗这么伤心呢。"

　　排《于无声处》时,高洁的体重不到 90 斤,有些高音她唱着就非常吃力,但高洁倾注了全部精力,硬是撑着把这个戏演了下来。后来高洁还开玩笑地说:"当时我那几十斤的瘦个子,从形体上看就像一个受过迫害的人,演这个角色非常适合,导演当时选中我也不知有没有这个因素。"这个戏排出来后虽然演得很少,但给高洁留有很深的印象,她曾说在她演的所有主角中,除了拴保娘、祥林嫂之外,她最喜欢的就是梅林这个角色。1979 年 7 月 1 日,河南省文艺界在河南人民剧院演出,庆祝党的生日,高洁唱的不是她影响最广的拴保娘唱段,而是梅林"九年前遭诬陷含冤定案,往事历历重现我夜难成眠……"这段戏。

　　1979 年 12 月,三团排演由董新民等创作的《谎祸》,高洁在这个戏中饰演二号人物董奶奶。该剧的内容大致是这样:1959 年深秋,北方某个农村,在"大跃进"和"放卫星"错误政策的指引下,农民的生产生活遭受严重破坏。队长李百锁在危急关头,暗中把部分麦种分给百姓以度饥荒。县委书记不顾群众死活,不仅派兵挨门逐户把麦种搜走,还把李百锁打成反革命,并押送县城处理。董奶奶在和错误政策抗争后气绝身死,群众只好外出逃荒要饭……李百锁被押送到火车站时,村支书暗地里给他买好了火车票,让他代表全乡人民到北京向党中央反映真实情况。李百锁含泪北上……

该剧打破英雄总是被"神化"的模式,忠于生活的基本素材,是党的十一届三中全会后较早提倡实事求是、抨击浮夸风、呼唤党的优良传统的剧目。剧中的董奶奶是个性格耿直、是非分明的老农民形象,她也是千千万万个普通人民的代表。她极力反对一亩地需要三百斤麦种的所谓"密植",她敢以长者的身份劝训李百锁改变那种浮夸风的做法,当劝说不成,她竟然高呼着扑倒在播种的耧上,不惜以老命与浮夸风作斗争。高洁在剧中的几个动作,活化出老人耿直凛然的正气,令人肃然起敬。

在《谎祸》排练过程中出了一件事情,而这件事差点要了高洁的命。其实,这个戏一开始排练,高洁就感到有一种巨大的压力。分角色时,高洁正在北京开文代会,她回到单位后,《谎祸》的作者之一、三团的编剧董新民对她说:"高洁,不论排练场上出现什么事情,你可都不要吭声,更不要有怨言,无论如何一定要把这个戏排好。"在排练场上,高洁牢记董新民的提醒,严格按照导演的要求,让怎么唱就怎么唱,让怎么走就怎么走。可是有一天,河南省委宣传部的一位领导突然把高洁叫到他的办公室,并用十分严厉的语气批评她不服从导演的调度,致使这个戏无法继续排下去。面对这种突如其来的责难,高洁只说了一句话:"请领导放心,我过去不会这样做,现在更不会这样做……"当时高洁感到一种从未有过的委屈,她真想从省委宣传部的高楼上跳下去一死了之,话还没有说完,她的心脏病、高血压同时犯病,一下子就晕倒在地。

1982年2月,三团准备排演《朝阳沟内传》。有一天,时任团长的侯彦斌找高洁谈话,他说:"《朝阳沟内传》马上就要投入排练工作,明天就要宣布角色了。由于这个戏写银环娘下乡住在拴保家里,一个家庭不能有两个老太太啊,所以拴保娘这一角色就取消了。因为你的拴保娘在观众心中印象太深了,让你演二大娘或者其他角色也不合适,那样人家会说拴保娘怎么跑到别人家去了……"没等侯彦斌说完,高洁就打断了他的话,高洁对他说:"你不用做我的工作,我思想上早有准备。"实际上,在《朝阳沟内传》中,拴保娘这一角色并没有取消,只是被写成了一个瘫痪在床的病人。高洁是《朝阳沟》所有演员中唯一一个没有参加《朝阳沟内传》演出的人。尽管这样,在这个戏的排练过程中,仍有一些年轻的演员在私下里找高洁学习,据说是得到领导批准之后才去的,如饰演二大娘的王翠芬就几次找到高洁,让高洁帮她处理唱腔。高洁每次都会热情地去辅导那些年轻的演员,没有因为自己无法参加《朝阳沟内传》的演出就把他们拒之门外。

从1982年起,高洁就逐渐离开了戏曲舞台。除了1983年排了《六斤县长》(该戏是由陕西商洛花鼓戏改编而成的,高洁在这个戏中饰演母亲)、《铁马奔腾》(高洁在剧中饰演奶奶),1984年排了一个《拾来的女婿》(高洁在剧中饰演奶奶)之外,高洁几乎没有再排演过豫剧。此时高洁48岁,对于一个在艺术上早已成熟的演员来说,这个年龄虽不能说是艺术上如日中天的时刻,但也至少可以说是午后的骄阳灿烂依旧。其实,从1978年以来,高洁就满怀着信心和热情迎接新时代的到来,虽然她知道自己艺术上的黄金时间已经过去,但她还是希望自己能有第二个艺术的春天。可是,历史却和高洁开了一个无情的玩笑,几个不成气候的小戏成了她在戏曲舞台上的最后一抹晚霞,之后,她就再也无缘登上心爱的戏曲舞台了。从20世纪80年代开始,高洁迎来了另一种沉寂,所不同的是,她有了人身自由,她不再遭受政治迫害。

没有答案的历史永远是不平静的。高洁离开戏曲舞台的原因固然是复杂的,但有一点是不争的事实,那就是混乱的历史虽已结束,但它留给人们的创伤却难以愈合。在一个时期内,人们不是瞻望美好的未来,而是回顾痛苦的过去,不是面对沉痛的历史教训进行集体的反思,而是把历史的灾难迁怒于个人的恩怨。乌云虽已退去,但阳光并没有照到每个人的身上,按照高洁的个性,她不可能向所谓的"权势"妥协,因为她骨子里根本就蔑视和讨厌这个东西。所以,当新时代的曙光照耀在地平线上的时候,高洁却游离于时代之外,这不能不说是艺术的不幸。然而,高洁面对现实却能"欣然"去接受,与其说是"欣然"接受,倒不如说是她窥破了人生的真相,"窥破了人生真相当然是愉快的,但同时往往也是痛苦的。这种痛苦不是一般意义上的痛苦,而是清醒的痛苦,哲学的痛苦,智慧的痛苦"。(胡山林:《文学与人生》)

"历史是一出没有结局的戏,每一个结局都是这出戏的新情节的开始。"就在高洁离开戏曲舞台之际,历史却为她打开了一片新的天地。1982年4月,时任河南电视台台长的王明堂写了一个儿童剧《冤家小传》,准备拍成电视剧,剧中有一个老奶奶的角色。由于王明堂与尹涛曾经是同事,彼此非常了解,得知高洁闲居在家,就托人找到高洁,请她饰演剧中的老奶奶,还说这个角色的戏很少,有点委屈她,问她愿不愿意接演。高洁抱着学习的态度当场答应,她很想去体验一下影视这种新的艺术形式。这是高洁排的第一个电视剧,戏虽然少,但高洁非常看重这次机会,她演了半辈子的戏曲,还从来没有演过电视剧。在洛阳拍摄时,高洁非常用心,并没有觉得自己是一个老演员,就有驾轻就熟的思想,自己没戏时就在招待所里练习。排完后看样片时,高洁仔细寻找自己在表演上的不足之处,有一个镜头,高洁非常不满意,老奶奶过桥时,由于桥上有水,高洁把台步戏曲化,采用跳步跨过,晚上看片回放时却引来哄堂大笑。后来虽然把这个镜头去掉了,高洁却一直铭记在心,她对自己的表演进行了反复的琢磨,寻找大家发笑的原因,结合自己演豫剧的体会,最后她明白,戏曲舞台上演员的台步要夸张,要讲究程式化,而影视舞台上演员的台步要自然,要讲究生活化。这次实践为高洁走进另一个艺术领域积累了宝贵的经验。

1983年4月,北京电影学院和河南电影制片厂联合拍摄故事片《小城细雨》,这是河南电影制片厂拍的第一个故事片。内容是:百花搪瓷厂的女采购员戴影恬的丈夫去世后,她和婆婆、幼子相依为命。心地善良的婆婆多次劝她改嫁,戴影恬提出要带着婆婆和孩子改嫁,否则就不嫁人。厂里新来的技术员沈子良和戴影恬产生了感情,经历一番周折之后,有情人终成眷属。剧中通过家庭纠纷和生活细节,表现了社会主义一代新人高尚的品德和情操。

高洁在剧中演婆婆。这次高洁力避戏曲中的程式,使人物的言行更加接近生活。在剧中,媳妇做针线活做累了,就趴在桌子上睡着了,婆婆非常心疼媳妇,拿一件衣服给媳妇盖上,然后站在门口望着媳妇。在处理这个动作时,高洁采用依墙而立,凝神观望,而不再用戏曲那个非常程式化的动作。当男主角的一家产生了不可调和的矛盾时,妹妹劝哥哥不要娶一个有孩子而且还带着一个老婆子的女人。媳妇知道后心里非常难过,自己在屋子里打孩子出气。婆婆知道其中的原因后决定要走,这时她的青光眼犯病了,几乎看不清东西,不小心把一个瓶子打碎了,无奈之下就大哭起来。在这里高洁一改戏曲中哭诉的声音,把它变成了哽咽声,使心中的悲痛变得更加深沉。剧中有一个情节,老太太走了,儿媳和孙子发疯一样找她,最后在汽车站找到了她,祖孙三代抱头痛哭。为了演好这场戏,高洁一上场就抱着自己的小包袱(一个小道具)坐在那里一言不发,她认为自己此时就是在汽车站,这样一想感情就来了。拍这个镜头时,高洁一遍一遍地流泪,导演让她休息,她就坐在一边"当众孤独",一直保持着那种感情状态。谈到这个镜头时,高洁说:"我是一个笨演员,不会讨巧,为了积蓄感情,我必须先沉下来进入角色。"

这部电视剧先在郑州拍摄,后到长沙拍摄,由于剧组人员的意见分歧较大,主要演员和导演发生矛盾,以致停拍了一天。当时,高洁在戏曲界虽然是个名人,但在拍摄这部电影时,她谦虚得像个学生,和主演、导演、摄影的关系相处得都非常融洽,得到了剧组人员的一致好评。《小城细雨》拍完后在郑州中州影剧院放映,一天放几场,社会反响很好。高洁到剧场看了好几天,通过观看,她看到了自己在影视艺术上的进步,但更多的是找到了自己的不足,因而更加勤奋地学习。当时尹涛是中州影剧院的书记兼经理,但高洁每看一场都要买票,唯一走的"后门"是让尹涛从内部给她买比较靠后的座位,以便她能仔细地看到自己在银幕上的细微表现。票实在紧张时,尹涛就把高洁安排在军警席上,这个席位实际上是在剧场之外,通过前面的玻璃可以看到舞台,平时是不对外卖票的,但高洁每看一场还要坚持付两毛钱,如果有时这个位置也没有了,她就干脆站着看。

1983年8月,高洁到内乡县灵山脚下的郭村拍摄电视剧《远方来的儿子》。剧中讲述了一个城里的行业知青李卫民,千里迢迢到河南农村照顾孤寡老人田大娘的故事。高洁在剧中饰演田大娘。当剧中的田大娘因侄媳妇霸占自己的家产而气昏倒地时,李卫民背着田大娘卖掉自己的手表做田大娘的住院费,当田大娘知道这个事情后,有三个特定镜头:她惊愕地回头,感动得热泪盈眶,内疚自责得老泪纵横。对于这三个高难度的镜头,高洁力争达到表演准确、情绪饱满。第一次拍摄时,高洁虽然情绪饱满,热泪横流,但面部太背镜头。第二次拍摄时,高洁依然情绪极足,但眼泪流得稍微早了一点,但这已难能可贵了,可高洁还是不满意,她执意要求再拍。当第三次拍摄时,现场非常寂静,大家屏息凝视着高洁,当镜头推向她那激动的脸庞时,一颗颗泪珠瞬时滚出了她的眼角。笑比说难,哭比笑难,高洁凭着她深厚的功底和对人物的理解,最终完成了拍摄。

1988年拍《石头梦》,高洁在剧中饰演一个老尼姑。高洁以没有演过这类角色为由,推辞了好几次,最后导演亲自给高洁打电话:"高洁同志,你还要我亲自上你家去请吗?"在这种情况下,高洁才答应了剧组的要求。到开封后,高洁就开始琢磨这个角色。她是这样理解这个角色的:这个尼姑原本是大家闺秀,有较高的文化修养,所以要突出她的文化内涵,但她又是一个出家之人,她的身上又显露出一种超脱世俗的东西。特别是老尼姑和老教授之间的一段对话"日出而作,日落而息……"更体现了老尼姑的修炼涵养和超凡脱俗。拍摄后,导演对高洁的表演非常满意,说她的一举一动都非常入戏。后来作者李準看了这个戏后,说他对高洁的戏最满意。高洁谈到演这个戏的感受时还很兴奋地说:"找到角色的感觉,那真是一件幸福的事情!"

1994年,在新乡拍摄《农民的儿子》,辛明饰演史来贺,高洁演史来贺的母亲。辛明先拿了两张高洁的照片让丁荫楠导演看,当丁导见到高洁后,当场决定由高洁饰演史来贺的母亲。高洁排这个戏时,女儿尹红临产,媳妇带着孙子从法国回来探亲,无论从哪个角度讲,高洁都无法走开,但她还是走了。高洁认为和这么有名的导演合作,是自己难得的学习机会,同时饰演一个英雄的母亲,也是对自己的一次锻炼。到剧组后第三天,导演先排了一场戏。中午时候,母亲往地里给史来贺送水,天气非常炎热,母亲到地里后,先是用袖子擦了一把头上的汗,然后用毛巾扇风,并深情地望着正在田间劳动的乡亲们。这一个镜头,让导演非常满意,从内心觉得没有选错人。高洁是一个不容易掉眼泪的人,当排动情戏时,高洁就要去积蓄情感。她一走进拍摄现场就谁也不理,静静地积蓄着情感。史来贺从工地上回来,像个泥人似的,到家后当场就晕了过去。这里高洁虽然没有在镜头里,但她一直在看,从看时她就开始投入感情,到有她的戏时,她的感情自然就出来了。高洁曾说,感情固然需要从内心去体验,但还要从情景中去积蓄。当时摄影还跟高洁开玩笑说:"你的眼泪真像自来水似的,说下就下,说停就停。"

高洁从《冤家小传》开始,先后拍摄了影视作品《苓角将军》、《薛夫人》、《大波沉浮录》、《太阳暖融融》、《男人就是太阳》、《史来贺》等。当有人问她,这么多的影视作品中,哪一个她最满意时,高洁哈哈大笑,她说:"没有最满意的,哪一个都是学习,电影、电视永远都是遗憾的艺术。斯坦尼斯拉夫斯基说过,每天的演出都不是昨天的重复,而是新的开始,回忆起我的艺术生涯,我最大的感受就是学无止境,艺海无涯。"

第十七章 艰难探索——高洁扶持两个基层剧团始末

德国作家托马斯·曼在纪念席勒诞辰 100 周年时,曾写过这样一段话:"亲爱的……上帝作证,我非常爱你,只是有时我找不到我的情感,因为我常常由于痛苦而疲倦,由于同我自己授予自己的任务斗争而疲倦。为了我的使命,我不能够太多想到你,我不能够完全因你(指席勒妻子)而幸福。"(《沉重的时刻》)它道出了一切伟大艺术家内心深处的痛苦与寂寞,艺术是他们生命的全部,为了艺术他们可以忘却甚至舍弃一切。

20 世纪 80 年代之后,随着外来文化的涌入和新兴艺术的崛起,戏曲艺术遭遇了前所未有的尴尬,昔日一统天下的局面一去不返,接踵而来的是市场逐渐萎缩,观众迅速减少,一些剧团到了无法生存的地步,一些剧种慢慢走向衰亡。面对这种历史的巨变,许多艺术家都感到痛心疾首,高洁就是其中比较典型的一个。她除了内心的震动外,还有着无限的迷惘。她不明白,戏曲为什么会如此迅速地退出人们的视界,她一直坚持认为,引进外来文化只是作为丰富民族文化的一种手段,绝不是让外来文化取代民族文化,更不是让中国成为外来文化的"殖民地";而艺术形式的多样化也并不是要取消戏曲,相反,"一枝独秀不是春,百花齐放春满园",只有不同的艺术形式相互融合,争奇斗艳,才能形成艺术万紫千红的局面。

高洁认为,进入20世纪80年代之后,就戏曲艺术的整体创作水平而言,不是进步了而是倒退了,特别是在观众欣赏水平提高的同时,戏曲艺术质量反而在下降,这无疑是戏曲在自掘坟墓。关于如何振兴戏曲艺术,高洁认为首先必须从自身出发,必须创作出高质量的艺术作品,只有这样才能占领市场,才能赢得观众。恰在此时,历史给高洁提供了一块思想的试金石。

1983年,安徽临泉县豫剧团到郑州演出。高洁和尹涛出于对家乡人的礼节,一起去看演出,并见了豫剧团的领导。这个团虽是个正规的县级剧团,但在阜阳地区从来没有挂上过号,简直是个"大业余",艺术水平一般,在郑州的演出效果不很理想。第二天,剧团的两个团长亲自跑到高洁家里,并提出一个要求,希望高洁能收团里一个演员为徒,在艺术上给予指导,以便带动剧团艺术水平不断提高,从而促进剧团的良性发展。高洁听后实在为难,她还从没有正式收过一个徒弟,可她又不好拒绝,因为临泉是她的故乡。最后,高洁答应了此事。接着,临泉县文化局和阜阳市委宣传部的领导也相继来到郑州,和高洁商量此事。1984年年初,高洁回到临泉,收团里一个叫李新梅的青年演员为徒,并举行了隆重的拜师仪式。从此,高洁就与这个团结下了不解之缘。

就在此时,剧团开始实行承包制。三团先由马琳(电影《朝阳沟》中二大娘的扮演者)承包一个队,带走了团里的大部分主要演员。一开始马琳就动员高洁参加她们的演出,马琳带领她的团队出发前的晚上,还在做高洁的工作,并且承诺只要高洁跟着去演出,不管她参加不参加演出,每演一场戏都给她发50元的演出补助,高洁以不喜欢为由给予了拒绝。马琳带团走后,三团还剩下一部分人员,好长一段时间都是闲在家里,由政府发着工资。有人说这些人员闲着太可惜,于是就由魏云召集了一部分人,又组成一个团队去演出。最后还剩下一部分人员,仍然由政府发着工资而整天无所事事,这时有人建议高洁把这一部分人集中起来再成立一个演出队,高洁依然是回绝。当别人问高洁为什么一再拒绝承包剧团时,她说过这样一段话:"我认为承包剧团根本就不是振兴戏曲的路子,只能是糟蹋艺术。因为承包不是根据艺术的需要选择人员,而是根据个人之间的关系,关系合得来就参与,合不来就不参与;承包拼的是剧团的国家财产,而从不考虑对艺术的发展进行投入;承包在艺术表演上只能是凑合,而不是一切从艺术本身出发去提高艺术。"

就在这时,临泉县豫剧团准备排演一个新戏《哥俩姐俩妯娌俩》,请高洁去当艺术顾问,她就满口答应下来,并请三团的陈新理一起到临泉做这个戏的导演。高洁去临泉县豫剧团做艺术顾问,纯属个人行为,因此临泉县豫剧团和三团也没有签订什么协议。高洁之所以放弃外出挣钱的机会,决心去扶植一个县级剧团,目的就是要搞一个实验田,要通过艺术质量的提高,重新夺回戏曲昔日的观众。就这样,高洁开始了她的一次艰难探索。

临泉当时是全国有名的贫困县,临泉县委、县政府为了表示对这位远道而来的艺术家的尊重,特地在宾馆为高洁开了个房间,但高洁为了给县里节省开支,坚决要住在她姐姐的家里。当时,高洁的姐姐独自一人,家里条件较差,住在一间昏暗的小屋里,高洁只好和她姐姐挤在一张单人床上。剧团外出演出时,高洁也是自带行李,和演员们住在一起,从没有单独开过房间。为了节约有限的经费,高洁从郑州带去了一大箱方便面和饼干,自己解决吃饭问题。当时高洁的身体非常不好,患有高血压、冠心病、骨质增生和胃病。有一次,剧团到商水县演出,团长张守海见高洁的胃口实在不好，就给她买了几斤香蕉，高洁当即批评了他，并让他把香蕉赶快退掉，又在当天的全体会上特地声明，以后不允许任何人以任何理由给她买东西。

高洁对这个团要求非常严格，她每天都是6点起床，7点开始检查学员们练功、吊嗓子，几乎每天都要忙到深夜。每场演出，高洁总是坚持两出场：演出前介绍演出情况；演出后为观众加清唱。在团里，高洁不仅对自己新收的徒弟李新梅悉心指教，外出演出时，还让李新梅和自己同吃同住，有时睡在床上还给她说戏，可以说是倾注了满腔的热忱，寄予了深切的希望。事实上，高洁对团里所有的青年演员都寄予厚望，对所有的演员都不保留，小演员柳春花、张萍丽等在高洁的悉心培育下，艺术上都获得了很大进步。高洁没有以表演艺术家自居，她以一个普通演员的身份投入到剧团的工作中去，她既是艺术顾问、舞台总监，又是演员。由于长时间的操劳，高洁经常失眠，最后她不得不靠服安眠药来休息。

在高洁的扶植下，临泉县豫剧团焕发出了勃勃的生机，艺术水平有了显著的提高，剧团的收入也开始增加。有一次，高洁带领剧团到外地演出，出去20天就收入了一万多元，可高洁没要过一分钱报酬。从此，剧团实现了扭亏转盈，在社会上产生了良好的反响。《哥俩姐俩妯娌俩》排出来后，先在临泉县进行公演，当时场场爆满，观众给予了极高的评价，有的观众甚至怀疑："这是咱们的县剧团吗？"很快，安徽省有关领导知道了这一情况，于1986年10月调临泉县豫剧团到安徽省会合肥演出，安徽省有关领导和阜阳市四大班子领导到现场观看了演出。阜阳市对这次演出特别重视，专门组织召开了新闻发布会，《安徽日报》还在一版头条报道了这个县级剧团的演出情况，临泉县豫剧团获得了初步的成功。

1987年，安徽省举办艺术节，安徽省文化厅指定临泉县豫剧团参赛,并在临泉设一个大赛的分会场,评委们到临泉看戏。把一个省级大赛的分会场设在一个偏远的县城,这在临泉历史上是第一次,在安徽的历史上也是第一次。大赛前,高洁又一次来到临泉,对这个戏做进一步的加工提高。大赛结束后,全省得了三个金奖,临泉县豫剧团就是其中之一。这让高洁非常兴奋,她付出的心血终于换来了意想不到的成功,同时她也更加坚信,促进戏曲艺术复兴的关键因素在于艺术水平的提高。

《哥俩姐俩妯娌俩》获得金奖之后,临泉县豫剧团也开始实行承包制,追求的目标不再是提高艺术质量,而是把剧团当成了摇钱树,成了众多人角逐的营利工具;剧团内部不再以艺术水平去决定演员的主次,而是论起了关系和亲情,高洁培养的弟子李新梅也被剥夺了演主角的权利,很快这个团就变得四分五裂。对此,高洁进行过深刻的反思,她倾注全部精力扶持的剧团,为什么在艺术水平提高之后还会土崩瓦解呢?她敏锐地感觉到,这里面还有更加深层的原因。这时,她的脑海中响起鲁迅先生曾说过的一句话,凡中国的公共财物,是内行的把它偷完,是外行的把它糟蹋完,总之是很难保留下来。国有剧团不正像一件公共财物吗?是内行的想法把它占为己有,是外行的把它搞得七零八落。从这个事中,高洁深刻地体会到,戏曲艺术的振兴,不仅要从提高戏曲质量上入手,更要从剧团管理的体制上入手。如果没有良好的环境,根本不能成长起优秀的演员;如果没有合理的管理体制,再优秀的演员也找不到施展才能的舞台,就像千里马遇不到伯乐只能骈死于槽枥之间。

高洁开始重新思索振兴戏曲的路子,恰在此时,历史又向高洁抛出了橄榄枝。1991年,河南省临颍县豫剧团排了一个新戏《小小女粮官》,请高洁去当艺术顾问,这个戏在漯河市戏剧大赛中获得了二等奖。当时临颍县粮食局局长向高洁介绍说,南街村有一个拴保式的人物，在这之前高洁也常听说南街村的情况，在排戏的间隙，高洁和创作人员还抽空到南街村参观。南街村支部书记王洪彬热情地接待了高洁，第一次见到高洁时，王洪彬就极其动情地说："你是我舞台上的拴保娘，我是你生活中的拴保儿子。"王洪彬还告诉高洁，20年前他就是看了《朝阳沟》才受到启发，决定回村干事创业。高洁没想到的是，她的这次南街村之行，却使她和南街村结下了缘。

　　临颍县豫剧团有一个女青年演员杨淑琴，是王洪彬爱人的侄女，就在高洁南街村之行之后，王洪彬亲自找到高洁，希望高洁收杨淑琴为徒。出于对青年演员的喜爱，高洁答应了此事，后来就在南街村举行了拜师仪式。不久，南街村成立了一个文工团，由一些业余的演员组成，农忙时下地，农闲时唱戏。1992年，河南省召开"全国集资办学现场会"，并委托漯河市排一个新戏在现场会议期间演出。不久，漯河一位编剧写出了剧本《丰碑》，漯河市政府委托南街村文工团排演。1992年7月，高洁应邀担任南街村文工团的艺术顾问，并着手准备《丰碑》的排演。当时高洁身体极度虚弱，高血压、冠心病已相当严重，血压经常上升到200Hg。但为了振兴戏曲艺术，高洁又一次豁了出去。在这种情况下，尹涛只好陪着高洁也到南街村，天天为她煎药。当时南街村的条件还不算太好，高洁和尹涛到那里后，住在南街村汽车队旁边的一个两层楼上。时值三伏，天气炎热，屋子里没有空调，简直像蒸笼一样，没有洗浴设备，每天排完戏进屋后，只能打盆水擦一擦。夜里，高洁总是很晚才睡觉，更多的时候是靠安眠药来麻醉自己。让她痛苦的是，每天凌晨4点多，旁边汽车队机器轰鸣，喇叭声声，她总是感觉还没有睡着就又被吵醒了。很快，高洁的身体就支持不下去了，她不得不开始输液，但为了按时把戏排好，她从来没有因为自己的身体不好而耽误进程,她总是赶在晚上输液,或者白天输液晚上演出。由于文工团的演员基本素质太差,高洁请去的第一个导演借故走了。接着高洁又请去第二个导演,但面临的问题依然无法解决,那些业余演员一经正规排练,个个都手忙脚乱,不知所措,在排练场上,他们不像省级剧团那样正规严肃,更没有艺术创造的习惯,全靠导演的点拨,毫无创造的主动性。导演急了,他恨铁不成钢,发了脾气,可演员仍然不能理解导演的意图,他们的关系一度闹到很僵的程度。后来,团里的领导找到高洁说:"演员们说了,导演再这样发脾气,他们就要造反了……"高洁意识到了事态的严重性,中午顾不上休息就到团里给演员们开会,说导演发脾气是为了排好戏,当年杨兰春给三团排戏时,经常对他们发脾气,请演员们体谅导演的用心。同时,在排戏过程中,演员们要表现出虚心的态度,更要体现出南街村人的风格,决不能闹出乱子,给南街村人丢脸。经过高洁的一番教育开导,才避免了矛盾的进一步激化。为了使戏能够继续排下去,导演对高洁说:"你必须参加演出,把戏带一带,否则我就无法排了。"在这种情况下,高洁只好答应亲自上阵。高洁从教他们发音、吐字开始,为了带动全团的演员进入角色,高洁以身作则,在排练场上尊重导演,严肃认真,全心投入,动情戏排一遍哭一次。对此,导演不止一次地劝高洁,排练时不必要这么动情伤情,那样会伤身体的。但高洁却坚持那样做,她要以身作则为那些业余演员树立严肃对待艺术的榜样,同时让他们明白导演为什么那么严格要求他们。

1992年9月8日,《丰碑》在郑州中州影剧院为全国集资办学现场会进行专场演出,获得了与会代表及社会的一致好评,省内戏曲界的著名艺术家、专家学者还为《丰碑》召开了一个座谈会,常香玉也亲自到现场参加了会议,新闻媒体给予了详细的报道,认为一个村级剧团能演到这种水平实属不易。1992年10月14日,高洁在《郑州晚报》上撰文《我为什么担任一个村级文工团的艺术顾问》。在文中高洁指出,她担任南街村文工团艺术顾问有三方面的原因:一是南街村在大力发展经济的同时,重视文化建设,重视艺术在培养新型农民过程中的作用;二是南街村文工团的宗旨是弘扬民族传统文化,大力发展戏曲艺术,满足人民群众的文化生活;三是通过提高演员的思想素质和艺术水平,来加强文工团的建设。事实上,当时南街村文工团在传承民族文化和提高艺术质量上,和高洁的艺术追求可谓不谋而合,更为重要的是,高洁找到了思想的试金石,南街村文工团则找到了艺术上的引路人。自从高洁担任南街村文工团艺术顾问之后,这个当时全国最基层的文工团,一时名声大振,让高洁又一次坚定了自己的信念,没有艺术水平的提高,就没有艺术精品的出现。

1993年6月,"第三届中国湖南省映山红杯民间戏剧大赛"组委会邀请南街村文工团参加大赛,南街村文工团成为本年度唯一代表河南参加此届映山红民间戏剧节的剧团。于是,高洁又一次来到南街村文工团当艺术顾问,同时她还请原河南省艺术学校校长袁文娜、著名豫剧演员孙玉菊分别对《五福临门》和《五世请缨》进行加工提高。高洁在南街村一待就是3个多月,在她的精心指导下,南街村文工团对参赛的几个戏进行了全面的加工和包装。10月初,河南省有关领导和戏剧界的专家专程前往南街村观看该团临行前的汇报演出。10月18日至22日,高洁带领南街文工团奔赴长沙参赛,演出了《五福临门》、《五世请缨》、《骨肉冤家》和一台折子戏专场,演出取得了总分第一的好成绩,并囊括了大赛的所有奖项。其中最佳演出奖,是戏剧节组委会为表彰南街村文工团的突出表现,特意新设的一项大奖,"双文明"奖也是第一次奖有归属。观众们表示,南街村文工团的精彩演出打破了他们对豫剧粗糙而缺乏内涵的看法,没想到豫剧那么精美细腻。对此,1993 年 11 月 9 日的《文化艺术周报》专发了评论文章《现代包装再现豫剧艺术魅力》,文中指出:"《五世请缨》老戏新演,场面壮观。演员阵容整齐,服饰华美亮丽,整块演出一气呵成,荡气回肠……《五福临门》诙谐中寓哲理,使传统美与现代审美意识糅合得恰到好处,准确把握了'现代戏的戏曲化',被誉为'水晶盆里的河南红薯'。"

1994 年 3 月,由"映山红杯"组委会推荐、文化部邀请,南街村文工团赴北京汇报演出。高洁第三次到南街村,对《五世请缨》、《五福临门》再做加工提高,又精心排练了两个月。5 月 27 日至 30 日,高洁带领南街村文工团到首都人民剧院演出,剧场效果非常出色,新闻媒体纷纷发表文章盛赞"小剧团轰动大北京"。6 月 1 日、2 日,南街村文工团又应邀到中南海警卫局礼堂为中央机关的领导和警卫局官兵演出两场,使这个来自中国最基层的剧团得到了最高的殊荣。北京文艺界的专家学者还为南街村文工团召开了座谈会,有专家说:"南街村的经验应该肯定,她为凋零沉寂的戏剧界开创了一条生路;她以自己的实践证明:戏剧的希望在民间,戏剧的根在民间。戏剧演员可以在民间找到自己的生命和位置……"

南街村文工团的成功,使高洁非常欣慰,她心里明白,从一个村级文工团一路走来,一直走到中南海,在鲜花和掌声的背后,是全体演职人员巨大的付出,3 年排了 3 次,这其中的风风雨雨、苦辣酸甜,她作为艺术顾问更是记忆犹新;同时,高洁心中又感到特别不平静,特别是站在毛泽东的故居前,高洁更是心潮澎湃。60 年间,她两次进中南海,而且都是与艺术有关,1963 年 12 月 31 日,她跟随《朝阳沟》剧组到中南海演出时,受到毛泽东等中央领导人的亲切接见,当时自己还是一个刚过而立之年的青年演员;30 年后她作为艺术顾问,又带团来到中南海演出,不同的是自己已是一个年过花甲的老人。走出中南海警卫局礼堂,高洁禁不住几次回过头去,望着夜色中的中南海,她心中似乎有很多感慨,她在心里说:"对于艺术来说,这里也许是最高的演出殿堂,但作为艺术本身,它是永远没有止境的。"

回到南街村后,正赶上《人民日报》考察团在南街村考察。当他们了解到唱响北京城、走进中南海的南街村文工团是高洁带着病,而且是不要一分钱报酬的情况下,苦战3年才扶植起来的,他们对高洁进行了专访。高洁说:"我是共和国培养起来的第一代戏曲演员,我对戏曲有一种难以割舍的感情,在戏曲整体衰落中,南街村为我提供了这块阵地,使我能为振兴豫剧做一些我想做的事情。看到文工团一步步在成长,我感到无比的喜悦和欣慰,除此之外我别无他求。"6月4日,《文艺报》发表了关于高洁和她扶植的南街村文工团的文章《民间的活力》,文章说:"高洁担任了文工团的艺术顾问,不取报酬,不辞劳苦,把这里当作一块弘扬民族艺术的阵地辛勤耕耘。这几个剧目在京演出后得到了专家们的好评,它们决不是粗糙的下里巴人,而是充满着泥土芳香的艺术佳作,从这里我们看到了戏剧在民间的活力。"

南街村文工团晋京演出之后,面对铺天盖地的荣誉和掌声,他们首先想到的是今后的发展,就像他们集团军式地发展经济一样,他们也想用同样的方式来发展艺术。南街村开始办艺术学校,希望通过这种方式培养出更多的戏曲演员来充实自己的剧团,更希望在这块"红色之地"上培养出根正苗红的艺术人才。接下来,南街村就开始招兵买马,因为有雄厚的资金作基础,一时间河南众多的艺术名家云集南街村。和高洁不同的是,他们都是社会兼职,都是为了淘金。还有艺术界的一些大人物,说要把南街村文工团带到国外去演出。不久,高洁便离开了南街村文工团,而且是一去不回。后来,南街村几次派人请高洁回去,特别是文工团的第二任团长,几乎是用恳求的语气对高洁说:"高老师,第一任团长在位时你就那么支持他的工作,现在我当团长了,希望你也能支持我的工作啊!"高洁以身体不好为由给予了拒绝。当高洁谈起她为什么离开南街村文工团时,她说:"那时候我的身体确实不好,特别是后两次去南街村时,都是老伴在照顾我,我一个人根本支持不下来。更为重要的是,当时南街村集聚着一大批知名的表演艺术家、文艺理论家和艺术管理者,有比我艺术造诣深的,有比我社会名气大的,有比我统筹能力强的,有比我理论水平高的,我很知趣,在那种场合我就是一个多余的人。"但事与愿违,这么多人去扶持南街村文工团,最后这个团却办不下去了。南街村艺术学校培养出的演员,几乎没有一个留在南街村文工团的,文工团原来的演员也因各种原因最后都离开了。当然,这一切都是高洁走后的事情。

理想是天上的彩虹,现实则是地上的河流,有时彩虹会把它的影子倒映水中,河水也会在瞬间为它泛起粼粼的波光,但却无法因此而幻化出真正的彩虹,正像无法因此而改变河流的方向一样。从 1985 年起,高洁在十余年的时间里,怀着传承弘扬民族艺术的美好愿望,去义务辅导两个基层文艺团体,她离家别子,抱病工作,可谓呕心沥血。高洁希望通过提高艺术水平,使民族艺术在与一切外来艺术的较量中,能够独占鳌头,达到发扬民族艺术的目的。高洁的举动在当时河南文艺界是独一无二的,绝对找不出第二个人,她高举着民族艺术的大旗,像追逐太阳一样义无反顾地朝前走着。但她 10 年的付出只给她带来了短暂的心灵慰藉,两次实践的最终结果都是她意想不到的,也是她不愿看到的。

美国有一个动物保护协会,曾从海里救起一条濒临死亡的珍稀的鱼，先后花费10万美元为它治疗，治好后把它放回大海，可是不到5分钟，游过来一条鲨鱼一口把它吞进肚里。有人质疑人类的这种举动到底有没有意义，正如后来有人问起高洁，如果当初她能预料到事情的结果，她还会不会用10年的精力去做一件毫无结果的尝试。其实，人类的很多举动其意义不在结果，而在于这个举动本身，当人类举着理想的火把前进在通往未来的道路上，虽然经历了无数次的失败，但他们心中只有一个永恒的信念，那就是追寻真正的光明。正如高洁所说："做与不做那完全是两种不同的心态，至于事情发展的结局，它总是不以人的意志为转移，但可以肯定地说，做总比不做强，多做总比少做强，失败有时会比成功创造更有价值的东西。如果当初我能预料到这种结果，我也许会寻找其他的方式，但有一点是不变的，那就是我一定会为民族艺术的发展去奔走呼号，而且我会以我的身体力行去实践我的理想。"

第十八章　孤独守望——高洁对艺术王国的捍卫

1978年1月,高洁的第四届全国人大代表任届期满,组织上准备推荐她为第五届全国人大代表候选人。但在三团依然掌权的造反派以高洁与"四人帮"有关系,她的问题没有弄清楚为由进行阻挠,并将高洁所谓的"问题"报告给河南省委有关领导。迫于这种情况,组织上最后取消了高洁第五届全国人大代表候选人的资格。此时恰逢河南省政协第四次会议召开,当时三团在平顶山演出,在一次例会上,三团一个造反派头目大声宣布:"我们团现在有三个省政协委员,她们是马琳、魏云、柳兰芳。"言外之意,就是要告诉大家,高洁不仅被取消了全国人大代表的资格,省政协委员也已经与她无缘了。高洁心里明白,造反派是在故意刺激她,这是对她心理承受力的一种挑战。事实上,造反派的目的又一次落空了,高洁不仅没有表现出任何的惊诧、愤怒和痛苦,更没有在暗地里流过一滴眼泪,相反,她更加淡定、更加勤奋地去工作,她该做什么还做什么,演出时照样全身心地投入,工作上仍然是兢兢业业。后来,高洁回忆起当时的情景时说:"面对此情此景,如果说心里没有波动那是假话,但在当时我心里只有一个信念,那就是我要经得起党的考验,经得起历史的考验,因为我与'四人帮'到底有没有关系,我心里最清楚。"

历史的尘埃终不能覆盖事实的真相,正如无边的黄沙曾湮没了楼兰王国的灿烂文明,但经过岁月激流的冲刷,它终会清晰地显露出来。1979年9月,高洁突然接到有关部门的通知,她被增补为政协河南省第四届委员会委员,这标志着她在政治上所受的限制已彻底解除,也意味着所谓的她与"四人帮"有关系的历史问题纯属子虚乌有。高洁没有因此而趾高气扬,也没有去追究被无端取消人大代表资格的原因,相反,她非常珍惜党和人民给予她的荣誉。那时,好多剧团以高薪和优厚的待遇聘请她参加演出,她都一一谢绝,高洁也从来没有走过穴,她外出辅导、演出都是经过组织联系安排的,仍在本单位领取自己的一份工资,不要任何报酬和照顾。如果是义演、募捐之类的演出,她总是积极参加,即便是在自己生病的情况下,她也从来没有推辞过,她总是感觉能为人民服务是一件十分快乐的事情。

20世纪80年代之后,面对汹涌的经济大潮和物质利益的诱惑,高洁坚决反对把艺术同金钱画等号的做法,正如钱钟书说过的:"崇高的理想、凝重的节操和博大精深的科学、超凡脱俗的艺术,均具有非商化的特质。"而且,高洁是一个身体力行的人,她用自己的行动证明了她对艺术高贵尊严的捍卫。高洁从来不去做为别人祝寿、贺喜之类的事情。20世纪80年代的一天,有一个老总家生了一个孩子,想请高洁去演出,并承诺她唱一段给一千元,再唱一段再给一千元,抱抱孩子一千元,与孩子合个影一千元。高洁很诙谐地说:"我思想保守,不愿参加这种场合。"不久,高洁看到《郑州晚报》上登了一则消息,说几个名老艺术家去为一个儿子当大官的老寿星祝寿,里面有她的名字。她看后非常生气,坚决让投稿人说明情况,并请来了律师,准备与投稿人打官司,直到投稿人在报纸上登报表示道歉事情才被平息。

还有一次，有人请高洁到许昌演出，可最后却把她拉到了农村。当高洁看到路边有很多行人，地里还搭着一个高台，许多人身上挂着红布条时，她才知道这是为当地一个有钱人的母亲祝寿。她了解实际情况后，拒绝下车，并且让邀请方立即把她送回郑州，直到联系此事的人答应报幕人说把祝寿演出变成到农村慰问演出时，她才下车登台。为此，一些人说高洁"太傻气"，更有人说她"太清高"。可她就是如此藐视荣禄，淡泊自守。就像居里夫人把诺贝尔奖杯让女儿当玩具玩一样，高洁曾把她的几十个证书和奖杯无偿地送给郑州市档案馆保存。高洁没有车，没有新房，住房改革时单位分给她的房子直到 2004 年才进行了一次装修。正像她屋里所挂的老子名言"乐莫大于无忧，富莫大于知足"。

高洁一生虽然经历了太多的意外，可她心中始终有一样不变的东西，那就是艺术，比起纷繁复杂的外部世界，她的艺术世界显得沉静而又简单，她守望着这个世界而从不改初衷。面对民族艺术的衰落和流失，高洁痛心疾首，她四处奔走呼号，她说留住民族文化就是留住民族的根。高洁认为，振兴民族艺术首先要从提高民族艺术的质量入手，她曾在多种场合强调说："经济效益要讲，但更重要的是艺术水平和社会效益。我们不能让观众笑着进来，骂着出去。"高洁曾说："生活上我没有过多的要求，作为新中国培养的第一代演员，我有责任和义务为传承民族文化贡献一份力量，我只想为振兴戏剧做点实实在在的事情。"

高洁把提升民族艺术的质量，寄托在青年人身上，她非常关心青年演员的成长问题，特别是青年演员的演唱问题。而且高洁很早就开始关注这一问题，早在 1979 年 4 月 11 日的《河南日报》上，她就发表了一篇题为《和青年演员谈谈演唱问题》的文章，文中指出：

在戏曲的演唱方面，目前有一些年轻的戏曲演员存在三个方面的缺陷，即缺乏方法、缺乏技巧、缺乏功夫。他们在演唱时，只靠喊叫，或出现"白声"，或尖叫刺耳，不仅使观众得不到艺术享受，反而让人为这些演员的嗓子而提心吊胆。也有的年轻演员嗓子本质很好，但由于缺乏表现方法，只知为唱而唱，不知如何通过唱腔来刻画人物，表达人物的思想感情，也使他们的演唱失去了应有的艺术效果。

高洁认为，青年演员要想弥补这些缺陷，提高艺术水平，必须向老一辈艺术家学习。但她主张要灵活地学，不要死搬硬套。接着高洁又指出："青年演员在演唱中存在一个如何学和学什么的问题。比如说，常听到有的年轻演员在演唱时，不考虑自己的声音条件，不考虑演什么角色，也不管角色当时的规定情景和人物的思想感情，在唱甩腔时拼命往外喊'嗬嗬'。"这种一味地套用，结果是事与愿违。针对演员的甩腔问题，高洁强调：

我明白有些青年演员是很想向我们的前辈艺术家学习，想学习香玉同志的唱法。但这些年轻人误认为在甩腔上唱"嗬嗬"就代表了香玉同志的风格，其实是知其然，不知其所以然。香玉同志在演唱中有时是用了"嗬嗬"的，但她为什么这样用？为什么这样唱？其根本目的是为了表达剧中人物的感情而用的。比如，粉碎"四人帮"之后，她演唱郭老（郭沫若）的《水调歌头·粉碎"四人帮"》，她在第一句以气势磅礴的声音唱出"大快人心事"时，在"事"字出口后，在甩腔中用了非常有力的"嗬！嗬"，我们听了就十分痛快，十分过瘾，每唱到这里，观众总是报以热烈的掌声。她在这里借"嗬嗬"的运用，真实生动地体现了当时人民群众怀着无比高兴的心情，从内心深处发出大笑声，台上台下能产生共鸣，观众听起来不仅不感到别扭,而且感到很痛快。我认为,香玉同志在这里用"嗬嗬"就是运用这个艺术手段来体现感情,绝不是无缘无故随意来用的。她在《花木兰》"征途"一场和几个同路投军的伙伴辩论中,在"女子们哪一点不如儿男"的甩腔中也用过"嗬嗬",那是为了表现花木兰以男子身份出现,必须使自己的声音宽厚,近似男声,而当时她的感情中则包含着善意的质问和笑声,所以在前边加了个"啊阿啊阿嗬嗬",这个"嗬嗬"就与"大快人心事"中那个"嗬嗬"用得不完全一样,但同样也是为了体现人物感情而用的。

又比如,她在《红娘》"报信"一段中,在唱到"上绣楼我要把小姐吓哄,我就说呀,张先生的病疾不轻"时,在"轻"字出口后,她用了一声真实的笑声,而且笑得那么天真愉快,那么机灵活泼。每唱到这里,观众总是报以热烈的掌声,说明香玉同志在这里成功地体现了热情、大胆、富于正义感而又调皮的小红娘,在为张生和小姐的婚事奔跑,得到了张生的回话后,回绣楼要逗一逗小姐的心情。反过来,同是体现"笑声",那么把红娘这"笑"声挪到"大快人心事"上行不行?当然不行。因为这就显得太小气了。但是如果把"大快人心事"的"笑"挪到红娘唱段中行不行?那又显得太过了。所以说,这两种不同的"笑",都是香玉同志用来体现感情的一种艺术手段。因此,香玉用的"嗬嗬"是有的放矢,是她整个唱腔中丰富的艺术手段的一种,而不是它的全部,也绝不是滥用的。

高洁主张,向老一辈艺术家学习演唱时,要学习他们演唱的技巧和过硬的功夫,而不是单纯在形式上模仿。

1982年12月,河南举办青年戏曲演员会演。高洁看后既兴奋又担忧,兴奋的是她看到一些青年演员在继承优秀传统方面,取得了可喜的成果；担忧的是大部分青年演员还没有很好地掌握科学的演唱方法。在同年12月26日的《河南日报》上，高洁发表了一篇文章《抓好唱功训练》，文中指出了青年演员在演唱方面存在的问题，她说：

> 有些演员在唱功上还存在某些不足之处，如有的运用声音还缺乏控制力，恸声的掌握还不够适度，这就影响唱腔的表现力。演员在演唱中，声音和气息只有控制得适度，有分寸，唱起来恰到好处，艺术效果才会好。反之，如果分寸失当，不足或过头，都会影响唱腔的韵味，也影响对人物内心活动的揭示。有的演员不注意发挥共鸣腔的作用，往往在唱到高音时，上下不能贯通，就出现了沙音、哑音，该出亮音的出不来，反而明显地暗了下去，这就如同人们常说的该叫好的地方叫不出来，艺术效果大为减色。

高洁希望青年演员要有向艺术高峰攀登的勇气，要时刻严格要求自己。她在文中指出：

> 在唱功方面的提高，是个长期锻炼、摸索和不断学习的结果，决不是一朝一夕的功夫。在这方面，我们首先要清醒地认识自己在唱功上的缺陷和不足在哪里，争取尽快地加以克服，把问题纠正在萌芽阶段，同时要努力掌握科学的发声方法。这就需要虚心向有经验的老艺人学习，向一切内行的人学习，在得到他们的及时指导后，就要进行刻苦的锻炼，没有这个苦功夫是不行的。

高洁从小就养成了爱读书的习惯，年既老而不衰。像中国的四大名著《红楼梦》、《西游记》、《水浒传》、《三国演义》她都看了很多遍，巴金的《家》、《春》、《秋》她也至少看过三遍，鲁迅、茅盾、老舍、曹禺等作家的作品她都曾认真地研读，另外她还看了《复活》、《悲惨世界》、《哈姆莱特》、《阴谋与爱情》、《约翰·克里斯托夫》等外国名著。她希望广大的青年演员能克服浮躁，沉下心来，苦练硬功，在艺术上执著追求，精益求精，同时要多读书，读好书，加强对知识的学习，通过不断提高自身的文化素养，加深自己对人物角色的理解，提高自己创造人物的能力。有一次高洁接受记者采访时，她说了这样一段话：

> 现在有许多演员条件都非常好，可以说比我好，可是他们不爱看书，甚至有些演员连《梅兰芳的舞台生活四十年》、盖叫天的《粉墨春秋》都不知道。可一个演员仅有天生素质和小聪明是不够的，希望年轻演员多读书多学习，树立事业心和敬业精神，不要沉醉在奖牌和赞美声中，要多去创造些有艺术生命力的传世之作和艺术精品，因为振兴戏曲的历史使命将由年轻一代来承担。

1990年4月，高洁参加河南省政协六届一次会议的座谈时说："艺术的希望和未来在年轻人身上，但受社会大环境的影响，现在有些青年演员一是没有事业心，二是一切向钱看。年轻人的这种心态，谈何去振兴艺术！我们学戏的时候，受的教育是一切为人民，一切为艺术，心中只有戏剧事业。那是一种多么喜人的精神状态！三团的第一代演员就是靠这种精神状态把豫剧现代戏唱响全国的！"

高洁在多种场合一再强调，戏剧评奖、评论要实事求是，严格要求，不要无原则地吹捧青年演员，要着重扶持他们健康成长。1999年，高洁在《大河报》上发表了一篇《从艺当学阎立品》的文章，文中写道："1964年，我和阎立品在信阳长台关体验生活时同居一室，她对我讲了她吃斋念佛的原因。她说，她在旧社会吃斋念佛，主要是为了对付那些国民党官僚唱堂会、请吃饭等方面的纠缠,'既然是吃斋念佛的人,就不宜在那种场合露面,我就是要这样为戏子立品'。这是一位多么有骨气、多么值得敬佩的艺术家呀!现在的演员,尤其是青年演员,在人品艺德方面应该向她学习,应该树立起起码的自尊。"最后高洁说道:"在市场经济条件下,钱是可以挣的,但是作为演员,要正正派派靠自己的艺术去挣,而不应该靠别的,万不可使艺术成为金钱的奴婢,成为权势的工具,成为点缀门面的装潢。我除了呼吁演员自己要自尊、自重、自爱外,也呼吁茶座老板和点戏的人要尊重演员的人格,同时也呼吁文化市场管理部门认真管理和引导,把戏曲茶座办成高层次、高品位的娱乐场所,办成弘扬民族艺术的阵地和培养艺术人才的摇篮。"

有一次,河南省委宣传部召开艺术工作会议,高洁在会上作临时发言。许多同志对当前的艺术创作一片赞誉,可高洁却提出了不同的看法。她说:"我听说有一个县级剧团花了一百多万排了一个戏,参加完一届艺术节就几乎不演了。我认为这是一种极大浪费,这种风气千万不可长。它不仅不能推动艺术走向繁荣,而且会使艺术创作出现一种错误的导向,增长艺术上急功近利之风。目前的大奖赛、戏剧节之类的活动是不是太频繁了一点,要知道十年磨一戏呀。戏剧大赛确实培养出一批艺术人才,但和戏剧大赛的投入相比,我认为收效还不成比例,那种为奖、为名、为利的戏,不管排出多少,都是艺术的伪繁荣。"当时主持会议的河南省委宣传部副部长葛纪谦非常赞同高洁的观点。

1992年6月23日,由河南省文化厅、河南省戏剧家协会、河南电视台、河南人民广播电台联合举办的"高洁声腔艺术演唱会"在郑州中州影剧院举行。当时的河南省委常委、宣传部长于友先致祝词,省文化厅副厅长芦苇主持,中国剧协、中国艺术研究院等几十个单位发来贺电,著名戏剧家晏甬,著名表演艺术家常香玉、马金凤等也亲临演唱会。演唱会上,高洁除了演唱了豫剧常陈崔马阎五大流派的著名唱段外,还演唱了评剧《刘巧儿》、京剧《苏三起解》、沪剧《罗汉钱》、河北梆子《大登殿》以及京韵大鼓和歌曲,当然更主要的是几十年来她参加三团演出剧目的唱段。整个舞台形式集舞美、灯光、音乐、伴舞为一体,对演唱的唱段进行了有力的渲染、铺垫和强化,把高洁继承、创新、借鉴三大部分唱段交替组合,使段与段之间产生了有机的联系。高洁的几个学生穿插其中,使演唱会别具情致。特别是和高洁一同生活、工作几十年的老战友柳兰芳、魏云、杨华瑞、王翠芬的鼎力相助,使整个演唱会锦上添花,可谓满台生辉。

1992年7月30日,《郑州晚报》发表了一篇题为《声情并茂,感人肺腑》的文章,对高洁声腔艺术演唱会作了报道。文中写道:"她的声音在本来纯朴、自然、富有激情的基础上,又具有相当的容量、深度和丰富的色调。无论其发声、容量的开阔、运用等方面都显示了深厚的造诣,表现技巧、手段也极为丰富。这同她既注重科学的发声方法,又注重戏曲演唱的特点,并利用其技巧刻画人物是分不开的,她真正做到了以情带声,以声传情,声情并茂,具有动人心魄的力度。她演唱中的每一个甩腔都是充分的、圆润的,丝毫不感到疲倦,显示了她惊人的艺术能量……演唱或高亢激越,或细腻圆润,或委婉深沉,或轻灵活泼……各具特色,惟妙惟肖,令观众赞不绝口。从另一个侧面不仅显示了她深厚的演唱艺术功底,也展现了她在借鉴姊妹艺术以丰富自己的演唱表现力方面的才智和成果。"1992年8月,《中州剧讯》对"高洁声腔艺术演唱会"也作了报道,并加了编后话:"这个音乐会展示了高洁声腔艺术的精华,总结了她多年的艺术成就,对年轻一代戏曲工作者奋发图强、走声乐民族化的道路具有激励作用,同时也给更多的观众留下了美好的记忆。"

著名诗人王怀让看完高洁声腔艺术演唱会后,曾写《一剪梅》表示祝贺:"紫幕拉开红歌音。朝阳沟里,人最青春。弦上流过一条河,'二八'叮咚,'流水'清新。叶自带露花自芬。亦有沪声,亦有京韵。一片鲜花簇拥去,高声从艺,洁心做人。"

1992年7月19日,《河南广播电视报》这样评价:"她虚心学习传统艺术,并认真吸收、借鉴姊妹艺术的营养,使自己的声腔艺术日臻完美,音色甜美圆润,富有表现力和感染力。她对唱段的处理,既注重发声方法的科学性,又注重保持戏曲演唱中气口、喷口、吐字、行腔的特点,使其声腔如行云流水,进入了声情并茂的境界,达到优美感人的效果。"

高洁是民族艺术的捍卫者,她说那是块瑰宝,不论哪一代人把它丢失了,都将会成为历史的罪人。1993年1月20日,高洁参加省会文艺界部分知名人士迎春笔会"走向我们的辉煌"时,她说道:"我一直认为,艺术只有民族性,才有国际性。我们的民族艺术是世界上独一无二的艺术珍品,是我们的国粹,如果民族艺术珍品在我们这一代人手中衰败了,那将是对民族的犯罪!"在谈到如何振兴民族艺术时,高洁说:"我们这一代人已经年逾花甲,振兴豫剧事业的重任,无疑就落在年轻一代人的身上。所以我们首先要做好培养豫剧接班人的工作,这是关系到我们民族艺术前途的大事情。"她还告诉年轻人:"要明白自己肩负的历史重任,万不可有些许的成绩就晕晕然、飘飘然,学无止境、艺海无涯,我们的事业属于那些永不满足、不断追求的人。"

1993年12月10日,高洁在安钢慰问演出时,接受了《安钢报》的采访,她对记者说:"多年来,我一直有一桩心事,那就是如何改变民族戏曲文化的不景气状况。如果说民族艺术在我们这一代人手里消落了,那将是一件极不光彩的事情,我们就会成为历史的罪人。"在谈到民族戏曲文化的振兴时,她对当时的流行歌曲和"追星"现象发表了自己的看法,她说:"艺术的形式是五彩缤纷的,不应厚此薄彼。我们中华民族的戏曲艺术经过历史的千锤百炼,富有独特的艺术魅力,是中华民族的一笔宝贵财富,不仅没有任何理由轻易抛掉,而且还要继承下来,发扬光大。对青少年应从热爱中华民族文化、提高民族自尊心和自豪感方面加强引导……"

1994年12月,高洁到开封演出,其间接受了《开封日报》的记者采访,所谈最多的当然还是豫剧振兴的问题。高洁认为,戏曲不景气的原因有内外两个方面,外因主要是电影、电视等多种艺术形式的冲击,使戏曲一统天下的局面不复存在。另外,戏曲在观众上也出现了断层现象,一些年轻人从小就缺乏传统文化、民族文化的教育,他们根本不了解民族文化的精髓,自然也无从谈起对戏曲艺术的喜爱了。但高洁认为,戏曲的不景气主要还是内因所致。她认为当时致使戏曲衰落的致命因素是缺少好的剧本、好的演员。在戏曲创作上,剧本、导演、舞美倒挂的现象相当严重,创作者总是企图用华丽的舞台形式去掩盖艺术本身的缺陷,艺术成了一个徒具形式的空壳。而年轻的演员又心浮气躁,缺少勤学苦练的精神,没有自己的"绝活儿、真功夫"。更为要命的是,他们不去深入生活,认为下基层就是"苦差事",使艺术创作成了无源之水、无本之木。在谈到如何振兴戏曲时,高洁说:"观众是最真诚,也是最糊弄不得的,你糊弄观众,观众干脆就不去理你。在戏曲的振兴上,国家应对民族传统文化进行政策性的倾斜,要有意识地对青少年进行传统文化教育,引导他们热爱自己民族的文化。对戏曲来讲,应鼓励作家、演员多体验生活,对好剧本、好演员要采取重奖政策,用好剧本、好演员重新把戏曲观众夺回来。"高洁尤其强调的是:"戏曲是民族文化的瑰宝,蓝眼睛、黄头发的洋人还来学,我们自己就更不应该妄加怀疑。我并不排外,一些'洋玩艺'是有观众喜欢,但那代替不了民族的东西,在文艺这块阵地上,我们绝不能当殖民地。"

1996年2月,高洁回到她的家乡周口参加"宋河之春"文艺晚会,她对《周口日报》的记者说:"我对戏曲艺术仍如痴如狂,戏曲是中华民族的文化瑰宝,可现在,戏曲却在高亢的流行歌曲声中阵痛、呻吟、叹息,这与社会的发展很不协调。"高洁又一次强调,要想振兴民族艺术,必须不断地创作出艺术精品,这是解决戏曲危机的根本出路。她说:"现在的年轻人一味地追求外来品,不关心民族艺术,对民族艺术知之甚少。我们不否认其他姊妹艺术,但要分清主次,坚决不能做外来艺术的殖民地,艺术阵地必须要让民族艺术来占领。"

第十九章　携手夕阳——高洁的晚年岁月

在三团门前,每当夕阳的余晖染红城市的天空,总能看到两个老人相拥着、搀扶着漫步在林荫道上。女的童颜鹤发,慈眉善目,男的身材魁梧,精神矍铄,他们便是高洁和她的丈夫尹涛。

尹涛从33岁起,放弃自己在哈军工本可以大有作为的事业,调回河南承担起照顾家庭的全部责任,这一切都是为了让高洁在艺术上没有后顾之忧。尤其是高洁退休之后,尹涛更是成了她的贴身"保镖",除了去思考艺术,高洁几乎什么都不用思考,她的生活起居、活动演出,尹涛都会安排得有条不紊。

1995年5月21日,高洁突然感到头晕,以致走路都受到了很大的影响,晚上刷牙时手都不听使唤。她意识到这是脑血栓的症状,但她没有立即去医院。第二天,高洁竟然瞌睡得叫不醒,最后没有办法,尹涛就把三岁的外甥放在高洁身上,等高洁醒来后,尹涛立马带她到河南医科大学第二附属医院(现郑州大学第二附属医院)就诊,医生的结论是高洁因高血压引起脑中风,并要求她马上住院。高洁在那里待了一天,就转到河南省建筑医院。当时建筑医院没有单间,高洁就住进了一个大房间,很多人认出了她,而且有的还是她的戏迷,他们时不时地就围上来问长问短,更难为她的是,晚上有一个病友打呼噜,弄得她基本上一天没合眼。第二天,高洁的病情明显加重了,正好有一个住单间的病友愿意跟高洁换床位，高洁才住进了一个单人房间。

　　建筑医院离三团很近，在高洁住院的一个多月里，尹涛日夜陪伴着她，每天都是在家里把饭做好，然后再端到病房里，只要高洁想吃的东西，他总是设法弄到。医生给高洁做了全面检查后，说她的病可以彻底恢复，这让高洁非常高兴，她对自己的未来也充满信心。不输液的时候，高洁就坚持在医院的走廊里练习走路，尽管右腿根本离不开地面，全靠身体带着向前走动，但她相信有一天自己还能站在舞台上。为了锻炼自己的右手，高洁每天早晨总是自己拿着梳子梳头，实际上高洁的右胳膊根本不能打弯，她只能把头靠近拿梳子的手，然后再靠头的转动去梳头。后来，高洁又让尹涛给她带去了笔和本，她在医院里开始写日记，一开始基本是胡画，写出的字根本无法辨认。慢慢地，奇迹出现了，高洁不仅能把字写清楚了，而且还纠正了她以前写字歪的毛病，高洁说等于重新学了一次写字，高洁后来能去学画工笔画，可见她恢复的程度。接着高洁就下床锻炼走路，在老伴和女儿的搀扶下，高洁在病房的走道里一遍遍地走着，当时她还极其乐观地对女儿说："没事，我相信我会恢复走路的，只要我能走路，我就能重新站到舞台上，大不了我和大卫（高洁的外孙，此时一岁多，正在学走路）一起学走路。"

　　高洁从建筑医院出院后，虽然能自己走路，但那只是勉强地走，她知道要想登上舞台还是不容易的。于是，高洁又到河南省中医药研究院附属医院继续治疗。给高洁治病的是一位郑大夫，他也是省政协委员，开政协会时曾经和高洁见过面。高洁平时走路时不敢迈大步子，怕别人看出来笑话，但她见到郑大夫时，不敢不好意思了，她必须让大夫知道她的真实情况。郑大夫就建议高洁住院治疗，并承诺让她重新站到舞台上。当时医院没有病房，郑大夫就在护士站旁边腾了一间平时放器械的屋子，摆上两张床就让高洁和尹涛住下了。临时安排的病房里没有卫生间,但尹涛却从来不让高洁下床,大小便都在屋里。特别是解大便的时候,地上放一个痰盂,尹涛一手扶着痰盂,一手扶着高洁,每到这时,高洁总是说:"很不好意思啊!"尹涛总是开玩笑地回答:"外气了,外气了!"

河南省中医药研究院附属医院离三团比较远,在高洁住院的四个月里,吃饭成了头等大事,尹涛不可能再从家里做好端到医院里了。每天吊针一挂上,尹涛就骑着车子开始出去买饭,这时高洁总是跟他开玩笑说:"又去打食了!"医院周围方圆两公里内的饭店,尹涛跑了个遍,他总能买到高洁爱吃的东西。更让高洁感动的是,尹涛对她的关怀总是做得不露声色,高洁从他忙碌的身影和平淡的话语中,她能感觉到她就是丈夫心中的全部。由于高洁上午挂上吊针一直要输到下午,中午饭都是尹涛一口一口地喂她。看着高洁的病情一天天地好转,尹涛更是乐此不疲,扶着高洁走路时,尹涛总是说:"不错,不错,比上次强!"高洁心里明白,那分明是尹涛在鼓励她。在尹涛的精心照料下,高洁最终走出了医院,而且又站在了舞台上。后来高洁不止一次地说:"除了医生高超的医术外,没有尹涛的伺候,特别是生活上的细心照顾,我的病根本不会恢复到这种程度,也不可能再站到舞台上,他是我生活中的支柱,也是我艺术上的功臣啊!"

高洁生病之前是她在家里做饭,她病好以后,尹涛就把做饭的差事全揽了下来。高洁说,尹涛当上大厨之后,水平比她强得多。尹涛是个美食家,他和高洁的饮食极有规律而且丰富多样。每天上午,中央电视台的"天天饮食"是他们必看的节目,尹涛看完后总是马上尝试,他还会想法去进行改良,如一鱼二做的清蒸红烧鱼,就是他在节目的启发下独创发明的。在饮食的搭配上,尹涛也是极其讲究的,这一切都是为了高洁的身体健康。特别是早餐和晚餐,他都会精心地去准备,早上的豆浆、红枣、山药、胡萝卜都是必不可少的。每次,尹涛总会事先把高洁所吃的药倒在一个小碟子里,把开水放在高洁的手边,高洁吃完饭把碗放下后,就很自然地端水吃药,这一切都仿佛形成了程式一样。有时,高洁还会瞪大双眼去问尹涛:"老伴,我吃药没有?"直到听到那边回答说:"吃了。"她才会会心地一笑。可以说,尹涛把他的全部精力都用在了照顾高洁的起居上。有一次,一位朋友要送尹涛一只狗,尹涛说:"我不要啊,实在养不成,养这一只'狗'(指高洁,因为高洁属狗)就够我忙活了。"

为了保障高洁的身体健康,她出院后每次到外面演出,尹涛都会跟随在她的身边,新疆、北京、广州、昆明、海口……高洁走到哪里,尹涛总会陪到哪里。每次外出,尹涛总是事先给高洁准备好药品、水杯、书籍、衣服等生活用品,然后装在一个大包里挎在身上,他还很风趣地给自己封了一个职务"掂包的"。高洁家住在三楼,每当她和尹涛下楼时,他们都有一个约定俗成的动作,尹涛走在前面,高洁走在后面,他们错一个楼梯,高洁在后面把两只手搭在尹涛的肩上,尹涛在前面小心翼翼地引导着高洁往下走,高洁有时还会发出一种非常顽皮的声音:"哎,哎……"

更让高洁感动的是,尹涛每次陪她外出演出,总是心甘情愿地当一个掂包的。尹涛离休前是河南省演出公司总经理,正处级干部,但他离休之后,没有一点架子。在演出现场,尹涛总是坐在下面为高洁拿着衣服,别的演员登场时也常常会把衣服脱下来让尹涛拿着,他常常抱一大堆衣服坐在下面等着。在一些重要的演出场合,只要有领导出面接见,尹涛就会有意地躲开,去和乐队的人员一起吃饭。

高洁一直留着长辫子盘头,在她偏瘫恢复之后,尹涛几次催她把辫子剪掉,但高洁坚持不剪,她说:"不管我把它扎成什么样子,留着它我每天早晨总能活动活动胳膊,这对恢复我的身体是有好处的。"就这样,每天早晨起床后,尹涛去做饭,高洁去扎辫子,尹涛总是边做饭边看着高洁扎头,等高洁把辫子扎好,他总是轻轻地捡起散落在高洁身上的一根根白发,然后再小心地把它丢在垃圾篓里。

其实,高洁在尹涛面前,似乎永远都是一个孩子,当他们二人世界时,高洁还是喜欢叫尹涛哥哥长、哥哥短的,就像他们小时候在一起玩耍时一样的纯真无邪。高洁没有感觉到他们是老态龙钟的老人,特别是她和尹涛一起回忆小时候的事情时,她感到他们还是那么的年轻。尽管他们都是 80 多岁的老人,但高洁总会时不时地撒一下娇,她喜欢尹涛像小时候哄她一样去宠她,她习惯了拥有这种感觉。当高洁心情不好时,她总爱在尹涛身上出气,而且没有一点的不好意思,尹涛也从来没有计较过。他们之间充满着夫妻恩爱,更有一种兄妹之情。

退休后的高洁迷上了书法,在家中专门支起了一个大书案,上面文房四宝样样俱全。她曾对别人说,她小时候上私塾时就练过书法,笔下并不陌生,只是那时下的功夫不够,没有练好,现在要"聘请"自己的老伴为师好好练习。1993 年 1 月 11 日,高洁接受《郑州晚报》记者采访时说:"我练字有一个最大的收获,你猜是什么?汉字本身就是一种艺术,每个字的间架结构、轻重缓急都那么恰到好处,这与戏曲唱腔的抑扬顿挫不是很像吗!"

有一年河南省政协给高洁送了一本挂历,是齐白石的书画。高洁在屋里走来走去,看着齐白石的画越看越想画,从此她就爱上了画画。高洁先学画梅花,后来就学画鸡、虾等。尹涛对高洁画画非常支持,还给她买了一本《学画国画》的画谱。一开始,她学的是写意画,而且画得还蛮有韵味,当时她给法国的儿孙们联系时,还特地在视频中向他们展示了自己的画作。后来,尹涛给高洁买了一本齐白石画谱,高洁就天天照着学画。她最得意的一张画是:在一片大芭蕉叶下,一群毛茸茸的小鸡,形态各异,有低头叨食的,有抬头找虫子的,还有相互争抢的。随着画画的兴趣越来越浓,高洁进入了老年书画院。她报了两个班,一个电脑班,一个国画班。

有一次高洁去上课,一进门就坐在后面的位置上。老师正上课时,进来一个人坐在她的身边,那个人听课十分认真,不停地做着笔记,还把老师在黑板上的示范画也认真地画了下来。高洁就上前问人家为什么要这样做,那个人说她是工笔画组的老师,想通过这种方式来丰富自己。不久,书画院工笔组举办画展,由于高洁喜欢齐白石的花鸟鱼虫,从此她就改学工笔画。高洁说,她改学工笔画,主要是因为工笔画要打底稿,还可以修改,这也许更适合她精益求精的性格。

1993年,高洁的大孙子出生,这给她带来了极大的快乐。儿子一家远在法国,她天天盼望着能早一天看到孙子那张可爱的笑脸。孙子满月后,尹兵给高洁寄回了十几张照片,高洁就把它做成了一个小相册,像宝贝一样随时随地带在身上,她外出演出时,一没事就把相册拿出来看,还向别人展示,说那是她的孙子。后来高洁说:"其实,孙子的那几张照片并不是多好看,因为是刚满月,脸还没有长开,但我就是喜欢看!"

孙子出生之后,高洁更加惦记尹兵一家,她一静下来就会想,此时是谁在照顾孙子,儿媳妇能不能忙过来,尹兵的工作任务重不重……从那时起,每周高洁至少给尹兵通一次电话,有时从电话里,高洁就能听出尹兵非常疲惫。她总是一再叮嘱尹兵,一定要劳逸结合,一定要注意身体。然而,每次打电话,高洁说得最多的一句话是,家里一切都好,让尹兵不要牵挂她们。这种"不牵挂"的背后蕴含着多少的"牵挂",也许普天下所有的父母都是这样,他们愈是不让儿女牵挂自己,愈说明他们在牵挂着儿女。

1994年,李鹃一人带着儿子回到中国。当时高洁正在新乡拍摄电视剧《农民的儿子》,她连夜赶回郑州,看到一岁的孙子,高洁有一种无法掩饰的欣喜。6月12日,是孙子的一岁生日,作为给孙子的生日礼物,高洁买了一台录像机。李鹃回法国后,尹兵每隔一段就带着儿子到塞纳河畔去录像,然后寄给高洁,为了让高洁明白画面内容,尹兵还专门配上了解说。可有一次,高洁告诉尹兵说:"我不想看那么多的风景,我只想多看看我的孙子,以后的录像上不要那么多的风景了。"孙子两岁的时候,高洁给尹兵寄去了汉语拼音卡片和《现代汉语词典》,并告诉尹兵说:"寄去这些东西,只是了却我的一桩心愿,你们能让孩子学会三门语言,那是更好的事情!"当时的法国学生,除了学法语外,还必修英语,高洁希望她的孙子也要学会汉语。高洁认为,只要是中国人,即便是住在法国,血液里流淌的依然是中国人的血,只要流的是中国人的血就应该学习汉语。除此之外,高洁还给尹兵寄去中国的唐诗宋词以及中国菜谱,她希望通过这些东西,能让她的子孙知道自己永远是一个中国人。

尹兵一般是周末中午给高洁打电话,这时郑州刚好是晚上,两地时差7个小时。可有几次,没到他们约定通电话的时间,高洁想念孩子们了,她就主动给尹兵打电话,结果挨了儿子的吵,因为高洁打的不是时候,那时巴黎刚好是半夜。尹涛总是说高洁,尹兵已是成年人了,为什么还要每周都往家里打电话呢?可高洁认为,不管尹兵在法国有多少朋友,领导同事对他有多么友好,但那毕竟不是自己的祖国,只有尹兵经常和家里联系,他才能感受到祖国的存在,才能感受到自己不是在外面漂泊。与其说是思念孙子,不如说是思念儿子,虽然每次通话说的都是家长里短,却能给高洁带来无尽的安慰,她相信一定也能给尹兵带去同样的感觉。

1996年,尹兵的第二个儿子出生,为这个家庭又增添了更多的欢乐。高洁为了能和远在法国的儿孙联系,这一年她买了一台电脑,62岁的她又开始学习电脑,不过,她只学会了通过视频聊天和孩子们说话。那时,每个周日她都要看看儿孙们那欢快的笑容,哪怕是短短的几分钟,她也会感到非常高兴。每次打电话,高洁总是和两个孙子轮流说话,大孙子说的汉语还勉强能听懂,二孙子的话基本上听不懂,但高洁还总是想说,即便是听不懂,她也总能感觉到那是一种最真的交流。在视频中,高洁和李鹃的通话最多,每次李鹃总是有说不完的话。有一次,电脑出现了屏保,但高洁不知道,她以为是电脑出了问题,就通过语音聊天的形式说了近两个小时。有一次,高洁和尹兵通话,正好两个孙子都不在屋里,高洁一再提醒尹兵:"一定要代我向孙子们问好,一定!决不要打拐。"

1998年8月,高洁第一次到法国去看望尹兵一家。就在前一年,尹兵的第三个儿子出生,想到三个孙子,高洁打心眼里高兴。走之前,高洁还特地跑到市场上买了一捆粽叶,煮了晒干后带到法国,希望能给儿孙们带去一点中国的味道。到法国后,高洁和尹涛的职责就是照顾三个孙子。法国没有现成的奶粉,需要配制,李鹃给高洁开了一个配方,尹兵和李鹃去上班时,高洁和尹涛就照着配方天天在家里喂孙子,还用带去的粽叶给孙子们包中国的粽子。周日的时候,尹兵开着车带着高洁和尹涛逛巴黎,大儿子坐在车上,李鹃带着两个小儿子在家,每到一个地方,车一停尹兵就给李鹃打电话,告诉李鹃他们在什么地方。先是看巴黎市的风光,卢浮宫、埃菲尔铁塔、巴黎圣母院,都留下了他们的身影。接着去看巴黎的卫星城,还曾驱车到凡高的故里,高洁看到凡高油画里的麦田、教堂至今保存完好,这让她亲身感受到了法兰西民族对自己传统文化的重视。这次高洁到法国的签证日期是两个月,可到那里不久,她从电视上看到中国遭遇了严重的水灾,她就和尹涛商量,想提前回国参加国内的赈灾义演。但高洁又不好意思向儿子和儿媳开口,因为儿子移居法国将近10年了,他们这是第一次去,更因为三个孙子正是需要人照顾的时候,她感到做奶奶的理应在那里尽一点责任才对。高洁的心里进行着激烈的斗争,最后她还是认为,自己作为一个演员,国家和人民给了自己那么多的荣誉,当国家和人民遭受灾难的时候,自己更应该去尽一点微薄之力。尹兵和李鹃知道后,非常支持高洁的想法,于是高洁就提前回国了。到家的第二天,她就到河南电视台参加了赈灾义演。

2004年,巨大的不幸降临在尹兵家里。李鹃经常感到头晕,尹兵起初认为是李鹃的高血压引起的,可吃了好多药也没什么效果。不久,李鹃又感到眼睛不舒服,一开始以为是眼睛提前花了,就配了一副老花镜,但仍不能解决问题。2005年春节过后,高洁正准备到省人民医院眼科研究所去找专家咨询,尹兵从法国打电话告诉她,李鹃不是眼睛有问题,而是脑子上有一颗肿瘤。这个突如其来的消息,犹如晴天霹雳,她怎么也没有想到年轻的儿媳会得上这种病。

那几天,高洁像疯了一样,她到处找资料,天天看电视、听广播、看报纸,只要有抗肿瘤的药方,她立马用传真机把药方传到法国。李鹃曾激动地对尹兵说:"对于我的病,你家的反应速度比我家还快呀!"后来,高洁追问尹兵,李鹃到底得的是什么病,尹兵说是癌症。不久,医院决定给李鹃进行脑肿瘤切除手术。在李鹃动手术的前一天,高洁特地给她打了一个电话,告诉她不要害怕,要充分相信现代的医学水平，好好配合医生，祝她早日健康。为了能往法国的医院里打电话及时了解手术的进展情况，高洁特地学习了几句法语。手术当天，高洁记不清往法国打了多少次长途电话，她在心里一遍又一遍地祈祷，希望李鹃能快快地醒来。李鹃手术醒来后，高洁和李鹃进行了视频，她看到李鹃坐在病床上，头上戴着头套，尹兵拿着一束鲜花送给李鹃，高洁紧张了几天的心才算轻松了一点。李鹃做完手术后，又进行了全身检查，结果发现是由肺癌转成脑癌的。为了照顾生病的李鹃和三个孙子，高洁让女儿尹红过完春节到法国给尹兵帮忙。临走时，高洁到郑州小商品城找了好几天，买了各种颜色的毛线和大大小小的珠子，让尹红捎到法国去，因为李鹃爱用毛线做工艺品。

李娟生病的日子里，高洁不停地去找专家咨询，听抗癌报告，还寄去了9600元一包的新特药"中华灵芝宝"。那时候她只有一个念头，即便倾家荡产，哪怕有一线希望，也要把儿媳妇的病治好。后来高洁听说了一种新特药，她跑遍郑州也没有买到，然后她又委托北京的朋友，千方百计地在北京找到，再把钱寄给李鹃在中央音乐学院的母亲，让她买了交给李娟经常回国的姐姐捎到法国。那时候，只要听说是对癌症有好处的药，不论多贵高洁都去买，她明明知道李鹃这个病只是个时间问题，但她还是要尽最大的努力。后来高洁说："世界上没有什么比等待死亡更让人感到痛苦，只要能延长李鹃一天的生命，我都会不惜代价。"

为了安慰儿孙，2006年春节前夕，高洁和尹涛第二次到法国，和儿子一家过了一个团圆的节日。高洁回来后不久，李鹃的病情开始恶化，5月便与世长辞。高洁给尹兵打电话，她要到法国去，要送李娟最后一程。尹兵考虑到路途遥远，天气炎热，更担心高洁经受不了这种生离死别的打击，最后就由女儿尹红代替高洁到了法国。李鹃在法国入葬的那一天,高洁买来了点心之类的食品,她和尹涛来到黄河岸边,在那松软的沙地上,摆上几个盘,高洁面向西方,用她那颤抖的手点燃了一卷烧纸,望着那微弱的火光,她老泪纵横。高洁边抖动着烧纸,边用嘶哑的声音说:"鹃,娘送你来了,愿你在天堂里健康快乐!"高洁凝视着西边那深远的天空,任河风一次次地撩起她那满头的白发,她突然对尹涛说:"要是真的有天堂那该多好啊,如果有,我们的孩子一定是去那里了。"后来,高洁对别人说:"我是一个唯物主义者,我不相信什么灵魂不死的说法,人死以后就什么也没有了。只是李鹃突然离去,我无法接受这个现实,我不知用什么方法可以寄托我对孩子的思念,这个世界本来还应有她更多的笑声,三个孙子本来还应该得到更多的母爱,可她就这么走了,我除了相信有个天堂,我还能相信什么呢!"

高洁退休之后,很少去登台演出,可她仍然关心着戏曲事业的发展。1995年8月,高洁偏瘫住院期间,在病房里她接受了《大河报》的采访,她非常爽朗地对记者说:"我这病没什么,你看我这一住院就吃胖了!"在谈到振兴豫剧时,高洁说:"这几年观众减少,原因很多,最主要的是艺术精品太少,没有创新。你演得不好,人家咋会看呢?真正的艺术是有生命力的。其次还要大力培养青年观众,现在已不是戏曲舞台一统天下的时候了,年轻人对歌曲、影视兴趣很大。其实,戏曲不是不能吸引他们,关键是如何引导;戏曲要借鉴、吸收其他艺术的长处,随着时代而发展,切忌一成不变。"

高洁出院之后,尽管她的身体一时还不能彻底恢复,但只要是公益事业,她从不推辞,总是坚持到一线去演出。1995年9月2日,在郑州武术节戏曲晚会上,观众又听到了高洁那甜美的唱腔。9月26日,高洁致信《大河报》,在信中她对关心她的各界人士深表感谢,她还说几十年来她不知听了多少掌声,但唯有9月2日晚武术节晚会上的掌声最让她激动,因为那意味着她又站了起来,她的艺术生命还能继续,并表示"我要继续努力,为弘扬民族艺术做点实事"。

高洁没有宗教信仰,艺术就是她的宗教,她说她可以为艺术付出一切。高洁对于三团,对于豫剧现代戏的感情是永远都挥不去的。2006年6月,高洁参加河南省六次文代会。作为文代会荣誉委员、主席团成员,当她听说六届委员会所有的委员中没有三团一个人,这位一生没有因为自己的荣誉向组织提过要求的艺术家,竟然向大会提出了自己的强烈要求,她说:"三团作为一个专演现代戏的艺术院团,曾被文化部命名为'红旗团',在豫剧现代戏史乃至中国现代戏史上,做出了不可磨灭的贡献。在繁荣新时期的河南文化艺术中,不能没有三团,在反映轰轰烈烈的社会主义现代化建设中,更不能没有三团。三团的发展要与其地位相适应,在整个艺术大繁荣中,要有三团的声音。"高洁的这一番理论,为三团增加了一个委员的名额。

有一段时间,有人酝酿说要三团上演古装戏,以此来丰富三团的演出剧目。理由是,三团目前的演员都是从戏校毕业的,都是学古装戏出身。高洁却提出了不同的看法,她说三团如果去演古装戏,那就要失去三团的特色,那就不叫三团了。有人又向她提出反对意见,说三团在历史上也演过古装戏,还排过《三哭殿》等传统剧目。高洁就针锋相对地指出,那时三团演古装戏是为了向传统学习,是为了丰富现代戏的表现手段,而不是为了去演古装戏。高洁认为三团可以去演点历史剧,但也要做到特色鲜明,清代就是清代的服装,明代就是明代的服装,要像现代戏一样,具有鲜明的时代特征。

高洁是一个直来直去的人,爱与恨在她的身上常常表现出与其年龄不相符的强烈。她像苏轼一样,每遇不惬心意之事,便觉得"如蝇在食,吐之方快"。2008年,在豫剧《朝阳沟》首演50周年之际,河南电视台、河南省剧协、河南广播电台、《郑州晚报》等单位和文艺团体都举办了不同形式的纪念活动。在这个日子里,高洁似乎有一种无法掩饰的兴奋,她不仅积极参加各种活动,不停地接受媒体采访,甚至还拖着生病的身体登台演出。照她的话说就是,他们是《朝阳沟》培养起来的,纪念它是他们的责任,也是他们的光荣。这时,却发生了一件不愉快的事情。有一天记者到高洁家里采访,尹涛在一旁插话讲了一些情况,高洁却对着尹涛大发雷霆:"你怎么总是和我抢着说,是你知道的多,还是我知道的多?"说得尹涛无话可说,只好站起来到隔壁房间去了。可以说,高洁像这样当着外人的面对尹涛发这么大的火,还是第一次。记者走后,高洁做的第一件事就是主动向老伴道歉,并讲出了当时自己的心情,她说,在她的心目中,《朝阳沟》的位置太重要了。

2008年4月,有一段时间高洁感觉身体不适,特别是肝部有隐隐疼痛之感。她就决定去医院里检查一下,在她去医院之前,她对尹涛说:"我如果是那种病(肝癌),你也不要过于害怕,我会有充分的思想准备。我今年刚好73岁,按传统的说法是人生的一个大限。我万一走了,我对你很放心的,你勤快能干,还会做饭,我在天堂里等你!"

此时魏云刚刚去世,高洁还沉浸在悲痛之中。她偷偷地写了一份遗嘱,大意是,她百年时,千万不要哭哭啼啼,要摆上她最漂亮的照片,放着她最优美的唱腔,把追悼会改成告别会。而且她还说,她准备事先录好音,在她的告别会上再把它放出来,她要亲口对前来向她告别的人说上几句,希望后人对她的告别不是用哭哭啼啼的形式,而是用欢乐的形式。正如史铁生在《答自己问》中写的那样:"当人类举着火把,在这星球上纵情歌舞玩耍,前仆后继,并且镇静地想到这是走在通向死亡的路上时,就正如尼采所说的,他们既是艺术的创造者和鉴赏者,本身又是艺术品。"这是一种多么坦然的心态,只有经历了世间的大风大浪,洞察了人生的起起落落,才能拥有的一种心态,犹如日到中天的灼热、大海澎湃后的沉着、硕果压断枝头的诱惑,显示出了生命的绚丽、伟岸和清澈……

著名学者胡山林说过:"人类的生存是一张网,这张网的经线是'人生',纬线是'社会';经线永远贯穿始终,而纬线却不断变换色彩,这就有了每个时代每个社会每个人各不相同的生命内容。"(胡山林:《文学与人生》)高洁用她的勤奋、执著和责任,赋予了自己生命不一样的内容。正如一位诗人写的那样:"相信你是世上的唯一,没有人能重复你的思维,你的足迹,你的情感,把这份独特奉献给世界,你就走进了世间最美丽的风景!"

后　记

一

我和高洁老师相识于十年前。从此,我便坚信:缘分总是留给有缘的人,正如机会总是留给有准备的人一样。

2003年初冬的一个下午,我和女友站在单位门口,迎着凛冽的寒风等待高洁老师的女儿尹红。尹红和我是同事,在这之前,她曾对我说,她妈妈家里有一台旧电视机,问我要不要。当时,我到郑州工作不久,又刚刚买了一套小房子,可谓家徒四壁,电视机当然是缺少的东西。尹红看到我们后,见我女友衣着单薄,问她为何不穿厚衣服,女友说,她妈妈给她买的衣服还没有从老家寄来。其实尹红不知道,当时我们刚装修完房子,家里剩下不到50元钱。就在我去搬电视机时,我第一次见到了高洁老师。她戴着花镜,一头花白的头发,说话细声细语,虽然第一次到她家里,但我没感觉有什么生疏。那天,还有一件很有意思的事情,就在我到高洁老师家里不久,有一个邮递员上门送邮包,进门就非常惊讶地说:"这不是银环娘嘛!"高洁老师笑嘻嘻地说:"不是银环娘,是银环婆婆。"就在我们离开高洁老师家时,尹红对我说,她有几件衣服,可以拿来让我的女友先穿着。晚上,我和女友来到尹红家里,她送给我女友几件衣服,还有两件毛衣,衣服直到我女友上研究生前还一直穿着,毛衣一直穿到我们结婚后她生孩子时。

  过了一段时间,尹红和几个同事一起到我新置的家里。除了高洁老师送我的那台电视机和我在家具市场掏50元钱买的一个处理的电视柜之外,没有一件家具。客厅里放着我上大学租房时12元钱买的一张小折叠桌,坐的是我用手拉锯做的小木凳子。中午,几个同事就围着那张小桌子吃了午饭。隔了几天,尹红告诉我,说高洁老师家里准备重新装修房子,家里的旧家具我需要的话可以去拉。特别强调说,高洁老师家里有一套红木沙发(仿真的),刚好能放在我家的客厅里。

  2004年4月底,高洁老师开始装修房子。她告诉我,只要我能用得上的,只管拉走。于是,我就把沙发、茶几、衣柜、书柜全部拉了回来,最后,连她家才用了两年多的热水器也拉了回来,我又用了8年才买新的。5月中旬,高洁老师开始整理家里的东西,我去她家里帮助捆书、打包。干了3天,每次吃饭时,高洁老师总是叮嘱尹红,让她多买些吃的,说我干活累,而且年轻人吃得多。在那3天的时间里,我听到最多的一个词就是"老伴",高洁老师叫尹涛伯伯时用"老伴",尹涛伯伯叫高洁老师时也用"老伴"。高洁老师家里有近千本书,由于我在一个亲戚的书店里待过,并跟他学会了捆书,所以不到一天的时间,我就把她家里的书全部捆好放好。有时,高洁老师还会站在一旁夸赞我,说我捆书的技术真熟练。

  搬家那天,天热得很,找的是郑州军工搬家公司,去了5个工人。当时,说好的价格是130元,东西搬完后,高洁老师悄悄地对尹红说,天这么热,5个工人一人还分不到30块钱,就给他们150元吧,他们也好分个整数。最后,遵照高洁老师的意愿,尹红就多付工人20元钱。房子装修好后,高洁老师又从外面搬回来,我又到那里忙了两天,帮助擦洗新做的家具,把东西归类放置。第一天中午,搬完东西已近一点了,由于厨房做不成饭,高洁老师就让尹红到外面买盒饭,她叮嘱尹红说要给我买双份的。就在那天,我在私下里给尹红说:"阿姨的一言一行,都显示出一副慈母的情怀,如有可能,若干年后我希望给她写一本传记。"

二

2007年春节前夕,我把写传记的意向告诉了高洁老师,她说让我过完年再到她家里去。这时尹红告诉我,在这之前已有好几个人表示想给她写传,其中不乏文化界的名人,但她都以自己没什么可写而拒绝了。我当时一听这个情况,心里就没底气了,我想要求给高洁老师写传的肯定都是大家、名家,我这个毛头小子如何能够胜任呢?但是我又一想,不管写什么样的传记,如果主人公引起不了自己的感动和共鸣,那就不可能写出这个人物的内心世界,要想写好人物,首先要走进这个人物的心中。说实话,我第一次见到高洁老师,首先感到她不是一个艺术家,而是一个慈祥的母亲,最先感动我的也不是她艺术家的气质和名声,而是她一言一行中流露出的善良和母爱。既然母亲、母爱一直都是我最崇敬的字眼,那么怀着这样一种心情,我或许能走进高洁老师的心中,去发现她别人不易觉察的一面。于是,我就斗胆去做一次尝试,希望能打开高洁老师的心灵之门。

　　2007年春节过后的第一个星期天,我如约来到高洁老师的家里。第一次谈话,高洁老师就告诉我,她不希望这本书过早地出版,甚至在她百年之后再出版就行。我简单地向她谈了写书的构想,没想到我们的想法竟然不谋而合,这让我紧张的情绪放松了许多。由于我当时借调河南省文化厅,和高洁老师交流的时间多数是在双休日,包括国家的法定假日。记得那年"十一黄金周"期间,7天假期我们就谈了5天半,白天我们谈一天,晚上我把谈话内容整理出来,第二天再接着谈。为了完成任务,我只能夜里加班,一天休息不到5个小时。就在6号那天上午,我出现了头晕症状,但我还是坚持到了高洁老师的家里。谈话结束时,尹伯伯给高洁老师量血压,我说顺便给我也量一下,没想到这一量倒吓了我一跳,我的高压竟达到了190,低压超过130。高洁老师对我说,马上回去休息,下午就不再谈了,明天也不要再来了,一定要等恢复好再来。

　　在我和高洁老师交流的几年里,我去她家数百次。尽管如此,我还是感到要想真正了解她确实不易。这主要是高洁老师留下的资料实在太少,除了她自己曾发表的几篇文章和20世纪80年代之后一些报道她的消息之外,几乎找不出什么有价值的资料。按照她自己的说法是:"我从来没有想过为自己树碑立传,也从来没有在意去留资料,连和毛主席合影的底版都不知留下。"事实上,在我和高洁老师谈话的过程中,能收集到有价值的资料也确实不易,因为她谈起过去时,很少谈她个人,她总喜欢谈那个时代,谈她所在的那个集体。

特别是谈到过去的成绩时,她总是说别人的成绩很多,而不喜欢谈自己。这让我一开始就有了一种感觉,高洁老师是属于一个时代,属于一个集体的,她不属于她个人。

为了搜集到更多的关于高洁老师的素材,我又采访了她昔日的领导、同事和朋友,如许欣老师、梁思辉老师、高颂喜老师等。他们对我的采访都给予了大力的支持,像我去采访许老师时,一谈就是大半天。许老师已年过八旬,但谈起豫剧现代戏时,依然精神焕发,足见他对现代戏的那份情感和执著;如采访梁思辉老师时,他和老伴专门在家等我,我们交谈时,阿姨一会儿给我们倒水,一会儿又给我们送水果,让我感到他们那一代人特有的慈爱。他们谈到高洁老师时,尽管是从各个不同的侧面来谈,但他们都共同谈到了高洁老师的追求和责任,说她是一个严于律己、精益求精的人,是一个敢于承担责任、捍卫正义的人。而且高洁老师从来不计较个人的恩怨,这一点我也深有同感,在我和高洁老师的谈话中,每当回忆起过去的岁月,她从来没有迁怒于任何人。而且一再叮嘱我,在行文过程中,一定不要有个人的情感因素,历史已经过去,我们要面对未来。鉴于此,在处理一些情节时,我没有写得那么清楚,我遵照高洁老师的意愿,不想撩起别人对过去不痛快的回忆。

三

鲁迅说:"损着别人的牙眼,却反对报复、主张宽容的人,万勿和他接近。"在我写作的过程中,高洁老师无数次地提醒我,她是一个平凡的人,不要光写她的优点,还要写她的缺点。一个年过七旬的老人,能不断地去提自己的缺点,这本身就是一个优点。2008年夏天,尹兵从法国回来探亲,我专程对他进行了采访,当我问及他认为母亲最大的优点是什么时,他说是坚韧执著和目标如一。后来,我又对尹红进行了采访,一开始她还表示出几分的不情愿,她说她没有什么可说的,她感觉母亲就是一个平凡的演员,一个平凡的母亲。当我问及她母亲有什么优点时,她竟然哈哈大笑起来,她说:"我几乎没有看到她的优点,看到的几乎都是她的缺点。比如,我经常告诉她,人老了容易发胖,要多站起来运动运动,可她就是不听,每天都是我爸把饭端在跟前,把药倒在手里,也是我爸把她惯坏了。"当我问及她对母亲记忆最深的一件事是什么时,她说是一次因自己错拿别人家一双鞋,母亲把她好打一顿。从我们的交谈中,我感觉到这是一个多么和谐宁静的家庭,高洁老师的一切都已延续到她的子女身上。

　　高洁老师从来不喜欢表扬自己,她谈起豫剧现代戏的成绩时,总是说那是三团集体的功劳,她说三团离开某个演员行,每个演员离开三团却不行。可有一次,高洁老师却一反常态,她说:"我认为我这一生有一点值得肯定,那就是看问题能够实事求是,不带任何历史偏见,不带任何个人成见。"接着,她给我讲了这样一件事情:三团有一个女演员叫陈泓,由于所谓的出身不好,一直被视为"落后"对象。但陈泓从来不认为自己是落后的人,因为出身无法选择,但道路可以选择。1965年,三团党支部开展"一帮一"活动,明确告诉高洁老师要去帮助陈泓。其实,高洁老师当时像大家一样,对陈泓也没有多少好感,但她认为,要想真正帮助她,必须首先和她交朋友。于是,高洁老师就主动和陈泓交往,和她谈心,和她一起工作。但高洁老师这样一来,却引起了大家的不满,认为像高洁老师这样的人,不应该和陈泓这样"落后"的人走得那么近,让她帮助陈泓并不是让她和陈泓走到一起,就连当时的一些领导也对她的行为表示不理解。高洁老师对此却不以为然,她理直气壮地对领导说:"当初是你们指定我去帮助陈泓的,我不和她接近我又怎么能帮助她呢?"正因为此,高洁老师最后和陈泓成了很好的朋友。

苏格拉底说过,未经反省的人生是没有价值的。在我和高洁老师谈话快要结束的时候,有一天她突然对我说,你再采访别人时,不要只采访和我相处一直不错的人,还要采访那些曾经和我有过矛盾的人,甚至对我有意见的人,只有那样你才能全面地了解我。接着,她就让我去采访一个叫束捷的老师,又给我讲了这样一件事情:束捷是三团一名女演员,因为所谓的进步与落后的观念,她曾对束捷抱有成见,两人的关系一直不好,甚至一度闹得很僵。过了不久,高洁老师就认识到这种简单地以"进步"和"落后"来划分人的做法是片面的,甚至是错误的,因为"进步"和"落后"在每个人的身上都同时存在。但高洁老师又不好意思当面向束捷道歉,可不道歉又感觉心里憋得发慌。1965年11月,高洁老师在北京治病期间,给束捷写了一封很长的信,内容主要是向束捷道歉,表示过去不该有那样的认识。由于各种原因,我最终也没有去采访束捷老师,但我敢肯定的是,假如束捷老师知道了高洁老师让我去采访她的目的,她一定也会感动的,她一定不会想到,半个世纪过去了,高洁老师还在为年轻时的幼稚而对她深表歉意。

四

经过我和高洁老师近 3 年的谈话，在 2009 年底，我整理出了全书近 30 万字的草稿，并计划在 2011 年高洁老师从艺 60 周年之际将该书出版。但此后，我却陷入了工作以来最忙碌的一段时间，妻子怀孕了，母亲因脑血栓偏瘫在床，一方面我要照顾待产的妻子，还要经常奔波于 200 公里之外的家乡去看望母亲，加上因工作经常出差，该书的写作被迫中断。

距离 2011 年春节还差 3 天的时候，母亲走了。我处理完丧事回到郑州后就一病不起，最严重的时候，血压高压降到 50。在那段时间里，高洁老师经常托尹红给我打电话，对我进行安慰，尹兵还从法国托尹红转赠给我一首诗，是李鹃去世时他的一位法国朋友送给他的，希望我能坦然地面对生死，尽快从悲痛中走出来。2 月的一天，我到高洁老师家里去，我说我想找她说话，因为看到她就像看到了母亲，她说："那你没事了就来，就算我又多了一个儿子。"望着她那深情的目光，满头的银发，我实在无法控制自己的情感，于是我就借故离开了那里，回到家里趴在床上痛哭了一场。突然间，我感到我四年来不是在写高洁老师的传记，而是在写一位伟大的母亲。

于是，在 2011 年下半年，我开始着手整理写好的材料。我一遍又一遍地修改，从最初的 30 万字变成 28 万字，又变成 26 万字，再变成 23 万字，到最后的二十万字，到现在定稿的 18 万字。"当一个人经历了风吹雨打、生离死别，将自己的信念磨练得童心般纯净的时候，他就是一部人生戏剧的生动人物。"渐渐地，我手中的文字变得越来越少了，但高洁老师在我脑海中的形象却越来越清晰了，以至于最后我在电脑前敲击键盘时，我似乎就能感受到她的心跳，听到她的呼吸。

　　生活总是以独特的方式去启迪人，只有那些勇敢的探索者才能从它的暗示中悟出人生的道理来。高洁老师就是这样一个人。我写诸如此类的语言，可能违背了高洁老师的初衷，因为她不希望我对她做任何形式的修饰，哪怕只有一点点。尽管她的人生经受了太多的挫折和磨难，但她的尊严没有被摧毁，她没有学会蝇营狗苟、察言观色地去可怜地活着，她也没有变得随波逐流、人云亦云、圆滑而世故。她保持着自己的尊严和个性，也懂得去尊重别人的尊严和个性。这是一种健康、健全的人格，以这种人格去追求艺术，艺术一定会变得光辉灿烂，去烛照世人的心灵。

　　在本书中，我没有只写高洁老师一生的事迹，我是把她放在她成长的历史环境中来写的。尽管我努力了，但由于水平有限，还是有许多不满意的地方。如高洁老师的声腔艺术，由于我不懂音乐，所以在这方面写得非常没有深度。但我知道，高洁老师的声腔绝对是一个值得研究的现象，因为她到了近80岁的年龄，声音几乎没有什么变化，如果不见她人，只听她演唱，依然会认为她是一个正当年的人。雨果说过："世间万事不可求其绝顶圆满，留一分不足，可得无限完美。"这句话算是对我水平不足的一种安慰吧。希望有志于此的人，能对高洁老师的声腔艺术做一番科学的研究，以便为后人提供一些学习的经验。

　　在本书即将付梓之际，我首先要感谢的就是高洁老师本人，是她的信任、鼓励和支持，给了我去写作的信心和勇气。

在长达数年的时间里,她从没有催促过我一次,每次我们谈话,她总是不厌其烦地帮我回忆过去的事情,很多细节我可以肯定地说是宝贵的第一手材料。更让我感动的是,我们每次谈话,都是朋友式的促膝畅谈,说到动情处,我可以明显地看出来,她时而像个战士,时而像个孩子,正是她的这种平易近人,才使我慢慢地走进了她的内心世界。其次,我要感谢尹涛伯伯,他对高洁老师现有的资料保存得非常有条理,报纸、照片说要哪一年的,他随手就可以拿出来,为我的检索提供了极大的方便。我和高洁老师谈话时,他总是坐在另一个房间里,说不清楚的地方他就会出来坐在那里一起回忆。只要我上午和高洁老师谈话,我们开始谈话时尹伯伯就出去购物,中午总是做一桌子丰盛的大餐,数年来每次都是如此,让我吃到了许多平时我吃不到的美味。同时,我还要感谢我工作的单位河南省文化艺术研究院给我提供的优越的工作环境,为我最终完成此书的写作任务奠定了良好的基础;感谢著名书画家陈国桢先生为本书题写书名;感谢著名作家、诗人南丁老师,著名戏剧评论家刘景亮老师,著名剧作家陈涌泉老师,他们不仅对我的写作悉心指导,提出中肯的修改意见,还在百忙中挤出宝贵的时间为本书作序,使本书因之增辉添彩,在此深表谢意!

附录　高洁大事年表

1934 年

5 月 29 日(农历 4 月 17 日)出生于安徽省界首市。

1935 年

举家迁往安徽临泉。

1939 年

到临泉西大街上私塾。

1947 年

秋,到临泉中学读书。

1950 年

3 月,到临泉县银行工作。

9 月,到界首银行工作。

12 月,离开界首银行。

1951 年

3 月,参加淮阳地委文工团。

3 月,排话剧《母亲的心》,饰演桂花。

7 月,到省会开封第一次集训。

1952 年

4 月,排《让战魔发抖》,饰演女一号。

5 月,排歌剧《小女婿》,饰演田喜妈。

6月1日,到开封第二次集训。

7月,分配到开封艺术学校实验文工团。

8月23日,分配到新成立的河南省歌剧团。

9月,排歌剧《好军属》,饰演女一号军属。

10月,排豫剧《新条件》,饰演秀莲妈。

1953年

1月,第一次排《罗汉钱》,饰演小飞娥。

5月,排《小二黑结婚》,饰演三仙姑。

12月,杨兰春重排《罗汉钱》,饰演小飞娥。

1954年

2月,排《人往高处走》,饰演孙老婆。

4月,作为唯一的青年豫剧演员,出席河南省第一届文代会。

9月,河南省歌剧团进京为全国人民代表大会演出《小二黑结婚》,饰演三仙姑。

1955年

3月,排《雷雨夜》,饰演岩青嫂。

4月,排《刘胡兰》,饰演刘胡兰母亲。

10月,排《两兄弟》,饰演宝凤嫂。

11月,排《海上渔歌》,饰演老渔民的女儿。

1956年

2月,入党。

3月,排《丹河曲》,饰演张秀青。

8月1日,到北京参加全国第一届音乐周。

10月,随中国音乐家代表团访问北欧。

1957年

1月,当选中国戏剧家协会河南分会会员。

1月18日,与时任哈军工政治教研室教员尹涛结婚。

2月,排《祝福》,饰演祥林嫂。

11月,排演《百丑图》,饰演女电影演员。

1958年

2月,排《袁天成与能不够》,饰演能不够。

3月,出席河南省妇女代表大会,并当选省妇联委员。

3月20日,《朝阳沟》首演,饰演拴保娘。

6月3日,参加文化部在北京举办的现代题材剧目联合会演,演出《朝阳沟》、《刘胡兰》、《袁天成与能不够》。

8月,到北京参加全国社会主义建设积极分子大会,并担任主席团成员。全体主席团成员受周恩来总理邀请出席招待金日成的国宴。

8月10日,参加文化部戏曲表现现代生活座谈会,演出《刘胡兰》

9月,到汉口、武昌巡回演出。

10月,排《东风烈火》,饰演大婶。

1959年

3月至次年8月,在上海声乐研究所学习。

1960年

4月,河南省举办首届青年演员会演,演《婆媳争先》,饰演婆婆。

1961年

5月,排《耕耘记》,饰演嫂子。

1962年

1月31日,儿子尹兵出生。

7月,排《一串钥匙》,饰演女支部书记。

1963 年

3 月 5 日,第四次排练《刘胡兰》,饰演胡兰娘。

6 月 20 日,排《李双双》,饰演李双双。

8 月 3 日,赴长春电影制片厂拍摄电影《朝阳沟》,饰演拴保娘。

12 月 31 日,随《朝阳沟》剧组到中南海为党和国家领导人演出。

1964 年

1 月,当选河南省第三届人大代表,后当选第三届全国人大代表。

2 月,到中国音乐学院讲课。

4 月,排《好队长》,饰演队长妻子灵灵娘。

10 月,被长春电影制片厂评为"小百花配角一等奖"。

1965 年

6 月,排《青凌渡》,饰演大改。

6 月 27 日,随河南代表团赴广州参加中南区革命现代戏观摩演出。

8 月 17 日,参加中南区革命现代戏会演,在《杏花营》中饰演景泰婶。

1966 年

9 月,排演《毛泽东思想是我们心中的红太阳》。

10 月,到南阳、洛阳等地为"三线"人员演出。

1967 年

4 月,排《老两口学毛选》,饰演老婆婆。

1968 年

9 月 23 日,女儿尹红出生。

12月31日,突发高血压晕倒,双目暂时性失明。

1975年

1月,当选第四届全国人大代表。

9月,跟随河南省文化局慰问团到驻马店重灾区进行慰问演出。

1977年

1月12日,参加《朝阳沟》恢复演出。

8月1日,随三团到武汉慰问解放军。

1978年

4月,排《于无声处》,饰演一号人物梅林。

下半年,排《铁马奔腾》,饰演奶奶。

1979年

3月24日至4月30日,随中央慰问团前往广西边境前线慰问。

9月5日,被增补为第四届河南省政协委员。

12月16日,排《谎祸》,饰演董奶奶。

1982年

4月,拍摄电视剧《冤家小传》,饰演老奶奶。

同年,排《邻居》,饰演常大娘。

1983年

2月26日,排《六斤县长》,饰演母亲。

3月27日,出席中国人民政治协商会议河南省第五届会议。

4月2日,拍摄彩色故事片《小城细雨》,饰演王大妈。

9月3日,拍摄《远方来的儿子》,饰演田大娘。

11月,排《拾来的女婿》,饰演李奶奶。

1984 年

2 月,回到临泉收临泉县豫剧团李新梅为徒弟。

6 月 16 日,出席郑州市金水区第五届人民代表大会,并当选常委。

1985 年

10 月 1 日,到乌鲁木齐参加新疆自治区成立 30 周年纪念大会。

10 月,受聘临泉县梆(豫)剧团艺术顾问。

1988 年

1 月 10 日,出席中国人民政治协商会议河南省第六届会议。

4 月 10 日,被河南省文化厅聘为艺术顾问。

同年,拍《石头梦》,饰演老尼姑。

1989 年

4 月,在桐柏县拍电视剧《薛夫人》。

5 月,拍摄《大波沉浮录》,饰演男主角江越的干娘。

10 月,拍摄电影《苓角将军》,饰演奶奶。

1990 年

2 月,被焦作市文化局聘为《桃叶情》艺术顾问。

4 月,参加河南省政协六届三次会议。

1991 年

9 月,到安徽蒙城、阜阳参加赈灾义演。

10 月,拍摄电视剧《太阳暖融融》,饰演支书老伴。

1992 年

6 月 23 日,在中州影剧院举办"高洁声腔艺术演唱会"。

7 月,应邀担任南街村文工团艺术顾问。

10 月,当选宋庆龄基金会河南省委员会委员。

1993年

10月，带领南街文工团参加"第三届中国湖南省映山红杯民间戏剧大赛"。

1994年

1月，在郑州参加河南诗词学会理事会并当选理事。

4月，带领南街文工团在郑州演出晋京剧目《五世请缨》、《五福临门》。

5月，带领南街文工团应文化部邀请到首都人民剧院演出。

6月，带领南街文工团到中南海演出《五世请缨》、《五福临门》。

6月，拍摄《农民的儿子》，饰演史来贺母亲。

10月，被评为享受国务院津贴专家。

同年，拍摄《男人就是太阳》，饰演县委书记的母亲。

1995年

3月，拍摄电视连续剧《采油女》，饰演主角凌建军母亲。

1996年

1月，在郑州参加"河南宋庆龄基金会与港澳河南省政协委员联欢会"。

6月，出席河南省第四届文代会。

7月，随河南电视台"七彩虹艺术团"到新乡慰问解放军。

1998年

7月，第一次去法国。

9月，参加河南省电视台举办的赈灾义演。

9月，拍摄《杂技娃娃》，饰演男主角的奶奶。

1999年

8月，荣获庆祝建国47周年计划生育文艺调演金奖。

2000 年

1 月,拍摄《蚰子葫芦》电视剧。

10 月,拍摄《颍河湾的故事》,饰演瞎子老婆。

2002 年

7 月,第二次去法国。

2004 年

4 月底,到登封参加任长霞追悼会演出活动。

12 月,参加河南电视台《沟通无限》栏目,制作《高洁——戏里戏外"拴保娘"》节目。

2005 年

7 月,拍摄《蓝色闪电》,饰演男主角母亲。

12 月,第三次去法国。

2006 年

春节期间,在法国巴黎大区 CERGY 市出席迎新春文艺晚会。

11 月,到许昌参加省公安厅组织的为死伤干警建立基金会演出。

2007 年

7 月,参加中央电视台戏曲频道"九州大戏台走进河南——英协戏曲综艺晚会"现场录制

9 月,参加团省委与河南电视台联合举办的为残疾人募捐活动。

2008 年

1 月,赴海南参加"河南戏曲海南行——祝贺海南省河南商会成立河南戏曲名家演唱会"。

1 月,到北京慰问曾在河南工作过的老领导。

5 月,参加抗震救灾募捐活动,交纳特殊党费 800 元。

12月,参加由河南省委宣传部、省委组织部、省文明办举办的全省离退休干部纪念改革开放30周年文艺会演,获一等奖。

2009年

5月,在郑州紫荆山公园为河南希望工程募捐演出。

9月,参加中央电视台、郑州市委宣传部、河南省剧协主办的"祝福祖国,唱响神州——河南戏剧名家大型演唱会"。

2010年

1月,到河南省女子劳教所慰问,被聘为"河南省女子劳教所爱心大使"。

6月20日,参加在全国政协礼堂隆重举行的国务院授予常香玉同志人民艺术家荣誉称号6周年暨河南中华豫剧文化促进会成立《梨园春》专场晚会。

2012年

10月31日,参加在河南艺术中心举行的"与时代同行"——河南省豫剧三团成立六十周年庆典晚会。

2013年

1月,到河南电视台参加交响乐《朝阳沟》的录像。